Rüdiger Achenbach · Hartmut Kriege
Die Päpste und die Macht

Rüdiger Achenbach · Hartmut Kriege

Die Päpste und die Macht

Patmos

Bibliographische Information der Deutschen Bibliothek
Die Deutsche Bibliothek verzeichnet diese Publikation
in der Deutschen Nationalbibliothek; detaillierte bibliographische Daten
sind im Internet unter http://dnb.de/ abrufbar.

Umschlaggestaltung: butenschoendesign, Lüneburg
Umschlagmotiv: Diego Rodriguez de Silva y Velázquez: *Portrait of Innocent X, ca. 1650, Galleria Doria Pamphilj, Rom*
Printed in Germany
ISBN 3-491-69425-6
www.patmos.de

Inhalt

Die Papstrevolution

Geheimnisvolle Graffiti und unvereinbare Weltbilder

Die Erbschaft der Caesaren und der Papyrus von Fayum

Ein schwarzer Tag für Rom

Im Juli des Jahres 64 n. Chr. wurde Rom von einer unerträglichen Hitzewelle heimgesucht. Im Zentrum der Stadt staute sich die aufgeheizte Luft zwischen den Palästen und Mietskasernen. Die unzähligen über die Stadt verteilten kleinen Garküchen und öffentlichen Bedürfnisanstalten stanken zum Himmel. Die High Society hatte Rom längst den Rücken zugekehrt. Wer es sich leisten konnte, verbrachte die Sommerwochen in den Bergen oder am Meer. Auch der Kaiser war mit seinem Hofstaat auf seinen Landsitz nach Antium umgezogen. Die Hauptstadt, in der sonst unentwegt geschäftiges Treiben herrschte, schien in einen Dornröschenschlaf gefallen zu sein. Doch am 18. des Monats wurden die Römer schlagartig aus ihrer Lethargie gerissen. Zunächst zog beißender Qualm durch die engen Gassen des Zentrums. Dann sprachen die ersten von einem Feuer am Circus Maximus. Bald standen auf dem Palatin haushohe Pinien in Flammen. In Windeseile fraß sich eine rasende Feuersbrunst durch die ausgetrocknete Stadt. Die Insulae, die riesigen Wohnhäuser, mit teilweise bis zu acht und mehr Stockwerken, wurden für ihre Bewohner zu tödlichen Fallen. Insgesamt wütete das Feuer neun Tage lang. Von vierzehn Stadtteilen blieben nur vier verschont, die anderen versanken in Schutt und Asche. Die Opfer hat niemand gezählt.

Dieses Ereignis aus dem Juli des Jahres 64 ist in die Chronik der Stadt eingegangen. Niemals zuvor hatte es in Rom ein Feuer von diesem Ausmaß gegeben. Natürlich fragte man nun nach der Ursache für diese Katastrophe. Aber vieles, was aus der ersten Nacht des großen Feuers berichtet wurde, war widersprüchlich und verwirrend. Die Löscharbeiten sollen nur schleppend vorangekommen sein, für die einen lag es an der Wasserknappheit im Hochsommer, andere sprachen offen von Behinderungen.

An verschiedenen Stellen der Stadt sollen sogar Männer mit brennenden Fackeln beobachtet worden sein, die das Feuer gelegt hätten. Der römische Historiker Tacitus, der sonst eigentlich immer über das Schlimmste am besten informiert war, erwähnt diese geheimnisvolle nächtliche Brandstifteraktion allerdings mit keinem Wort. Seine Kollegen Sueton und Cassius Dio sind dagegen weniger zurückhaltend. Für beide handelte es sich eindeutig um Brandstiftung und zwar auf Befehl des Kaisers höchstpersönlich. Über das Motiv für diese Tat gehen ihre Meinungen jedoch auseinander. Sueton bemerkt spöttisch, daß die häßlichen, alten Häuser und die engen, verwinkelten Gassen im Zentrum Roms das ästhetische Empfinden des Kaisers gestört hätten. Cassius Dio traut dem Kaiser sogar zu, das Feuer aus purem Spaß an einer gewaltigen theatralischen Inszenierung gelegt zu haben.

Auch eine große Zahl ehrenwerter Senatoren schloß sich der Meinung an, daß Nero bei diesem Brand seine Hände ihm Spiel gehabt hätte. Es kam zu heftigen Debatten im römischen Senat, bei denen alles auf den Tisch kam, was den einen oder anderen schon lange an diesem Kaiser gestört hatte. Viele waren zum Schluß gekommen, daß Nero kein würdiger Vertreter des Prinzipats sei.

Octavian Augustus, der erste Kaiser der Geschichte, hatte einst das Kunststück geschafft, das tiefsitzende Mißtrauen der Anhänger der alten römischen Republik gegen die Übermacht eines einzelnen an der Spitze des Staates, eines Princeps, zu zerstreuen, weil er auch den alten Republikanern das Gefühl gegeben hatte, die traditionellen Werte der Republik würden vom Prinzipat nicht angetastet. Dazu war ein politisches Fingerspitzengefühl erforderlich, das Nero in jeder Hinsicht vermissen ließ. In bezug auf die Staatsgeschäfte schien der Ururenkel des Augustus überhaupt keine besonderen Interessen zu entwickeln. Er bevorzugte eher künstlerische Betätigungen. Als leidenschaftlicher Poet und Schauspieler hatte er sich sogar in die Liste der auftretenden Künstler aufnehmen lassen und zögerte nicht, bei öffentlichen Theaterspielen in der Rolle eines Orest oder eines Ödipus auf die Bretter zu treten, die für ihn die wirkliche Welt bedeuteten.

Mit diesen Eskapaden verletzte er natürlich auf eklatante Weise die sozialen Regeln der römischen Adelsgesellschaft. Das Image des Kaisers war also schon erheblich angekratzt. Doch es sollte noch viel schlimmer kommen. Als Nero endlich von seinem Landsitz nach Rom zurückkam, begab er sich auf den Turm seines Palastes, schaute hinab auf die brennende Stadt, spielte seine Kithara und besang den Untergang Trojas. So jedenfalls wird es berichtet. Dieser Auftritt rief jetzt bei den meisten nur noch ungläubiges Kopfschütteln und Abscheu hervor. Man sprach nun offen vom Caesarenwahnsinn Neros, der auch schon bei Kaiser Caligula, Neros Onkel, zum Vorschein gekommen war.

Nicht mehr als eine Polizeiaktion

Das Gerücht, der Kaiser habe die Stadt anzünden lassen, bekam nun neuen Auftrieb. Die politischen Gegner Neros trugen dazu kräftig bei. Der Kaiser war herausgefordert, dringend zu handeln. Wie die Maßnahmen aussahen, die Nero ergriff, beschreibt der Historiker Tacitus in einem berühmt gewordenen Bericht, der ungefähr um das Jahr 120, also bereits in einem zeitlichen Abstand von mehr als fünfzig Jahren verfaßt wurde und sich vermutlich auf ältere Überlieferungen stützt, die auf den oppositionellen Senatorenadel zurückgingen.

»Aber weder durch menschliche Hilfeleistungen noch durch Schenkungen des Kaisers, noch durch Sühneopfer für die Götter ließ sich dem üblen Gerücht ein Ende machen, daß der Brand auf Befehl gelegt worden sei. Um also dieses Gerede aus der Welt zu schaffen, schob Nero die Schuld auf andere und bestrafte sie mit ausgeklügelten Martern. Es handelte sich um die wegen ihrer Untaten verhaßten Leute, die das Volk Christen zu nennen pflegte. Der Name geht auf Christus zurück, der unter der Herrschaft des Tiberius durch den Prokurator Pontius Pilatus hingerichtet worden war. Dadurch für den Augenblick unterdrückt, flammte der verhängnisvolle Aberglaube später wieder auf, nicht nur in Judäa, der Heimat dieses Übels, sondern auch überall in der Hauptstadt, wo alle schändlichen und religiösen Bräuche von überall her zusammenkommen und ausgeübt werden. Also griff man zuerst die Geständigen, dann auf ihre Anzeige hin eine ungeheure Menge von Leuten, die allerdings nicht gerade der Brandstiftung, aber doch des Hasses gegen das Menschengeschlecht überführt wurden.«[1]

In der antiken profanen Geschichtsschreibung erscheint hier zum ersten Mal der Name »Christen«. In der römischen Öffentlichkeit war diese neue religiöse Gruppe noch weitgehend unbekannt. Tacitus ist allerdings auch der einzige römische Historiker, der die Christen mit dem Brand von Rom in Verbindung bringt. Ob Tacitus allerdings selbst, fast ein halbes Jahrhundert nach dem Brand von Rom, genauere Informationen über diese neue religiöse Bewegung hatte, ist kaum anzunehmen. Schon seine Behauptung, man hätte eine ungeheure Zahl von diesen Leuten festgenommen, ist für das Jahr 64 in Rom völlig unrealistisch. Auch die Überführung der Christen wegen des Hasses gegen das Menschengeschlecht (*odium humani generis*) gehört als Anklagepunkt zum Standardrepertoire der römischen Literatur. Diesen Vorwurf erhob man zum Beispiel auch gegen die Juden, die man aber generell als eine national-religiöse Gruppe tolerierte. Im Grunde empfanden die Römer aber alle, die sich nicht am römischen Way of life beteiligten, als Unruhestifter und potentielle Staatsfeinde. Die religiöse Ausrichtung dieser verdächtigten Gruppen spielte dabei keine Rolle. Religion war abgesehen vom Staatskult eine Privatsache, für die der Staat sich nicht interessierte. Zu Hause konnte jeder anbeten, wen oder was er wollte. Ein Problem gab es für alle Gruppierungen, ob sie nun religiös oder nicht religiös waren, wenn sie die öffentliche Ordnung störten und zu einem Unruheherd in der Gesellschaft wurden. Darum ging es auch im Fall der Christen. Wenn Tacitus den verhängnisvollen Aberglauben anspricht, gibt er offen seine persönliche Abneigung gegen die Lebensart dieser Leute zu erkennen. Aber dieser Aberglaube ist nicht der Grund für die Festnahme. Einen schrecklichen Aberglauben zu vertreten, warf man auch anderen religiösen Kulten aus dem Orient oder auch unbeliebten Philosophenschulen vor, das allein hatte aber noch keine rechtlichen Konsequenzen. Entscheidend war nur, ob man diesen Gruppen die Gemeingefährlichkeit nachweisen konnte. Und genau das hat man bei den Christen, nach dem Bericht des Tacitus, getan. Da über den Verlauf der Gerichtsverhandlung, wenn es überhaupt eine gegeben hat, nichts bekannt ist, bleibt hier vieles im dunkeln. Tacitus aber, kam aufgrund der ihm vorliegenden Informationen zu der Einschätzung, daß die Verurteilten keine Brandstifter waren. Es ist also anzunehmen, daß die Christen zu Sündenböcken gemacht wurden, weil der Kaiserhof unter Druck stand und dem Volk die Verursacher der Katastrophe präsentieren mußte. Es ist viel darüber gerätselt worden, warum Nero dafür ausgerechnet die Christen ausgesucht hatte. Im allgemeinen geht die historische Forschung heute davon aus, daß der Kaiser aus dem Kreis seiner Berater auf diese neue religiöse Gruppe aufmerksam gemacht wurde, die durch Auseinandersetzungen mit den Juden in Rom aufgefallen sein könnte. Das wäre ein Motiv für Unruhestiftung. Doch man bleibt letztlich auf Spekulationen angewiesen. Die Vollstreckung des Urteils beschreibt Tacitus dann als ein außergewöhnlich grausames Spektakel, beim dem man den Eindruck gehabt hätte, die Hingerichteten wären allein nur wegen der Grausamkeit eines einzelnen gestorben. Der Seitenhieb auf Nero ist nicht zu überhören. Denn er hatte, wie Tacitus besonders hervorhebt, die Abscheulichkeit besessen, die Verurteilten wie Fackeln anzuzünden. Und obwohl Tacitus sonst keineswegs zimperlich ist, drückt er hier sogar ein wenig auf die Tränendrüse:

»Mit jenen Menschen, die doch schuldig waren und härteste Strafen verdient hatten, regte sich daher Mitleid.«[2]

Die Forschung weiß heute, daß die Hinrichtungsarten, die Tacitus als außergewöhnliche Bestialität beschreibt, exakt den üblichen Strafen des römischen Rechts für überführte Brandstifter entsprachen. Schon der älteste römische Rechtstext, das Zwölftafelgesetz, sieht für Brandstifter den Tod im Feuer vor. Kein Römer, der damals im Jahr 64 dieser Urteilsvollstreckung beigewohnt hat, konnte über das, was er dort sah, also sonderlich überrascht gewesen sein. Es drängt sich daher der begründete Verdacht auf, daß Tacitus die Ereignisse manchmal all zu sehr aus der Sicht der politischen Feinde Neros darstellt und zusätzlich dramatisiert.

Es gibt einige Hinweise, daß der Kaiser während seiner Regierungszeit mit dem Senat zunehmend in Konflikt geraten ist. Als er dann sogar in die Befugnisse des Senats eingriff, schien er den Bogen endgültig überspannt zu haben. Die Senatoren erklärten ihn zum Feind des römischen Gemeinwesens (*hostes publicus*), und nach seinem Tod wurde offiziell die *damnatio memoriae,* also die Auslöschung der Erinnerung an ihn, angeordnet. Die Berichterstattung über Nero geht fast durchgehend auf diese politischen Gegner zurück, durch deren Brille Tacitus, aber auch Sueton und Cassius Dio die Ereignisse geschildert haben. In der historischen Forschung ist man sich heute der Tatsache bewußt, daß ein zuverlässiges Bild von Nero durch die gezielte negative Tradition, die schon in der Antike einsetzte, kaum noch möglich ist. In diesem Zusammenhang ist bei verschiedenen Details über den Brand von Rom und die Hinrichtung der Christen auch eine gewisse Skepsis angebracht. Kein Zweifel dürfte jedoch darüber bestehen, daß damals Christen hingerichtet wurden. Davon berichtet auch der römische Historiker Sueton, der diese Maßnahme gegen die Christen allerdings nicht in Zusammenhang mit dem Brand von Rom bringt. Vom religionsgeschichtlichen Standpunkt aus kann man wohl davon ausgehen, daß während der Regierungszeit Neros zum ersten Mal in der römischen Öffentlichkeit eine Unterscheidung zwischen Juden und Christen vorgenommen wurde.

Nach der Vollstreckung des Urteils wurde der Fall jedoch ad acta gelegt. Die Angelegenheit war für den Staat erledigt. Irgendeinen Erlaß Neros oder seiner direkten Nachfolger gegen die Christen in Rom oder irgendwo anders im Römischen Reich hat es nachweislich nicht gegeben. Auch die römischen Historiker wissen in den nächsten Jahrzehnten nach dem Brand von Rom nichts mehr von irgendwelchen Christen zu berichten. Aus der Sicht des römischen Staates war diese neue religiöse Gruppe in Rom ebenso schnell wieder verschwunden, wie sie im Jahr 64 aufgetaucht war.

Nero und die Apostelfürsten

Um überhaupt etwas über die Christen in Rom während des ersten Jahrhunderts in Erfahrung zu bringen, ist man ausschließlich auf die christliche Literatur angewiesen. Das erste Dokument in dieser Richtung stammt aus der Zeit um das Jahr 96 n. Chr. Es ist ein Brief in griechischer Sprache, den die christliche Gemeinde in Rom an ihre Glaubensgenossen in Korinth geschrieben hat. Absender ist die gesamte römische Gemeinde, die den Korinthern unter anderem mitteilte, die Apostel Petrus und Paulus hätten in Rom den Märtyrertod erlitten. Es ist das erste christliche Schreiben, das über eine Hinrichtung von Christen in Rom berichtet:

> »Laßt uns nun zu den Athleten der jüngsten Vergangenheit kommen, wir wollen die vortrefflichen Beispiele unseres Geschlechtes nehmen. Infolge von Eifersucht und Neid wurden die größten und gerechtesten Säulen verfolgt und kämpften bis zum Tode. Halten wir uns die tapferen Apostel vor Augen: Petrus, der infolge von ungerechtfertigter Eifersucht nicht eine oder zwei, sondern viele verschiedene Qualen erduldete und, nachdem er so seinen Glauben bezeugt hatte, an den verdienten Ort der Herrlichkeit gelangte. Infolge von Eifersucht und Neid ließ Paulus den Siegerlohn für seine Standhaftigkeit sehen. Siebenmal in Ketten gelegt, vertrieben, gesteinigt, empfing er als Herold im Osten wie im Westen den edlen Ruhm für seinen Glauben.«[3]

Der Prototyp des Athleten war für die antike Welt der heldenhafte Herkules, der zur Belohung für seinen Kampf für Gerechtigkeit in den Olymp der Götter aufgenommen worden war. Die christlichen Verfasser dieses Briefes knüpfen selbstverständlich an die Bilder der antiken Mythologie an und übertragen diese auf den Kampf der christlichen Märtyrer, die im Himmel belohnt werden. Aber wann, wo und unter welchen Umständen Petrus und Paulus ihren Märtyrertod erlitten haben, verrät der Brief nicht. Das Todesdatum der Apostel könnte also theoretisch vor oder nach dem Jahr 64 liegen. Der Brand von Rom, der Name des Kaisers oder ein Konflikt mit dem römischen Staat werden mit keinem Wort erwähnt. Als Ursache des Martyriums werden Neid und Eifersucht genannt, das läßt auf Denunziation schließen. Aber aus welchem Grund? Die christliche Religion war nicht verboten, und für den persönlichen Glauben der Apostel konnte der römische Staat sich nicht interessiert haben. Man hat also einige Fragezeichen hinter diesen Brief zu setzen. Trotzdem kommt diesem Schreiben, das man ab dem 2. Jahrhundert als Clemensbrief bezeichnet und das fast ins Neue Testament aufgenommen worden wäre, für die christlichen Kirchen damals eine hohe Bedeutung zu. Denn es ist der einzige greifbare Bericht, der den Schleier über das bis dahin unbekannte Schicksal der beiden bedeutendsten christlichen Apostel lüftet. In Rom findet sozusagen die biblische Apostelgeschichte ihre Fortsetzung. Einige Zeit später tauchten dann plötzlich sogenannte Petrusakten und zahlreiche andere Schriften auf, die überwiegend im vorderasiatischen Raum entstanden waren, und in denen jetzt sogar Näheres über die Hinrichtung der beiden Apostel zu lesen war. Dazu gehört auch die Quo-vadis-Legende, die bis heute durch eine Romanverfilmung populär geblieben ist. In dieser Legende erscheint Christus dem Petrus, als dieser gerade aus Rom fliehen will, und bewegt ihn zur Rückkehr in die Stadt, in der der Apostel dann den Märtyrertod erleidet. Ab dem 2. Jahrhundert werden in Rom auch Gedenkstätten gezeigt, die an die beiden Apostel und ihr Schicksal erinnern. Der erste Kirchenchronist, Bischof Eusebius von Caesarea, gibt dazu im 4. Jahrhundert eine Ortsbeschreibung, die er aus alten Überlieferungen übernommen hat:

> »Ich kann die Siegeszeichen der Apostel zeigen. Wenn du zum Vatikan oder auf der Straße nach Ostia gehen willst, wirst du die Siegeszeichen derer finden, die diese Kirche gegründet haben.«[4]

Im griechischen Originaltext verwendet Eusebius für Siegeszeichen den Begriff »Tropaion«, mit dem in der Antike vor allem Heldendenkmäler, aber auch Grabstellen von berühmten Persönlichkeiten bezeichnet wurden. Auf jeden Fall handelt es sich dabei immer um einen Ort der Erinnerung. Eusebius kennt also eine solche Stätte für Petrus auf dem vatikanischen Hügel und für Paulus an der Via Ostiensis. Also genau die Orte, an denen die Apostel bis heute verehrt werden. Erstaunlicherweise nennt Eusebius nun, im 4. Jahrhundert, auch den Grund für das Martyrium der beiden Apostel:

> »Als sich die Herrschaft Neros schon gefestigt hatte, sann dieser auf verbrecherische Unternehmungen und rüstete sich sogar gegen die Verehrung des Gottes des Alls. So ließ sich dieser, der als allererster Kämpfer gegen Gott in aller Munde ist, zu den Morden an den Aposteln hinreißen. In Rom selbst wurde unter seiner Herrschaft Paulus enthauptet und Petrus gekreuzigt.«[5]

Für den ersten Kirchenhistoriker der Christenheit hatte Nero es also auf die Religion der Apostel abgesehen. Und weil er diese Religion verfolgte, mußten die Apostel sterben. Eusebius ist auch über Details informiert. Petrus starb am Kreuz, einige andere Legenden fügen noch hinzu, er habe sich mit dem Kopf nach unten kreuzigen lassen, weil er sich nicht anmaßen wollte, wie Christus zu sterben. Paulus hingegen hatte als römischer Staatsbürger das Privileg, mit dem Schwert enthauptet zu werden. Die ganze Sache hat nur einen Haken. Unter Nero und auch unter seinen direkten Nachfolgern hat es nachweislich keine Verfolgung irgendeiner Bevölkerungsgruppe aus religiösen Motiven gegeben. Davon abgesehen, ist es zumindest verwunderlich, daß die Christen in Rom um das Jahr 96 in ihrem Brief mit keinem einzigen Wort auf diese Vorfälle eingegangen waren. Eine vom Kaiser angeordnete Verfolgung ihrer Religion hätten sie sicherlich genauso wenig unerwähnt gelassen wie den Umstand, daß Petrus wie Christus am Kreuz gestorben sei. Man betritt also hier bei Eusebius, im 4. Jahrhundert, ganz offensichtlich den Boden der religiösen Legende, die allerdings einige Zeit gebraucht hat, bis sie in dieser Form herangereift war. Selbst wenn vom historischen Standpunkt aus vorausgesetzt wird, daß Petrus und Paulus in Rom wirkten und starben, ist dennoch nicht bekannt, wann, wie und warum sie starben und wo sie begraben wurden. Aber nachdem das Christentum zur Zeit des Eusebius inzwischen eine anerkannte Religion geworden war, hatte sich der Blickwinkel auf die Vergangenheit verschoben. Nach zahlreichen Zusammenstößen der Christen mit dem römischen Staat war Nero jetzt zum ersten Verfolger der christlichen Religion und zum Mörder der Apostel Petrus und Paulus geworden.

Archäologische Grabungen

Im 15. Jahrhundert hat der Architekt und Bildhauer Antonio Averlino, genannt Filarete, die Hinrichtungsszenen der Apostel auf einer großen Bronzetür dargestellt. Auf der einen Seite sieht man den mit dem Kopf nach unten gekreuzigten Petrus, auf der anderen die Enthauptung des Paulus. Als Zuschauer sitzt in gebührendem Abstand Kaiser Nero. Die Legende ist jetzt längst schon Geschichte geworden. Die kunstvolle Bronzetür von Filarete schmückt bis heute das Hauptportal des Petersdoms. Und im Innern der Kirche erhebt sich über dem Grabmal des Petrus seit dem 17. Jahrhundert ein bronzener Baldachin. An dieser Stelle haben Archäologen im 20. Jahrhundert unter dem Petersdom Ausgrabungen durchgeführt. Genau dort, wo man nach der Tradition das Grabmal des Petrus vermutet, wurden mehrere Gräber aus der Mitte des 2. Jahrhunderts entdeckt, die auf ein zentrales Grab hin ausgerichtet waren, das wahrscheinlich besonders verehrt wurde. Dieses Grab, das als Orientierungspunkt diente, konnte jedoch nicht mehr gefunden werden. Auch eine eingeritzte griechische Inschrift, die nur in den Fragmenten *Petr(os) eni*, also »Petrus ist hier«, erhalten ist, läßt sich zeitlich nicht mehr genau einordnen. Aber man kann heute mit einiger Sicherheit sagen, daß es dort am Vatikanhügel bereits im 2. Jahrhundert schon eine Gedenkstätte für Petrus gegeben hat. In dieser Zeit ist also erstmals eine ganz konkrete Spur der Tradition des Mannes in Rom auszumachen, der nach der kirchlichen Überlieferung der erste Bischof der Stadt war. Im *Annuario Pontificio*, dem amtlichen päpstlichen Jahrbuch, beginnt die Reihe der Päpste in jeder Ausgabe mit dem Heiligen Petrus. Der *Annuario* stützt sich bei dieser Angabe auf Papstlisten, die bereits seit der Antike überliefert worden sind. Die älteste erhaltene Aufstellung mit den Namen der römischen Bischöfe geht auf das 2. Jahrhundert zurück. Sowohl die ersten archäologischen Spuren der Gedenkstätte wie auch die erste römischen Bischofslisten führen also in das 2. Jahrhundert, und das deutet nicht auf einen Zufall hin.

Die rätselhafte Bischofsliste von Lyon

Versucht man aufzuspüren, wann und wo die erste Liste mit den Namen der römischen Bischöfe entstanden ist, führt die älteste Spur überraschenderweise in die römische Provinz Gallien. Dort saß in Lyon in der zweiten Hälfte des 2. Jahrhunderts ein Mann auf dem Bischofsstuhl, der einige Jahre zuvor aus Kleinasien eingewandert war. Die Stadt Lyon, die am Knotenpunkt der großen Fernstraßen lag, war damals ein bedeutendes Handelszentrum, in dem sich viele Kaufleute und Handwerker aus dem östlichen Mittelmeerraum niedergelassen hatten. Im 2. Jahrhundert war das Christentum im Westteil des Römischen Reiches ausschließlich eine Religion griechischer und syrischer Einwanderer, das war auch in Rom nicht anders. Die gallische Kirche, in der Irenäus von Lyon als Bischof wirkte, war also sozusagen eine Ausländerkirche in einer fremdsprachigen, heidnischen Umgebung. Die Amtssprache in der Provinz war Latein, die Sprache der Einheimischen war keltisch. In der christlichen Gemeinde hingegen hörte man nur die griechische Sprache, die im gesamten Osten des Reiches immer noch als Weltsprache galt. Die Kirche in Gallien stand in engem Kontakt mit ihren Heimatkirchen im Osten. Ausgerechnet von dort wurden aber nun Ideen nach Gallien importiert, die in der Kirche für große Aufregung sorgten. Im Rhônetal waren nämlich sogenannte gnostische Christen aufgetreten, die mit ihrer von der neuplatonischen Philosophie beeinflußten religiösen Erkenntnislehre bereits im Osten des Reiches besonders bei gebildeten Christen sehr erfolgreich missionierten. Der christliche Gnostizismus war keine einheitliche

Lehre, sondern es gab zahlreiche Spielarten. Es ging letztlich darum, daß sich Religion und Philosophie gegenseitig befruchten sollten. Doch Kirchenmänner wie Irenäus von Lyon waren da ganz anderer Auffassung. Irenäus war wild entschlossen, allen gnostischen und intellektuellen Tendenzen im Christentum den Kampf anzusagen. Er warnte die Gläubigen vor dem menschlichen Streben nach Wissen, das ein gefährlicher Irrweg sei. Denn nicht irgendeine philosophische Erkenntnis, sondern nur der einfache, schlichte Glaube könne zum Heil führen. Und er konnte auch begründen, warum das so sein mußte. Denn nur die Kirchen, die in der Tradition der Apostel standen, waren nach seiner Überzeugung im Besitz der Wahrheit. Allein in der Treue zur Lehre der Apostel, der Apostolizität, liege deshalb die Quelle des Heils. Als Beispiel nennt Irenäus die Kirchengemeinde in Rom:

> »Wir sind in der Lage, die von den Aposteln in den Kirchen eingesetzten Bischöfe wie auch ihre Nachfolger (wörtlich: ›Sukzessionen‹) bis zum heutigen Tag aufzuzählen.«[6]

Irenäus präsentiert in der Tat eine eindrucksvolle Liste. Am Anfang stehen die Apostel Petrus und Paulus, die als Gründer der Kirche in Rom bezeichnet werden. Diese beiden setzten dann gemeinsam einen gewissen Linus als ersten Bischof von Rom ein, diesem folgten dann Anaklet, Clemens, Evaristus, Alexander, Xystus und so weiter bis zu Eleutherus, der zu dem Zeitpunkt als Irenäus diese Liste zusammenstellte, das Bischofsamt in Rom innehatte. Jeder einzelne dieser Bischöfe, so Irenäus, hat die wahre Lehre an seinen Nachfolger weitergegeben. Diese Kette der Sukzessionen gebe es aber nicht nur in Rom, sondern auch in allen anderen Kirchen, die von einem Apostel gegründet worden seien. Rom komme aber eine besondere Stellung zu, weil dort die Kirche gleich von zwei bedeutenden Aposteln aufgebaut worden war. Wegen dieses Vorzuges sollten alle anderen Kirchen in ihrer Lehre mit der römischen Kirche übereinstimmen. Diese Liste des Irenäus von Lyon, die älteste überlieferte Aufstellung römischer Bischofsnamen, hat Generationen von Historikern und

Kirchengeschichtlern viel Kopfzerbrechen bereitet. Denn wie konnte Irenäus für die Zeit nach Petrus und Paulus, also um die Mitte der sechziger Jahre des 1. Jahrhunderts, von Bischöfen an der Spitze der Kirchengemeinde in Rom sprechen, wenn man andererseits zweifelsfrei belegen konnte, daß alle christlichen Kirchen bis zum Anfang des zweiten Jahrhunderts, trotz vieler regionaler Unterschiede, noch gar keine herausragende Führungsposition im Sinne des späteren Bischofsamtes kannten, sondern grundsätzlich eine kollegiale Leitungsstruktur aufwiesen. Eine solche Kollektivgemeinde wird um das Jahr 140 auch noch für Rom dokumentiert, wie mehrere Schriftstücke, die damals in Rom verfaßt wurden, eindeutig belegen. Wie konnte Irenäus dann behaupten, die Apostel hätten einen Bischof in Rom eingesetzt, obwohl es ein Bischofsamt in dieser Weise überhaupt noch nicht gab. War Irenäus ein Betrüger? Oder war ihm ein Fehler unterlaufen? Irenäus war vor allem Zeitzeuge eines gewaltigen Umwandlungsprozesses innerhalb der christlichen Kirchen. Er selbst spricht in seinen Briefen noch von einer verwirrenden Vielfalt christlicher Gemeindeordnungen. Es gab eine unterschiedliche Aufteilung der Aufgaben in den einzelnen Gemeinden, von denen jede einzelne als Kirche selbständig war. Ebenso gingen die Vorstellungen über die Inhalte christlicher Lehre oft weit auseinander. Christsein war ein Bekenntnis, hinter dem die unterschiedlichsten Einstellungen stehen konnten. Deshalb waren in bestimmten Klerikerkreisen Überlegungen aufgekommen, eine einheitliche Struktur zu schaffen und Regeln für eine verbindliche Autorität der christlichen Lehre aufzustellen. Die Kleriker, eigentlich die, die von Gott durch das Ziehen eines Loses (*Kleros*) bestimmten Amtsträger, waren neben den zahlreichen charismatischen und prophetischen Ämtern in der Kirchengemeinde zunehmend für den religiösen Kult zuständig. Dadurch kristallisierte sich ganz allmählich ein christliches Priesterverständnis heraus. Religionsgeschichtlich gesehen ging es dabei auch um ein konkurrierendes Motiv gegenüber den heidnischen Religionen. Priester, Tempel und Opfer waren für fast alle anderen religiösen Kulte selbstverständlich. Deshalb war es sinnvoll, wenn man in der heidnischen

Aniket

Umwelt Erfolg haben wollte, ähnliche Strukturen anzubieten. Man brauchte in der römisch-hellenistischen Umwelt repräsentative sakrale Amtsträger, die den religiösen Kult verwalteten. An die Spitze arbeitete sich nun der Bischof vor. Er wurde jetzt der führende sakrale Amtsträger, eine Art Oberpriester, der für die Taufe, die Eucharistie und die Predigt zuständig war. Er hatte die höchste Gewalt in seiner Gemeinde, weil er von nun an als der eigentliche Nachfolger der Apostel angesehen wurde. Die Kirchengemeinden bekamen nach und nach eine eindeutige hierarchische Struktur: Bischof, Priester, Diakone und dazu kamen noch eine Reihe niedriger Klerikerränge. Die verbindliche Lehre legte nun allein der Bischof fest. Diese sogenannte monarchische Auffassung des Bischofsamtes breitete sich innerhalb des 2. Jahrhunderts in allen Regionen des Römischen Reiches aus. Und an diesen Stand der innerkirchlichen Entwicklung knüpft Irenäus von Lyon an, der ja selbst schon das monarchische Bischofsamt innehatte. Die Historiker stimmen heute darin überein, daß es vor der Mitte des 2. Jahrhundert in Rom kein Bischofsamt gegeben hat. Man geht heute davon aus, daß mit Aniket, der die Gemeinde in Rom etwa von 155 bis 166 leitete, erstmals ein monarchischer Bischof in Rom gewählt wurde. Damit wäre Aniket offiziell der erste Bischof von Rom. Über seine Person und seine Amtsführung ist aus den zeitgenössischen Schriften nichts bekannt. Unbestritten ist aber, daß um das Jahr 185 n. Chr., als Irenäus seine Liste der römischen Bischöfe präsentierte, das monarchische Bischofsamt in der Verfassung der römischen Kirche bereits zum Normalzustand geworden war. Hier liegt auch die Lösung für die rätselhafte Liste des Irenäus. Es ist anzunehmen, daß er diese Aufstellung der Bischofsnamen irgendwann zu dieser Zeit aus Rom erhalten hatte. Wenn Irenäus also davon spricht, Petrus und Paulus hätten gemeinsam bereits den ersten Bischof von Rom eingesetzt, bringt er damit bereits das neue Selbstverständnis der römischen Kirche zum Ausdruck. In Rom hatte man völlig unbefangen das monarchische Bischofsamt, das ja inzwischen Normalzustand war, auf die Vergangenheit übertragen. Ausschlaggebend war allein das Schlüsselwort von der apostolischen Sukzession. Man brauchte die Reihe der Nachfolger von der Ursprungszeit bis in die Gegenwart. Also ging man bis auf Petrus und Paulus zurück. Das geschah allein unter theologischen Gesichtspunkten, um die apostolische Tradition der römischen Kirche zu unterstreichen. Für den heutigen Betrachter, der gewohnt ist, tatsächliche historische Abläufe zu rekonstruieren, ist diese Vorgehensweise zumindest befremdlich. Für die damalige Theologie gab es noch kein historisches Interesse. Es ging lediglich darum, einen bestimmten Kirchenbegriff zu definieren. So handelt es sich bei den Namen auf der Bischofsliste keineswegs um das Ergebnis gründlicher historischer Recherchen, sondern dies sind wahrscheinlich Personen, die durch ihre herausragende Stellung in der Vergangenheit der römischen Kirche in Erinnerung geblieben waren. Einige könnten sogar dem ehemaligen Leitungskollegium der Gemeinde gleichzeitig angehört haben. Nur eines ist sicher, Bischöfe als alleinige Leiter der römischen Kirche waren sie noch nicht. Wenn also Irenäus von Lyon diese erste Aufstellung der römischen Bischöfe vorstellte, tat er das ebenfalls allein aus einem theologischen Interesse heraus. Als Mann seiner Zeit war die historische Faktizität auch für ihn kein Thema. Dennoch enthält dieser erste römische Bischofkatalog bis heute, vor allem für die

Kirchenhistoriker, einen hoch interessanten Hinweis. Denn Irenäus und ebenso seine Informanten in der römischen Kirche gingen Ende des 2. Jahrhunderts noch selbstverständlich davon aus, daß Petrus und Paulus gemeinsam den ersten Bischof in Rom eingesetzt haben. Von einer Vorrangstellung des Petrus kann also in der römischen Kirche in der zweiten Hälfte des 2. Jahrhunderts noch keine Rede sein.

Wer war der erste Papst?

Wenn Aniket der erste Bischof von Rom gewesen ist, liegt heute die Frage nahe, wer denn dann der erste Papst war? Einmal davon abgesehen, daß es einige Historiker gibt, die zu bedenken geben, der erste Bischof in Rom könnte vielleicht auch erst der Nachfolger Anikets, der wahrscheinlich Soter hieß, gewesen sein, der die Kirche von 166 bis 174 leitete, bleibt dennoch unter dem Strich unbestritten: Es hat erst ab der Mitte des 2. Jahrhunderts in Rom einen Bischof gegeben. Wenn also der römische Bischof mit dem Papst synonym ist, kann es also vor Aniket auch keinen Papst gegeben haben. Doch das wäre zu einfach. Denn bei der Beschäftigung mit der Geschichte des Papsttums gibt es verschiedene Betrachtungsweisen. Zwei sollen herausgegriffen werden. Der theologisch-dogmatische und der historisch-kritische Standpunkt. Beide bewegen sich auf grundsätzlich verschiedenen Ebenen, die auseinander gehalten werden müssen. Nach der römisch-katholischen Glaubenslehre, wie sie unter anderem auf dem Ersten Vatikanischen Konzil (1870) festgelegt wurde, beginnt das Papsttum mit dem Apostel Petrus. Das ist eine Glaubensüberzeugung, also eine dogmatische Feststellung, aber keine historische. Vom Standpunkt der historischen Wissenschaft aus, ist die Frage nach dem Beginn des Papsttums nicht eindeutig zu beantworten. Die Historiker können lediglich festlegen, ab wann es römische Bischöfe gegeben hat. Auch die Bezeichnung »Papst« bietet für die Geschichtsforschung keinen Anhaltspunkt, um den Beginn der Geschichte der Päpste festzulegen. Denn der Papstname hat eine eigene Entwicklungsgeschichte hinter sich. Ursprünglich stammt er aus dem griechischen Sprachraum, wo zunächst die Äbte und die Bischöfe, später auch die Patriarchen als *pappas*, als Vater, bezeichnet wurden. In der griechischen Orthodoxie ist dieser Titel noch heute für Kirchenobere gebräuchlich. Auch das Oberhaupt der koptischen Kirche in Ägypten nennt sich bis heute offiziell Papst. In Rom erscheint die lateinische Form *papa* zum ersten Mal in der zweiten Hälfte des 4. Jahrhunderts auf einem Grabstein, der den Hinweis gibt, daß der Tote in der Zeit gestorben war, als »Papa Liberius« Bischof von Rom war. Welcher römische Bischof zuerst als Papa, also als Papst, bezeichnet wurde, entzieht sich heute unserer Kenntnis. Jedenfalls wird die Bezeichnung »Papa« ab dem 5. Jahrhundert auch für den Bischof von Rom üblich. Aber erst ab dem 11. Jahrhundert erscheint dieser Name sogar offiziell neben den anderen Titeln des Bischofs von Rom. In dieser Zeit kommt auch der Begriff »Papatus«, also Papsttum, für die Institution auf. Der Beginn des Papsttums steht also in keinem Zusammenhang mit der Einführung des Papst-Namens. Einen greifbaren Anhaltspunkt bietet lediglich die Frage nach dem Primatsanspruch des römischen Bischofs in der Universalkirche. Hier kann man feststellen, daß ab der Mitte des 3. Jahrhunderts bereits bei einigen römischen Bischöfen das Bewußtsein vorhanden ist, daß dem Bischof von Rom in der gesamten Kirche eine Vorrangstellung zustehe. Also auch der Anspruch der römischen Bischöfe auf den Primat besteht nicht von Anfang an und hat auch nicht mit einem bestimmten römischen Bischof begonnen, sondern er hat sich erst im Laufe der Jahrhunderte entwickelt.

Der Papyrus von Fayum

Grundsätzlich liegen die Anfänge der Geschichte der römischen Bischöfe in den ersten Jahrhunderten für die Historiker ziemlich im dunkeln. Die zeitgenössischen historischen Quellen sind spärlich. Es lassen sich nur vereinzelt einige wenige Details zusammentragen. Das erste gesicherte Datum in der Geschichte der

Bischöfe von Rom überhaupt ist der 28. September 235 n. Chr. Alle früheren Daten sind nur vermutet. Erst jetzt, in der Mitte des 3. Jahrhunderts, beginnt man damit, erste Verzeichnisse zu erstellen, in denen zumindest die Antritts- und Todesdaten der römischen Bischöfe festgehalten werden. Der 28. September wurde notiert, weil an diesem Tag Pontianus, der Bischof von Rom, abdankte. Er sah sich zu diesem Schritt genötigt, weil er vom römischen Staat zum Strafdienst in die Bergwerke nach Sardinien geschickt wurde. Da eine Verbannung normalerweise lebenslänglich dauerte, verzichtet Pontianus auf den Bischofsstuhl, um ihn für einen Nachfolger frei zu machen. Über die genauen

Pontianus

Hintergründe für diese Bestrafung gibt es keine Informationen. Die antiken christlichen Schriftsteller haben dieses Ereignis unter die Verfolgungen eingeordnet, denen die Christen im Römischen Reich permanent ausgeliefert gewesen seien. Aber unter dem damaligen Kaiser Maximus Thrax gibt es keinen Hinweis auf irgendeine Verfolgung von Christen. Die Geschichtsforschung ist heute ohnehin im Umgang mit den sogenannten Christenverfolgungen vorsichtig geworden. Der Historiker und Forscher der antiken Religionsgeschichte, Manfred Clauss, stellt fest, daß viele Darstellungen über Christenverfolgungen immer noch zu sehr unter dem Eindruck der kirchlichen Historiographie stehen:

»Der auch heutzutage noch weitverbreitete Begriff der ›Christenverfolgung‹, wie er sich in seiner ganzen theatralischen Sicht in dem entsprechenden Artikel des ›Reallexikons für Antike und Christentum‹ findet, hat wenig mit der antiken Realität der ersten drei Jahrhunderte zu tun.«[7]

Tatsächlich lassen sich bis ins 3. Jahrhundert ausschließlich lokale Maßnahmen einzelner römischer Staatsbeamter nachweisen, die sich gegen Christen gerichtet haben. Aber eine staatlich angeordnete Christenverfolgung für das Römische Reich hat es bis ins 3. Jahrhundert nicht gegeben. Allerdings liest sich das bei den antiken christlichen Schriftstellern etwas anders. Im 4. Jahrhundert schreibt Laktanz, ein Zeitgenosse Konstantins des Großen:

»Es erscheint nach vielen Jahren ein fluchwürdiges Ungeheuer namens Decius, um die Kirche zu peinigen, denn wer außer einem Bösewicht sollte wohl die Gerechtigkeit verfolgen? Und wie wenn er gerade deswegen zur kaiserlichen Würde aufgestiegen wäre, begann er sofort gegen Gott zu wüten.«[8]

Laktanz hat in Parallele zu den zehn Plagen Ägyptens, die er aus dem Alten Testament der Bibel kannte, ein Schema von zehn Christenverfolgungen entworfen, das auch von Kirchenvater Augustinus übernommen wurde, der die Maßnahmen gegen die Christen unter Kaiser Decius aus dem Jahr 249 als die siebte große Christenverfolgung im Römischen Reich darstellt. Dieses Schema der zehn Christenverfolgungen, die selbstverständlich mit Kaiser Nero begannen, hatte dann für das Mittelalter und die Neuzeit, sogar noch für die Historiker bis ins 20. Jahrhundert hinein absolute Gültigkeit.

1907 wurde dann in der ägyptischen Oasenlandschaft von Fayum, etwa 75 km südlich von Kairo entfernt, im trockenen Wüstensand ein Papyrus aus der Zeit des Decius, genau aus dem

Jahr 250, entdeckt. Bei diesem Schriftstück handelt es sich um einen Libellus, eine von römischen Beamten ausgestellte Bescheinung für die Teilnahme am Kaiseropfer. Allerdings war dieser Libellus, zur Überraschung vieler Forscher, für eine gewisse Aurelia Ammonous, eine Priesterin des in jener Gegend verehrten Krokodilsgottes Petesuchos, ausgestellt. Es war also eine Opferbescheinung für eine Heidin. Die Entdeckung dieses Original-Libellus sorgte Anfang des 20. Jahrhunderts in der Forschung für erhebliches Aufsehen. Denn bis dahin war man in der Geschichtsschreibung davon überzeugt gewesen, daß Kaiser Decius ein Gesetz erlassen habe, das allein von den Christen das Kaiseropfer verlangte, um diejenigen, die es aus Glaubensgründen ablehnten, zu verfolgen und zu bestrafen. Jetzt aber stellte sich die Situation etwas anders dar. Bei weiteren archäologischen Ausgrabungen in diesem Gebiet wurden noch andere 49 Papyrusfetzen gefunden, die bestätigten, daß das vielzitierte Edikt des Kaisers Decius aus dem Jahre 249 keineswegs zu einer großen Verfolgung der Christen im gesamten Reich aufgerufen hatte. Das Gesetz war gegen gar keine Religion gerichtet. Decius hatte vielmehr als erster römischer Kaiser die Idee gehabt, daß in allen römischen Provinzen jeder seiner Untertanen vor den Augen staatlicher Beamter am Kaiserkult teilnehmen mußte, um auf diese Weise seine Treue zum Römischen Reich und zum Kaiser zu beweisen. Als Bestätigung für die Teilnahme an diesem Opferritus stellten die Beamten mit Unterschrift und Datumsangabe in zweifacher Ausgabe den Libellus aus. Ein Exemplar wurde im örtlichen Archiv aufbewahrt, ein anderes wurde denen, die an der Zeremonie teilgenommen hatten, als eine Art Opferausweis ausgehändigt. Die Papyrusstücke im ägyptischen Wüstensand waren ausnahmslos Opferbescheinigungen für Männer, Frauen und Kinder, die zwischen dem 12. Juni und 14. Juli des Jahres 250 ausgestellt wurden. Sie gehörten ursprünglich zum Bestandteil eines amtlichen Archivs.

Man weiß heute, daß dieses gewaltige Projekt eines reichsweiten kaiserlichen Opferzwanges in den verschiedenen Provinzen recht schleppend und nur selten konsequent durchgeführt wurde. Trotzdem fühlten sich die Anhänger der christlichen

Religion von dieser Aktion besonders betroffen, da sie wegen des Absolutheitsanspruchs ihrer Religion vom Prinzip her jeden anderen Kult ablehnen mußten. Aber der römische Kaiserkult war keine Sache des Glaubens, sondern eine rituelle Kulthandlung bei der man dem Genius, dem Schutzgott des Kaisers, nicht seiner menschlichen Person, ein Opfer zum Wohlergehen des Imperiums brachte. Niemand mußte also an den göttlichen Genius des Kaisers glauben. Ein Glaube im christlichen Sinne war der römisch-antiken Welt ohnehin unbekannt. Beim Kaiseropfer mit Wein und Weihrauch ging es ausschließlich um einen Loyalitätsbeweis für den Staat. Deshalb war der Kaiserkult natürlich ein Politikum. Wer auch immer ihn verweigerte, beging damit ein Majestätsverbrechen, weil er sich öffentlich gegen den Staat stellte. Christliche Rigoristen wie Tertullian riefen allerdings dazu auf, man solle lieber als Christ den Märtyrertod erdulden, als an diesem Götzendienst teilzunehmen. Denn Weihrauch, den Christen wie Tertullian besonders verabscheuten, sei nichts anderes als ein Futter für Dämonen. Aber kann man die Vorstellungen aus den überlieferten Schriften dieser Rigoristen tatsächlich auf das alltägliche Leben der durchschnittlichen Christen in jener Zeit übertragen? Manfred Clauss kommt aufgrund seiner Forschungsarbeit zu einer anderen Einschätzung:

> »Die Lösung vieler Christen war einfach: Sie opferten halt, und das war in Rom nicht anders als in Alexandria oder Carthago.«[9]

Diese Haltung spiegelt sich auch in der Reaktion auf das Edikt des Decius wider. Damals war eine sehr große Zahl der Christen bereit, sich mit dem Staatskult zu arrangieren. Im gesamten Reich von Spanien bis in den Orient befanden sich auch zahlreiche Bischöfe unter denen, die am Kaiserkult teilnahmen. Das enorme Ausmaß dieser Verleugnung des Glaubens, wie es die christlichen Rigoristen verstanden, war als Folge der Maßnahmen des Decius wohl auch der eigentliche Schock für die Kirchen.

Pragmatiker gegen Rigoristen

Die Diskussion über die massenhafte Teilnahme von Christen am Kaiserkult war auch ein markantes Datum für die römische Kirche. Hier standen sich in dieser Frage Rigoristen und Pragmatiker gegenüber. Während die Rigoristen für die sogenannten Abgefallenen kategorisch den Kirchenausschluß forderten, verlangten die Pragmatiker lediglich eine Bußübung. Die Mehrheit entschied sich für die pragmatische Partei. Deren Kandidat Cornelius wurde im März 251 zum römischen Bischof gewählt. Er wurde anschließend auch auf einer römischen Synode in seinem Amt bestätigt, an der mehr als 60 Bischöfe teilgenommen haben sollen. Das Ergebnis macht deutlich, daß christliche Rigoristen in der zweiten Hälfte des 3. Jahrhunderts in Rom wenig Chancen hatten.

In dieser Zeit lassen sich nun auch die ersten Konturen innerhalb der römischen Kirche erkennen. Man kann jetzt durchaus schon von einem bischöflichen Hof reden. Denn der römische Bischof war von einem Schwarm von Dienern, den Akoluthen umgeben, die sein ständiges Gefolge bildeten. Insgesamt zählen nun mehr als 150 Kleriker zum bischöflichen Mitarbeiterstab.

Cornelius

Die Aufgaben verteilten sich vom Priester bis zu den Ostiariern, den Türstehern in den sogenannten Häusern der Kirche, in denen die Gottesdienste gefeiert wurden. Diese Versammlungsstätten waren noch gewöhnliche Wohnhäuser, von der Mietskaserne bis zu kleineren Herrschaftshäusern, die von der Kirche gemietet, gekauft oder ihr geschenkt worden waren. Sie trugen die Namen ihrer ursprünglichen Besitzer den sogenannten Titulus wie etwa Titulus Clementis oder Titulus Chrysogoni. In einigen Fällen sind diese Namen später bei dem Umbau in Kirchengebäude sogar erhalten geblieben, indem sie dann die Vorsilbe Sankt zugefügt bekamen. San Clemente und San Crisogono sind Beispiele für solche Tituli, die bis heute als »Titularkirchen« an Kardinäle der römischen Kirche übergeben werden. Aber im Gegensatz zu den späteren Kirchengebäuden haben sich die sogenannten »Häuser der Kirche« im 3. Jahrhundert in keiner Weise von den anderen Gebäuden in den römischen Wohnvierteln abgehoben. Bis ins 4. Jahrhundert fehlt auch jeglicher Hinweis darauf, wo die Bischöfe in Rom ihren Wohn- und Amtssitz hatten.

Aber der Bischof in der Kirche der Hauptstadt des Imperiums war inzwischen die Führungsfigur einer ganz respektablen Institution geworden. Im Mai 254 stieg dann ein Mann auf den Stuhl Petri, der nach alten Papstlisten ein Römer aus dem Geschlecht der Iulier gewesen sein soll, also ein Nachkomme aus der Verwandtschaft von Iulius Caesar und Kaiser Augustus. Überprüfen lassen sich diese Angaben jedoch nicht. Aber dieser Stephan I. zeigte in der Tat den Mut und den Herrscherdrang eines Caesars. Er forderte nämlich jetzt, daß die Entscheidungen, die der römische Bischof trifft, von allen anderen Bischöfen übernommen werden müssen. Wie kühn dieser Vorstoß war, wird nur deutlich, wenn man sich vergegenwärtigt, daß damals in allen Kirchen die Bischöfe autonom und nebeneinander gleichberechtigt waren. Es galt die sogenannte »Communio-Regel«, nach der die Gesamtheit der Bischöfe das Fundament der universalen Kirche darstellen. Es war üblich geworden, daß Bischöfe einer Provinz auf Synoden zusammenkamen und Fragen der kirchlichen Lehre und kirchenpolitische Entscheidungen in gemeinsamen Beschlüssen festlegten. Stephan I. hob jetzt von

Stefan I.

sich aus diese Communio-Regel auf und machte den römischen Bischof zum Zentrum der gesamten Kirche. Er begründete diesen Anspruch mit der biblischen Belegstelle (Matthäus 16,18 f.), nach der Jesus mit dem Felsenwort die Kirche Petrus übertragen haben soll. Aufgrund dieser Bibelstelle verstanden sich auch die anderen Bischöfe als Nachfolger des Petrus, das aber wollte Stephan I. nicht mehr akzeptieren. Denn Petrus sei nicht nur Gründungsapostel in Rom gewesen, sondern auch der erste römische Bischof. Deshalb stehe dem Nachfolger des Petrus auch die Führung in der gesamten Kirche zu. Daß Irenäus von Lyon noch zwei Apostel nannte, nämlich Petrus und Paulus, die gemeinsam einen gewissen Linus zum ersten Bischof von Rom eingesetzt haben sollen, wird von Stephan mit keinem Wort mehr erwähnt. Ab Stephan I. ist Petrus der erste Bischof von Rom. Woher diese Idee auf einmal kam, läßt sich nicht mehr feststellen. Man nennt diese auf Petrus und die römischen Bischöfe zugespitzte Formel auch petrinisches Prinzip oder Petrus-Doktrin. Aber Nachfolge Petri hin oder her, die anderen Bischöfe wiesen Stephans Forderung empört als arrogante Anmaßung zurück. In einem Brief des Bischofs Cyprian von Karthago ist sogar die Rede davon, Stephan habe sich mit der

Primatsforderung für den römischen Bischof selbst aus der universalen Kirche ausgeschlossen. Die Vorstellung Stephans I. ging damals komplett an der kirchenpolitischen Realität vorbei und stieß bei den anderen Bischöfen nur auf Empörung oder Gelächter. Aber in Rom sollte diese Petrus-Doktrin von nun an nicht mehr vergessen werden.

Die Petrus-Doktrin und der Abschied von den Göttern

Kurswechsel in der Religionspolitik

Unter lauten Zurufen holten die Matrosen die Segel ein, das Schiff wurde langsam an die Ufermauer manövriert. Der Hafen der alten Hauptstadt empfing seine Besucher mit der Betriebsamkeit eines Handelszentrums. Neben gigantischen Kornspeichern, in denen Getreide aus Ägypten und Sizilien lagerte, reihten sich unzählige Geschäfte, Plätze mit Denkmälern und lange Straßen, mit ziegelroten Bürgerhäusern und Palästen aus weißem Marmor. Die Passagiere aus der römischen Provinz Nordafrika, die das Schiff verließen, waren fast am Ziel ihrer Reise angekommen. Unter den Schiffsreisenden befand sich auch ein junger Rhetorikprofessor aus Karthago, der von seinem Jugendfreund Alypius in Empfang genommen wurde. Beide waren zusammen im nordafrikanischen Thagaste aufgewachsen. Jetzt lebte Alypius als erfolgreicher Jurist im Staatsdienst in Rom. Er hatte den Freund aus Karthago nachkommen lassen, weil ein Professor in Rom mehr Ansehen genoß und erheblich besser bezahlt wurde als in der Provinz. Da Alypius ein Beamter des Magistrats war, verfügte er über die Berechtigung, den *currus publicus*, das öffentliche Verkehrswesen, zu benutzen. Denn vom Hafen in Ostia bis nach Rom waren es noch ungefähr zwanzig Kilometer. Während der Wagen im Trab des Pferdes am Tiber entlang über die Via Ostiensis rollte, tauschten die beiden Fahrgäste Neuigkeiten aus. Thema Nummer eins in diesen Tagen war die instabile Wirtschaftslage. Der Staat reagierte darauf mit totalitären Maßnahmen. Zum Beispiel durften jetzt die Söhne von Handwerkern und Gewerbetreibenden nur noch den Beruf ihrer Väter ausüben. Auch die Höchstpreise für Lebensmittel wurden amtlich festgelegt. Der Staat versuchte damit die künstlich herbeigeführte Lebensmittelknappheit auszuhebeln, mit der raffinierte Geschäftsleute den Markt manipulierten, um anschließend von den Preissteigerungen zu profitieren. In Rom war erst vor einiger Zeit das Haus eines reichen Händlers in Brand gesteckt worden, weil er gesagt hatte, er würde seinen Wein lieber zum Kalklöschen gebrauchen, als ihn zu dem vom Volk erhofften Preis zu verkaufen. Aber auch in Karthago war die allgemeine politische Stimmung nicht besser.

Der Pferdewagen näherte sich der Stadt. Augustinus, der in diesen Septembertagen des Jahres 383 zum ersten Mal nach Rom kam, erblickte die Pyramide des Cestius, das Kolosseum und die gewaltigen Paläste auf dem Palatin. Das war immer noch der Glanz des alten Roms. Doch inzwischen war unübersehbar eine neue Zeit angebrochen. Auf der Straße von Ostia war Augustinus bereits die Basilika mit dem Grab des Paulus aufgefallen. Jetzt, am Fuß des Esquilinhügels, erblickte er die riesige Liberianische Basilika, die später den Namen Santa Maria Maggiore erhielt. Auch im Stadtbild von Rom hatte das Christentum Einzug gehalten.

Neu war auch, daß die Kaiser ihren Regierungssitz nicht mehr in Rom hatten. Das Imperium war jetzt in einen Ost- und einen Westteil aufgeteilt. Die Herrscher regierten zwar das Reich in der großen Politik gemeinsam, aber jeder Kaiser verwaltete seinen Machtbereich eigenständig. Die Kaiser im Westteil des Reiches residierten in Trier oder Mailand, der Herrscher im Osten hatte seinen Palast in Konstantinopel. Die Stadt hatte ihren Namen von Kaiser Konstantin erhalten, der dieses neue Zentrum des Imperiums im Jahr 326 gegründet hatte, weil Rom zu weit von den Brennpunkten des Geschehens im Osten des Reiches entfernt war.

Konstantinopel am Bosporus nannte sich nun auch stolz das »Neue Rom«. Aber das war nicht die einzige Veränderung, die Konstantin durchgesetzt hatte. Unter seiner Regierung war das Christentum zu einer anerkannten Religion im Römischen Reich geworden. Obwohl Konstantin die heidnischen Religionen in keiner Weise eingeschränkt hatte, waren die christlichen Kirchen doch mit erheblichen Privilegien ausgestattet worden. Schon im Jahr 315 erhielten die christlichen Gotteshäuser das

Asylrecht, das bis dahin nur die heidnischen Tempel genossen hatten. Drei Jahre später waren die christlichen Beamten und Soldaten vom allgemeinen Opferzwang befreit worden. Im gleichen Jahr wurden die christlichen Bischöfe in Zivilangelegenheiten als Richter anerkannt, auch dann, wenn nur eine der beiden streitenden Parteien christlich war. Damit hatte der Kaiser die kirchlichen Jurisdiktionsträger sozusagen den weltlichen Richtern gleichgestellt. Besonders wichtig für die weitere Entwicklung der Kirche war es gewesen, daß den christlichen Kirchen auch erlaubt wurde, Erbschaften anzunehmen. Konstantin, der selbst nicht als Christ getauft war, hatte auch keine Scheu gehabt, sich in die inneren Angelegenheiten der Kirche einzumischen. Als Kaiser und Pontifex Maximus, also oberste Instanz für alle Religionsangelegenheiten im Reich, sah er sich selbstverständlich auch für die Kirchen zuständig. Und als es zwischen einigen Kirchenführern zum Streit über theologische Fragen gekommen war, hatte Konstantin im Jahr 325 ein Konzil für die gesamte Kirche einberufen. Etwa 300 Bischöfe waren auf seinen Befehl in die kaiserliche Sommerresidenz nach Nicaea gekommen. Der Streitpunkt unter den kirchlichen Parteien war die Frage nach der Gottheit Christi. Die Gegensätze schienen damals unüberbrückbar. Die Bischöfe waren heillos zerstrittenen. Außerdem war die Mehrzahl der Kirchenmänner dieser theologischen Diskussion, die längst auf der Ebene der hellenistischen Philosophie ausgetragen wurde, intellektuell überhaupt nicht gewachsen. Konstantin wollte aber um jeden Preis Einigkeit in der Kirche. Also griff er höchstpersönlich in die Verhandlungen ein. Seine kirchlichen Berater fanden eine Formel, die für möglichst viele Kirchenmänner akzeptabel sein sollte. Der Kaiser ließ es sich nicht nehmen, die Kompromißformel persönlich zu verkünden, die nun zwischen Christus und Gott eine Wesenseinheit festlegte. Das war ein weiterer begrifflicher Balanceakt. Begeisterungsstürme hat dieser Vorschlag jedenfalls nicht ausgelöst. Doch der Kaiser erklärte die Diskussion für beendet. Er ließ den Bischöfen die Formel zur Unterschrift vorlegen und erreichte eine fast einmütige Zustimmung. Wobei allerdings nicht vergessen werden darf, daß Konstantin jedem

Bischof, der die Unterschrift verweigerte, das Exil angedroht hatte. Für Silvester I., den Bischof von Rom, der mit dem Hinweis auf sein hohes Alter nicht nach Nicaea gekommen war, unterschrieben zwei Legaten die Konzilsakten.

Daß hier ein Kaiser, der nicht einmal Mitglied der christlichen Kultgemeinschaft war, über ein Glaubensdogma der Kirche entschieden hatte, wurde anscheinend widerspruchslos hingenommen. Die Bischöfe wußten schließlich, was sie Konstantin schon alles zu verdanken hatten.

Ein Kaiser, ein Reich, eine Kirche

Für die christliche Religionsgeschichte begann mit dem Konzil von Nicaea ein neuer Abschnitt. Es gab jetzt ein die gesamte Christenheit verpflichtendes Glaubensbekenntnis, das in feierlicher Proklamation durch den Staat zunächst zum Kirchengesetz, später sogar zum Reichsgesetz erhoben wurde. Damit war das Glaubensbekenntnis der christlichen Kirche auch zu einer Angelegenheit der realen Weltpolitik geworden und ist es faktisch bis zur Zeit der Französischen Revolution geblieben. Noch ein anderer entscheidender Schritt wurde auf dem Konzil von Nicaea getan. Seit Konstantins Vorgänger Diokletian war das gesamte Reich in Diözesen, so war die griechische Bezeichnung für die staatlichen Verwaltungssprengel, und diese wiederum in Provinzen aufgeteilt. Konstantin sorgte nun dafür, daß die Kirchen ihre Organisationsformen exakt dieser staatlichen Struktur anpaßten. Dies war vor allem deshalb möglich, weil die Kirche ihrerseits bereits ein streng hierarchisches Bischofssystem aufgebaut hatte, das sich hervorragend an den staatlichen Verwaltungsapparat angleichen ließ. Darin hatten die Kirchen organisatorisch auf jeden Fall allen anderen antiken Kultgemeinschaften etwas voraus gehabt. Diesen Aspekt wird man mit Blick auf die Sympathien Konstantins für das Christentum nicht unterschätzen dürfen. Die Vorstellung von einem Kaiser, einem Reich und einer Kirche war seit Nicaea jedenfalls zum Greifen nahe. Daran konnte dann auch Kaiser Theodosius I. anknüpfen, als er mit seinem epochalen Edikt *Cunctos populus*, vom 28. Februar 380, das Christentum offiziell zur Staatsreligion erhoben hat. Dazu mußte aber auch geklärt werden, welche Stellung dem Kaiser in einer Staatskirche zukam. Seit Octavian Augustus hatte das Kaisertum eine sakrale Komponente besessen, die mit der Vorstellung eines göttlichen Genius verbunden war. Der römisch-antike Kaiser in der Tradition des Augustus hatte also zwei Naturen, eine menschliche und eine göttliche. Diesen Anspruch selbst eine Gottheit zu sein, konnten die christlichen Kaiser unmöglich übernehmen. Sie mußten ihre Nähe zum christlichen Gott anders begründen. Hilfreich war dabei die Vorstellung von der christlichen Heilsgeschichte. Da die Weltgeschichte vom christlichen Gott auf ihr Ziel hin gelenkt wurde, mußten zwangsläufig die christlichen Kaiser, die dem christlichen Reich vorstanden und durch göttliche Vorsehung in ihr Amt eingesetzt worden waren, eine besondere Position in diesem göttlichen Heilsplan einnehmen. Die christlichen Kaiser waren jetzt also die Mittler zwischen Gott und den Menschen. Sie waren für das Seelenheil ihrer Untertanen verantwortlich. In diesen Gedanken sind die Ursprünge der Ideologie vom Gottesgnadentum eines Herrschers angelegt, die noch bis in die Neuzeit in der abendländischen Geschichte anzutreffen war. Nur mit dem Unterschied, daß ein spätantiker christlicher Kaiser sich sein Diadem selbst aufsetzte. Eine Krönungszeremonie durch andere hätte er nicht zugelassen. Denn der antike christliche Kaiser, und niemand anderes, war der Stellvertreter Gottes auf Erden. Ganz in diesem Bewußtsein sorgte Theodosius I. also für das Seelenheil der Bewohner seines Reiches, indem er mit seinem Edikt aus dem Jahr 380 mit einem Federstrich die Religionsfreiheit beendete und theoretisch den Glaubenszwang für die Untertanen einführte. Künftig hatte also jeder Bürger im Römischen Reich ein katholisch-orthodoxer Christ zu sein. Kirchenpolitisch lag das genau auf der Linie, die auch Gratian, der dienstälteste Kaiser im Westreich, vertrat. Gratian hatte schon im Jahr 376 Titel und Amt des Pontifex Maximus, das seit Octavian Augustus zum Kaisertum gehört hatte, demonstrativ niedergelegt und damit das oberste heidnische Priesteramt und auch die staatliche Fürsorge für die antiken

Kulte aufgekündigt. Beide Kaiser steuerten also auf das Ziel einer christlichen Staatskirche für alle Untertanen zu.

Aber die kaiserlichen Verordnungen bedeuteten noch lange nicht, daß nun die heidnischen Kulte verschwunden wären. Das spätantike Kaiserreich war kein moderner Staat. Ein Gesetz zu erlassen, war eine Sache, dieses dann in die Praxis umzusetzen, war eine andere. Es fehlte einfach an dem für die Durchsetzung von Gesetzen notwendigen Apparat. Anderseits waren die kaiserlichen Anordnungen auch leicht zu boykottieren. Besonders die religionspolitischen Erlasse zugunsten einer Staatskirche dürften vielen antiken Traditionalisten, die immer noch den größten Teil des Staatsapparates verwalteten, überhaupt nicht gefallen haben. Die alten religiösen Kulte haben sich damals besonders bei der Landbevölkerung gehalten. In dieser Zeit kam auch die Bezeichnung »Heide« (*paganus*) auf, damit waren die Leute vom Land gemeint, die sich weigerten, das Christentum anzunehmen. Besonders resistent gegen das staatliche Christianisierungsprogramm war auch der römische Senatsadel, der sogar Geschenkmedaillen als Propagandamittel gegen die christlichen Kaiser prägen ließ, auf denen zahlreiche Motive der alten Religion von Apollon über Hercules bis Bacchus dargestellt waren.

Der Himmel ist für alle da

Für Augustinus sollte diese christenfeindliche Stimmung in der römischen Aristokratie das Sprungbrett für eine beispiellose Karriere werden, die ihm als Christ versagt geblieben wäre. Im Jahr 383, als er nach Rom kam, war kurz zuvor Kaiser Gratian bei einem Gastmahl in Lyon im Alter von 24 Jahren ermordet worden. Im römischen Senat witterte man Morgenluft. Denn Gratian war ein kompromißloser Verfechter der Staatskirche gewesen, sein jüngerer Halbbruder Valentinian II. könnte vielleicht, dachte man, einen anderen religionspolitischen Kurs fahren. Der römische Stadtpräfekt Symmachus, einer der bedeutendsten Vertreter der antiken Traditionen in Rom, bat deshalb den jungen Kaiser um die Erlaubnis, den Altar der Victoria wieder in der römischen Kurie aufstellen zu dürfen. Die Göttin Victoria war seit Jahrhunderten ein Sinnbild für die Sieghaftigkeit des Römischen Imperiums. Erst Kaiser Gratian hatte den Altar aus der Kurie des Senats entfernen lassen. Der Brief, den Symmachus an Valentinian II. nach Mailand schickte, gehört bis heute zu den aufschlußreichsten Dokumenten der Verteidiger der traditionellen antiken Kultur. Darin heißt es unter anderem:

> »Erlauchte Kaiser, Väter des Vaterlandes, erweist meinen Jahren Achtung: zu ihnen hat mich fromme Verehrung der Götter geführt. Ich möchte am überkommenen Kult festhalten, denn ich habe keinen Anlaß zur Reue. Ich möchte nach meinem Brauch leben, weil ich frei bin. So bitten wir um Frieden für die Götter der Väter, für die einheimischen Götter. Wir erblicken dieselben Sterne; der Himmel ist uns gemeinsam; dasselbe All umgibt uns. Also, muß man auch das, was jeder auf seine Weise verehrt, für eines halten, und es ist nicht gleichgültig, auf welchem Weg ein jeder die Wahrheit sucht, es ist vielmehr unmöglich, dies auf einem Wege zu tun. Das Geheimnis ist so groß, daß man auf einem Weg nicht zu ihm gelangen kann.«[1]

Doch diese Vorstellung von einer Gleichwertigkeit und einer gottgewollten Vielfalt der Religionen war für christliche Ohren skandalös. Eine Welt, in der jeder seine eigene Gottheit anbetete, sollte endgültig der Vergangenheit angehören. Religiöse Toleranz und der Absolutheitsanspruch des christlichen Gottes vertrugen sich nun einmal nicht. Entsprechend wurde das Schreiben des Symmachus in Mailand aufgenommen. Bischof Ambrosius, eine allgegenwärtige und einflußreiche Gestalt am Kaiserhof Valentinians, vereitelte den Vorstoß des römischen Stadtpräfekten, heidnische Elemente ins öffentliche Leben zurückzuholen. Symmachus erhielt eine eindeutige Absage. Ambrosius saß als Bischof der Staatskirche jetzt am längeren Hebel. Die römischen Traditionalisten mußten also andere Mittel und Wege suchen, um ihre Interessen zu wahren.

Dafür bot sich schon bald eine günstige Gelegenheit. Denn als Stadtpräfekt von Rom erhielt Symmachus den Auftrag, einen

Rhetorikprofessor für den kaiserlichen Hof in Mailand vorzuschlagen. Da dieser Rhetoriker auch gleichzeitig die Ehrenreden auf den Kaiser zu halten hatte, also auch eine Art Propagandaminister des kaiserlichen Hofes war, suchte Symmachus nach einem Mann, der dem einflußreichen und wortgewaltigen Bischof Ambrosius gegebenenfalls Paroli bieten konnte. Seine Wahl fiel auf Augustinus, dessen rhetorische Begabung in Rom allgemein bekannt war. Außerdem gereichte es Augustinus zum Vorteil, daß er kein Christ war. Er gehörte damals der religiösen Gemeinschaft der Manichäer an. Das war eine Religion, die von dem Perser Mani im 3. Jahrhundert gegründet worden war und die Erlösung als einen kosmologischen Prozeß verstand. Diese Bewegung hatte kirchenähnliche Strukturen, und die Gemeinden der Manichäer waren in großen Teilen des Römischen Reiches stark verbreitet. Doch Symmachus interessierte sich nicht für diese Religion, für ihn war nur wichtig, daß Augustinus nicht der christlichen Kirche angehörte. Denn den römischen Traditionalisten ging es vor allem darum, den Einfluß der Christen am kaiserlichen Hof möglichst gering zu halten. Augustinus hat das Angebot mit Freuden angenommen. Nur ein knappes Jahr nach seiner Ankunft in Rom brach er seine Zelte dort wieder ab und übersiedelte nach Mailand. Augustinus ahnte natürlich selbst noch nicht, daß dieser Umzug die folgenreichste Entscheidung in seinem Leben werden sollte.

Staatliche Privilegien für den Apostolischen Stuhl

In Rom saß zu dieser Zeit Damasus I. auf dem Bischofsstuhl. Er residierte jetzt in der Basilika Konstantiniana, der späteren Lateranbasilika. Diese Kirche hatte schon Konstantin der Große für den römischen Bischof bauen lassen. Nach der offiziellen Anerkennung der christlichen Religion durch den Staat hatte der Kaiser den Christen in Rom mehrere repräsentative Kultgebäude geschenkt, in denen sie ihre Gottesdienste feiern konnten. Bei den Bauplänen für diese Kirchengebäude hatte Konstantin auf das Vorbild der damals in Rom üblichen Mehrzweckhalle,

Damasus I.

der Basilika, zurückgegriffen. Zwei dieser neuen Kirchen stachen im Stadtbild besonders hervor. Die Basilika Konstantiniana, die sich mit ihren hundert Metern Länge durchaus mit alten römischen Prachtbauten messen lassen konnte, und die Petersbasilika, die auf Konstantins Wunsch über der Erinnerungsstätte des Petrus am Vatikanhügel entstanden war. Die Petersbasilika wurde zunächst jedoch nur für Erinnerungsfeiern zu Ehren des Apostels genutzt, an denen auch der römische Bischof teilnahm, der inzwischen zu einer stadtbekannten Persönlichkeit geworden war. Damasus durfte nämlich jetzt mit einem zweispännigen Wagen durch die Straßen von Rom fahren. Er war der erste römische Bischof, der darin den höheren römischen Staatsbeamten gleichgestellt worden war. Schon dadurch war für jeden offensichtlich, daß sich das Verhältnis zwischen Staat und Kirche grundlegend verändert hatte. Aber trotz seiner Popularität war Damasus als römischer Bischof nicht unumstritten. Die ersten Querelen hatte es bereits bei seiner Wahl im Jahr 366 gegeben. Eine Fraktion der römischen Kirche hatte Damasus, eine andere Ursinus zum römischen Bischof gewählt. Um seinen alleinigen Anspruch auf den Bischofsstuhl von Rom zu bekräftigen, hatte Damasus eine Schlägertruppe angeheuert, der auch Gladiatoren angehört haben

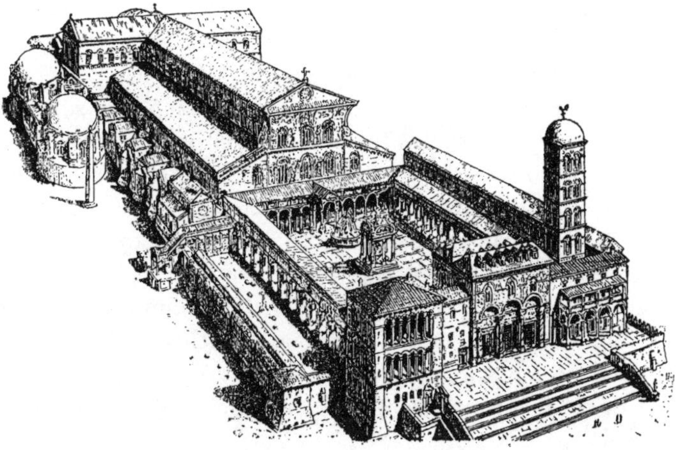

Die Peterskirche im Mittelalter, wahrscheinlich von Kaiser Konstantin begonnen

sollen. Entsprechend blutig verliefen die Straßenkämpfe, die sich die Kontrahenten lieferten. Als es schließlich bei einem besonders heftigen Zusammenstoß mehr als hundert Tote gab, mußte Ursinus sich geschlagen geben. Obwohl anschließend Ruhe einkehrte, blieb doch ein unangenehmer Nachgeschmack. Die Bevölkerung lastete Damasus die Toten dieser Auseinandersetzung an. Auch die übrigen Bischöfe in Italien waren entsetzt über das brutale Vorgehen ihres Kollegen in Rom. Die moralische Autorität des Damasus blieb jedenfalls angekratzt. Auch eine römische Bischofssynode hat ihn von dieser Schuld nicht freigesprochen. Doch das Selbstbewußtsein des römischen Bischofs hat darunter nicht gelitten. Er sah sich eindeutig als Nachfolger Petri. Er wurde sogar zum Urheber der Idee, den römischen Bischofssitz »Apostolischen Stuhl« (*sedes apostolica*) zu nennen. Diese Bezeichnung beanspruchten zwar auch andere Bischöfe, deren Amtssitz von einem Apostel gegründet worden war, aber Damasus setzte sich darüber hinweg. Noch zu Lebzeiten Kaisers Gratians hatte er aus diesem Grund den Antrag gestellt, der Kaiser solle grundsätzlich den römischen Bischöfen, die allein die Vollmacht des Petrus besäßen und deren Apostolischer Stuhl deshalb alle anderen Bischofssitze überrage, die höchste Entscheidungsgewalt in der Kirche zusprechen. Denn es könne schließlich nicht angehen, daß der Apostolische Stuhl von anderen Bischofssitzen gerichtet werde. Ein Urteil über den römischen Bischof komme einzig und allein dem Kaiser zu. Daß der Kaiser die oberste Instanz der gesamten Reichskirche war, zog auch Damasus selbstverständlich nicht in Zweifel, aber direkt danach sollte der Bischof von Rom seinen Platz einnehmen. Kaiser Gratian hat diesem Antrag tatsächlich zugestimmt. Allerdings nur für seinen Machtbereich, den westlichen Teil des Römischen Reiches. Dieser kaiserliche Beschluß aus Mailand ermutigte Damasus zwar, in dieser Sache auch seine Fühler zur Ostkirche hin auszustrecken. Aber die Patriarchen der Kirchen im Osten lehnten eine rechtliche Sonderstellung Roms kategorisch ab.

Auf dem Konzil in Konstantinopel im Jahr 381 wurde sogar ausdrücklich noch einmal die Autonomie jeder Diözese festgeschrieben. Etwaige Übergriffe von Bischöfen in den Bereich ihrer Kollegen wurden ausdrücklich untersagt. Das war unverkennbar eine Abmahnung für Rom gewesen. Damasus konnte sich also nur auf die Zustimmung Gratians für den Westteil des Reiches stützen. Damit war jetzt sozusagen auch der Grundstein für das Gebäude des Papsttums gelegt. Denn der Patriarch des Westens, der Bischof von Rom, hatte innerhalb seines Zuständigkeitsbereiches durch kaiserliches Privileg über alle anderen Bischöfe die kirchliche Gerichtshoheit. Allerdings ging Damasus dabei nicht so weit, sich auch über die Entscheidungen von Synoden zu stellen. Aber der Machtbereich des römischen Bischofs in der Westkirche war jetzt abgesteckt. Außerdem besaß Damasus ein gutes Gespür für Marketing. Er erkannte als erster, daß das Patriarchat im Westen auch ein eigenes, unverwechselbares Profil benötigte. Er faßte daher den Entschluß, in Rom statt der bisher üblichen griechischen Sprache nun Latein in der Liturgie einzuführen. Damit trennte er zumindest durch die Kirchensprache die Westkirche vom übrigen Teil der Reichskirche ab. Die Kirche im Abendland wurde jetzt zur lateinischen Kirche.

Ohrenbläser der Matronen

Von Damasus wird auch berichtet, daß er einen sehr prunkvollen Lebensstil pflegte und ein großzügiger und geselliger Gastgeber gewesen sein soll. Diese mondäne Lebensart öffnete ihm auch die Türen zu den Palästen der römischen Oberschicht, die der Kirche sonst ablehnend gegenüberstand. Der römische Bischof wurde jetzt gesellschaftsfähig. Schon als Diakon hatte man Damasus den Spitznamen »Ohrenbläser der Matronen« gegeben, weil er es wie kein anderer verstand, die wohlhabenden Damen der Stadt in kleinen, aber feinen christlichen Zirkeln um sich zu scharen. Auch sein späterer Sekretär, Hieronymus, der zu einem bekannten Heiligen wurde, soll auf diesem Gebiet durchaus begabt gewesen sein. Der heidnische Schriftsteller Ammian hat die Verhältnisse unter Bischof Damasus heftig angeprangert, weil die Kleriker den alten Witwen immer dann besonders hilfreich zur Seite gestanden hätten, wenn es darum ging, ein Testament zu Gunsten der Kirche auszustellen. Daß es sich dabei nicht nur um Einzelfälle gehandelt haben kann, belegt auch ein Erlaß von Kaiser Valentinian aus dem Jahr 370. Darin hat der Kaiser dem Klerus wegen Erbschleicherei sogar verboten, die Häuser von Witwen und Waisen aufzusuchen. Da der Mißstand offensichtlich anhielt, ordnete später auch Kaiser Theodosius an, daß reiche Damen sich nur dann zu Diakonissen in der Kirche weihen lassen durften, wenn sie zuvor die Erbteile an ihre Kinder ausgezahlt hatten. Aus den zahlreichen staatlichen Maßnahmen in dieser Richtung kann man schließen, daß der Klerus beim Eintreiben testamentarischer Vollmachten ausgesprochen erfolgreich gewesen sein muß. Da es die Abgabe des Zehnten, die wichtigste Einnahmequelle der Kirche im Mittelalter, in der alten Kirche noch nicht gab, waren Erbschaften und Schenkungen die wichtigsten Finanzquellen.

Aber im 4. Jahrhundert stiegen nicht nur die Einnahmen der römischen Kirche, sondern auch die Mitgliederzahlen. Allmählich entdeckte auch der römische Stadtadel die Vorteile, die mit einer Funktion in der Staatskirche verbunden waren. Die Oberschicht verstand es jetzt sehr schnell, Einfluß auf die Kirchenleitung zu bekommen. Ein sichtbares Zeichen für die Christianisierung des römischen Senatorenadels ist das um 400 entstandene Apsismosaik, das noch heute in der Kirche S. Pudenziana in Rom zu sehen ist. Auf diesem Kunstwerk werden die Apostel Petrus und Paulus, als wäre es die selbstverständlichste Sache der Welt, in der Kleidung römischer Senatoren dargestellt. Die lateinische Kirche im Abendland gewann also zunehmend an eigenen Konturen.

Der Bürovorsteher

Aber nicht alle römischen Bischöfe waren dem gesellschaftlichen Leben gegenüber so aufgeschlossen, wie die schillernde Persönlichkeit des Damasus. Sein direkter Nachfolger Siricius, der 384 zum Bischof von Rom gewählt wurde, scheint bei allem, was man über ihn in Erfahrung bringen kann, eine eher farblose Erscheinung gewesen zu sein. Siricius hatte dagegen aber die Vorzüge eines korrekten Bürovorstehers. Schon bald nach seinem Amtsantritt kramte er nämlich in der päpstlichen Verwaltung alle Schränke und Schubladen durch, um die gesammel-

Siricius

ten Dokumente seiner Vorgänger in eine registraturfähige Ordnung zu bringen. Dabei stieß er auch auf den kaiserlichen Erlaß, mit dem Kaiser Gratian allen römischen Bischöfen die oberste Gerichtsbarkeit und Entscheidungsgewalt über die Kirchen im Westteil des Reiches zugestanden hatte. Damasus hatte das zugestandene Privileg, wegen seiner zahlreichen anderen Interessen, nicht sonderlich genutzt, aber für einen Verwaltungsbeamten aus Leidenschaft wie Siricius war dieses Dokument pures Gold wert. Denn es gab ihm freie Hand, endlich eine eigenständige amtskirchliche Struktur im Westen aufzubauen. Die Anregungen dazu holte er sich bei der kaiserlichen Kanzlei. Er übernahm die juristische Sprache der staatlichen Verwaltung, den sogenannten Dekretalstil, jetzt auch für die Korrespondenz des römischen Bischofs. Wenn also andere Bischöfe Anfragen an den römischen Bischof richteten, antworte Siricius künftig nicht mehr, wie es bisher üblich gewesen war, mit Ratschlägen oder Ermahnungen, sondern er gab jetzt amtliche Verordnungen heraus. Von ihm stammt übrigens auch der erste erhaltene echte Brief eines römischen Bischofs. Es ist ein Schreiben vom 11. Februar 385 an den Bischof Himerius von Tarragona. Es geht darin, wie so oft, um Fragen der kirchlichen Disziplin. Bemerkenswert aber ist, Siricius weist nun ausdrücklich darauf hin, daß seine Verordnungen ebenso verbindlich anzusehen seien wie die Entscheidungen einer Synode. Deshalb sollten sie auch in den anderen Provinzen des westlichen Reiches zur Kenntnis gebracht werden. Siricius wagt also schon den Sprung nach vorn und stellt die Entscheidung eines römischen Bischofs zumindest auf die gleiche Stufe wie die einer Synode. Mit seinen päpstlichen Dekreten hat Siricius den Bischofssitz in Rom zu einem amtlichen Verwaltungszentrum der Westkirche umfunktioniert. Seine Nachfolger haben dankbar daran festgehalten und dieses System weiter ausgebaut.

Kirchenpolitik wird nicht in Rom, sondern in Mailand gemacht

Während die römischen Bischöfe voll und ganz damit beschäftigt sind, schrittweise ihre Machtposition innerhalb der abendländischen Kirche auszubauen, wird die große Kirchenpolitik in Mailand, der Residenzstadt der Kaiser im Westreich, gemacht. Und der Hauptdarsteller auf dem politischen Parkett ist hier neben dem Kaiser zweifellos Ambrosius, der Bischof von Mailand. Er stammte aus einer Familie des spätrömischen Adels. Bevor er 374 Bischof von Mailand wurde, hatte er das weltliche Amt eines Konsularlegats der römischen Provinz Aemilia-Liguria innegehabt. Im ständigen Kontakt zum Kaiserhof sah Ambrosius seine größte Herausforderung darin, das Verhältnis von Kirche und Staat in angemessener Weise auszutarieren. Dabei ist er mit Kaiser Theodosius I., der sich inzwischen die Alleinherrschaft im Ost- und Westreich sichern konnte, einige Male heftig aneinander geraten. Der schwerste Vorfall ereignete sich im Jahr 390. Nach der Verhaftung eines Wagenlenkers im Circus von Saloniki, der wegen sexueller Kontakte zu Männern angeklagt wurde, was jetzt nach christlicher Religion ein Verbrechen geworden war, geriet die gesamte Stadt in Aufruhr. Denn dieser Wagenlenker war unter den Helden der Kampfarena seiner Zeit ein Superstar. Dementsprechend tobte die Volksmenge, als er plötzlich von Staatsbeamten verhaftet wurde. Es kam zu einem Aufstand in Saloniki, bei dem der kaiserliche Militärbefehlshaber getötet wurde. Als Kaiser Theodosius davon erfuhr, ordnete er eine strenge Bestrafung der Stadtbewohner an. Die kaiserlichen Soldaten lockten die ahnungslose Menge in die Circusarena und richteten unter ihnen ein Blutbad an. Mehr als 7000 Menschen wurden damals von kaiserlichen Soldaten erschlagen.

Bischof Ambrosius war entsetzt. Er erklärte, er werde kein Meßopfer mehr in Gegenwart des Kaisers darbringen, bevor dieser öffentlich für das von ihm verursachte Blutbad Kirchenbuße geleistet hätte. Wenn man bedenkt, daß der Kaiser nach der damaligen Auffassung eine unantastbare, fast sakrosankte Würde besaß, war dieser Vorstoß des Ambrosius schon etwas Ungeheuerliches. Doch der orthodoxe Christ Theodosius hat sich tatsächlich, wenn auch nach einigem Zögern, dieser Forderung des Ambrosius unterworfen. An Weihnachten 390 legte Theodosius vor dem Betreten der Kirche in Mailand demonstrativ seine kaiserlichen Insignien ab und bekannte öffentlich vor der versammelten Gemeinde seine Schuld. Erst danach ließ Ambrosius den Kaiser wieder zur Eucharistiefeier zu. Theodosius hatte sich also in der Kirchendisziplin einem Bischof unterworfen. Man hat dieses Ereignis oft mit dem Canossagang Heinrich IV. im Mittelalter verglichen, aber zwischen beiden Ereignissen gibt es einen grundlegenden Unterschied. Bischof Ambrosius wollte keine weltliche Macht für die Kirche, ihm ging es um etwas ganz anderes. Er wollte klarstellen, daß der Kaiser nicht über, sondern in der Kirche stand. Damit verließ Ambrosius den Pfad der gängigen Kirchenpolitik. Denn seit Konstantin dem Großen war der christliche Kaiser als Stellvertreter Gottes auch unangefochten die oberste Instanz in der Reichskirche. Selbstverständlich sah auch Ambrosius im Kaiser einen Sachwalter Gottes auf Erden, aber nur beschränkt auf die weltlichen Dinge. Innerhalb der Kirche hatte der Kaiser nach seiner Meinung keinen besonderen Rang zu beanspruchen, dort hatte er sich wie jeder andere Laie den Bischöfen unterzuordnen. Das machte er auch in einem Brief an den Kaiser deutlich:

> »Wann hast du je gehört, allergütigster Kaiser, daß in Glaubenssachen Laien über einen Bischof gerichtet hätten? Sollen wir also in einer Art knechtischer Verehrung vor dem Thron solche Bücklinge machen, daß wir unser bischöfliches Recht vergessen und anderen überlassen, was Gott uns anvertraut hat? Der Laie soll also Vorträge halten, der Bischof zuhören, der Bischof soll beim Laien in die Schule gehen?«[2]

Eine Oberhoheit des Staates über die Kirche weist Ambrosius entschieden zurück. Das Recht der religiösen Ordnung (*ius sacrum*) wird nicht vom Kaiser bestimmt, sondern von der Kirche. Vor Ambrosius von Mailand ist noch niemand mit dieser Entschiedenheit für die Freiheit der Kirche vom Staat eingetreten.

Er entwirft hier das Modell einer kirchlichen Staatstheorie für das Abendland, das sich schon bald von dem der Ostkirche fundamental unterscheiden wird. Denn im Osten wird sich ab dem 6. Jahrhundert unter Kaiser Justinian (527–565) das byzantinische Modell durchsetzen, nach dem der Kaiser selbstverständlich Gesetze in Glaubensfragen erläßt und die Kirchenverwaltung und die kirchliche Gerichtsbarkeit regelt. Man folgt dort einer Tradition, die schon seit Konstantin vorgegeben war, und die man Caesaropapismus genannt hat, weil hier im Grunde Kaisertum und Papsttum zusammenfallen, obwohl der Kaiser natürlich im Unterschied zum Papst kein Priesteramt innehatte.

Es gab einige Situationen, in denen Ambrosius dem Kaiser vorführte, wie er seine Vorstellungen von der Theorie in die Praxis umgesetzt sehen wollte. Zum Beispiel als in Kallinikum, einer Stadt am Euphrat, der katholisch-orthodoxe Bischof die Bewohner dazu angetrieben hatte, eine jüdische Synagoge in Brand zu setzen.

Theodosius war nicht bereit, diese Gewalt einfach durchgehen zu lassen. Da der Kaiser sich auch als Schutzherr seiner jüdischen Untertanen verstand, verlangte er vom Bischof in Kallinikum, daß dieser die Synagoge wieder aufzubauen und das Unrecht wieder gutzumachen habe. Ambrosius platzte vor Wut. Daß ein christlicher Kaiser als Schutzherr der Juden auftrat, war für ihn absurd und unzulässig. Er vertrat nämlich die Auffassung, daß der Kaiser auch den christlichen Wahrheitsanspruch gegen jede opponierende Gruppe durchzusetzen habe. Deshalb durfte der Kaiser es sich auch nicht erlauben, Juden, Heiden oder christlichen Häretikern gegenüber einen neutralen Standpunkt einzunehmen. Religiöse Toleranz widersprach für Ambrosius zutiefst den christlichen Wertmaßstäben. Auch in diesem Fall hat sich Theodosius, der unbedingt ein vorbildlicher christlicher Kaiser sein wollte, der Kritik des Ambrosius gefügt. Und ganz auf der Linie des Bischofs von Mailand hat der Kaiser dann im Jahr 391 jeglichen Besuch eines heidnischen Tempels und ein Jahr später alle Götterkulte in Privathäusern verboten. Ab dem Jahr 393 mußten dann sogar die Olympischen Spiele wegen ihres heidnischen Ursprungs eingestellt werden.

Die Kirchen als Familienunternehmen und der Zölibat als Politikum

Ende des 4. und Anfang des 5. Jahrhunderts überrollte die Kirche im gesamten Römischen Reich eine Keuschheitswelle. Mit dem Aufkommen der Marienverehrung wurde jetzt vor allem das Ideal der Jungfräulichkeit gepriesen. Innerhalb der Kirchengemeinden nahmen die geweihten Jungfrauen in der Skala der christlichen Vollkommenheit schon bald den ersten Platz ein. Denen, die das immerwährende Jungfrauengelübde ablegten, folgten die zur Keuschheit verpflichteten Witwen und die Verheirateten nahmen in dieser Rangordnung den letzten Platz ein. Die Keuschheit wurde zur Modeerscheinung. Davon blieb auch der Klerus nicht unberührt.

Besonders in Spanien und Gallien traten junge, unverheiratete Kleriker auf, die einen Pflichtzölibat für den gesamten Klerus fordern. Das hatte es in dieser Form noch nicht gegeben. Bisher hatte man sich meist darauf beschränkt, wenigstens den Bischöfen, die in vielen Fällen verheiratet waren, nahezulegen, nach der Weihe mit ihren Ehefrauen enthaltsam zu leben. Doch es gab in den christlichen Gemeinden quer durch alle Provinzen auch sehr viele Kleriker, die für diese neue Zölibatswelle überhaupt kein Verständnis hatten. Sie wollten den Klerikerstand in das übliche Familienleben integriert sehen. Dafür gab es gewichtige Gründe. Die christliche Staatskirche war bestrebt, ihre Position fest in der antiken Gesellschaft zu verankern. Mit einem Edikt des Kaisers allein war das nicht zu erreichen. Man brauchte Kirchenführer, die schon eine gesellschaftliche Machtposition mitbrachten. Diese fand man nur in den reichen und einflußreichen Familien der Oberschicht. Die generelle Befreiung des Klerus von Steuern und das gesellschaftliche Ansehen der Bischöfe, die ja auch die zivile Gerichtsbarkeit übernahmen, hatte kirchliche Ämter auch für die römische Oberklasse attraktiv werden lassen. Ab dem 4. Jahrhundert lag in Rom die Kirchenleitung in den Händen der gehobenen Mittelschicht und zunehmend auch der Oberschicht. Es war deshalb üblich, daß der Sohn dem Vater in das Priesteramt oder Diakonenamt folgte. Selbst der Apostolische

Stuhl wurde an den Sohn oder den Enkel weitergegeben. So war beispielsweise Felix III. der Großvater von Gregor I., Silverius der Sohn von Hormisdas, und eine Vielzahl von römischen Bischöfen im 5. und 6. Jahrhundert waren Söhne von Bischöfen, Priestern und Diakonen. Manche Familien sahen bestimmte kirchliche Ämter schon als ihren Familienbesitz an. Das galt in besonderem Maße für die Provinzkirchen. In vielen Gegenden waren klerikale Dynastien entstanden, in denen die kirchlichen Ämter über Generationen vom Vater auf den Sohn, oder vom Onkel auf den Neffen übergingen. Nicht selten waren politische Macht, Reichtum und ein hohes Kirchenamt in einer Stadt fest in der Hand eines Familienclans. Hier wird dann auch die andere Seite der Medaille sichtbar. Der Kampf engagierter junger Priester für den Zölibat hatte auch eine gesellschaftspolitische Spitze, die sich gegen die Vereinnahmung der Kirche durch Klerikerdynastien richtete. Die Forderung der Ehelosigkeit für Kleriker stand dabei auch gegen eine politisch einflußreiche Schicht in der Gesellschaft, die die Kirche als eine Art Familienunternehmen betrachtete.

Einem ähnlichen Fall begegnet man in Rom im Jahr 401. Damals wurde Innozenz I. zum Bischof gewählt. Er war der direkte Nachfolger seines Vaters Anastasius I. und sozusagen das Kind einer Papst-Ehe. Ob er nun auch aus einer dieser reichen Dynastien mit dem entsprechenden Einfluß in der Politik und in der Kirche stammte, läßt sich aus den historischen Quellen nicht mehr nachvollziehen. Sein herrschaftlicher Führungsstil und seine administrativen Fähigkeiten lassen zumindest Rückschlüsse in diese Richtung zu. Wie viele Söhne der Oberschicht scheint Innozenz I. eine juristische Ausbildung genossen zu haben. Jedenfalls gibt er seinen bischöflichen Dekreten aus Rom einen deutlichen juristischen Anstrich. Die Erlasse aus Rom sind jetzt wie Gesetze formuliert. In den 36 Briefen, die von Innozenz I. erhalten geblieben sind, schlägt er einen gebieterischen Ton an, der keinen Widerspruch zuläßt. Mit diesem eindeutigen Rechtsanspruch legt er die Grundlage für ein römisches Kirchenrecht. Ob in Fragen des Glaubens, der Liturgie und der Disziplin, die Kirchen des Westens sollen sich jetzt ausschließlich an der rö-

Innozenz I.

mischen Kirche orientieren. Innozenz hält sich nicht mehr damit auf, zu begründen, warum dem Bischof von Rom diese Vollmacht zukomme. Er setzt sie voraus. Besonders am Herzen liegt ihm die höchste richterliche Vollmacht des römischen Bischofs. Dazu verabschiedet er nun ein neues Grundgesetz. Alle Streitigkeiten über wichtige Sachen, die *causae maiores*, sollen künftig zur Entscheidung vor den Apostolischen Stuhl gebracht werden. Innozenz I. markiert mit der obersten Jurisdiktionsgewalt deutlicher als alle seine Vorgänger die Richtung, in die die römischen Bischöfe ihre Papstautorität Stück für Stück im Westen des Römischen Reiches ausbauen werden. Es ist deshalb nicht abwegig, wenn einige Historiker ihn als den ersten Papst bezeichnen.

Schwanengesang auf die christliche Reichsideologie

In die Zeit, als Innozenz I. Bischof von Rom war, fällt auch ein Ereignis, das die damalige Welt völlig zu erschüttern drohte. Am 24. August 410 stürmte der Gote Alarich mit seinen Truppen Rom.

Für Alarich war dieser Überfall ein Racheakt, dem ein langwieriger Streit mit dem Kaiserhof vorausgegangen war. Für die

Menschen damals war die Eroberung Roms ein Schock. Seit Kaiser Augustus galt Rom als die Ewige Stadt. Auch nach der Gründung Konstantinopels war Rom immer Sinnbild des Imperiums geblieben. Die Zeitgenossen sahen in Rom die Vollendung der Weltgeschichte.

> »Meine Stimme stockt und mein Schluchzen unterbricht die Worte, die ich schreibe: Die Stadt ist bezwungen, die den Erdkreis bezwang!«,[3]

klagte der Kirchenvater Hieronymus, der damals bereits seine Tätigkeit als Sekretär des Papstes aufgegeben hatte und als Einsiedlermönch in der Nähe von Bethlehem lebte. Der Fall von Rom hatte sich wie ein Lauffeuer bis in den letzten Winkel des Imperiums verbreitet. Dabei hatte Alarich nach der Eroberung und der anschließenden Plünderung die Stadt bereits nach drei Tagen wieder verlassen und war mit seinen Truppen weitergezogen. Doch allein die Tatsache, daß Rom überhaupt einem Barbaren zum Opfer fallen konnte, löste eine regelrechte Untergangsstimmung aus. Auch nach dem Überfall flohen immer noch Römer aus der Stadt. Viele wanderten nach Nordafrika aus. Dort man trifft in dieser Zeit auch wieder auf Augustinus, der schon vor längerer Zeit aus Mailand in seine Heimat zurückgekehrt war. Er hatte sich inzwischen nach der persönlichen Begegnung mit Ambrosius in Mailand für das Christentum entschieden und lebte bereits seit 15 Jahren als Bischof in der nordafrikanischen Stadt Hippo. Als er dort erfuhr, was Theologen wie Hieronymus über den Fall Roms schrieben, löste das bei Augustinus nur Unverständnis aus. Für Christen, die am Verlauf der Geschichte erkennen wollten, wo und wann die göttliche Vorsehung am Werk war, hatte er kein Verständnis. Denn für ihn war es immer ein fundamentaler Fehler gewesen, Rom und das Römische Reich als ein Werkzeug im Heilsplan des christlichen Gottes zu sehen. Damit hatten die christlichen Reichsideologen das Christentum und das Römische Reich wie zwei siamesische Zwillinge auf Gedeih und Verderb miteinander verbunden. Und wie selbstverständlich hatten sie erwartet, daß die Treue zum christlichen Glauben eine Garantie für politische und militärische Erfolge des Römischen Reiches wäre. In den Augen Augustinus' konnte das nur schief gehen. Denn was Gott verheißt, liegt jenseits von allem irdischen Erfolg oder Mißerfolg. Das aber hatten die Vertreter der christlichen Reichsideologie in ihrem Eifer übersehen, wenn sie vom Triumph der gottgewollten Einheit von Christentum und Römischem Reich schwärmten. Augustinus nutzt die Gelegenheit, um endgültig mit diesen Reichstheologen abzurechnen. Zuerst macht er einmal klar, daß es ihn nicht interessiere, in irgendwelchen weltgeschichtlichen Ereignissen dem Heilsplan Gottes nachzuschnüffeln. Er kennt nur ein Ziel, die von Gott verheißene Erlösung am Ende der Zeit. Bis dahin aber wird die innere Dynamik seines theologischen Geschichtsbildes durch zwei staatsähnliche Gebilde bestimmt, die er zwei verschiedene Reiche nennt. Das eine Reich, die *civitas caelestis*, ist Gott und dem Himmel zugeordnet, es steht, vereinfacht ausgedrückt, für das Prinzip des Guten, nach dem der Mensch streben soll. Das andere Reich, die *civitas terrena*, ist dem irdischen Staat zugehörig, in dem das Prinzip des Bösen anzutreffen ist, das den Menschen von Gott entfremdet. Aber Augustinus lehnt es ab, zwischen beiden Gebilden eine Demarkationslinie zu ziehen. Wenn er also von den beiden *civitates*, den beiden Reichen, spricht, dann sieht er dabei vor allem zwei Idealbilder. Die beiden Reiche sind in ihrer wirklichen Form, als wahre Kirche und wahres irdisches Reich, mit keiner geschichtlichen und soziologischen Gemeinschaft wirklich identisch, sondern sie bleiben bis zum Ende der Geschichte unsichtbar. Die Grenze der beiden Reiche geht vielmehr quer durch alle weltlichen Gemeinschaften. Diese undurchschaubare Vielschichtigkeit bestimmt für Augustinus auch die Realität im Verhältnis von Kirche und Staat. Augustinus' Gedanken sind keineswegs in der Auseinandersetzung mit seinen Zeitgenossen über eine reichspolitische Theologie im 4. Jahrhundert verhallt. Seine Überlegungen sollten in Europa noch eine erstaunliche Wirkungsgeschichte erfahren. Wie gefährlich es allerdings sein konnte, die theologischen Überlegungen Augustinus' auf die Politik zu übertragen, zeigt sich im Mittelalter, als das himmlische Reich mit der Papstkirche und das irdische Reich mit dem Kaiserreich gleichgesetzt wurde. Dieser sogenannte politische Augustinismus tat dann genau das, was Augustinus strikt abgelehnt hatte, nämlich die beiden als Idealbilder verstandenen Reiche gegeneinander abzugrenzen. Augustinus hatte die Wirklichkeit viel nüchterner gesehen. Die sichtbare Kirche kann nicht für das Gute stehen, der Staat nicht nur für das Böse. Denn in beiden gibt es Gerechtigkeit und Ungerechtigkeit.

Außerdem kam ihm an keiner Stelle der Gedanke, daß die sichtbare Kirche die Herrschaft über den irdischen Staat ausüben solle.

Wie er andererseits auch kein Verständnis für die in Rom propagierte Petrus-Doktrin der römischen Bischöfe zeigte. Für ihn ist Christus der Fels, auf dem die Kirche steht. Christus hat Petrus die Vollmacht als Repräsentant der gesamten Kirche übertragen, deshalb liegt diese Vollmacht auch bei der gesamten Kirche, die Christus und niemand anderen als Fundament hat. Der Vorstellung der römischen Bischöfe erteilt Augustinus eine klare Absage: »Wir sind Christen und keine Petriner!« (*Sumus enim christiani, non petriani*).[4]

Die Magna Charta des Papsttums

Daß die Lesart des biblischen Felsenwortes in Rom eine andere war als in den anderen Teilen der damaligen Welt, machte besonders Leo I. deutlich, der am 29. September 440 den römischen Bischofsstuhl bestieg. Er war zu dieser Zeit bereits weit über Rom hinaus ein bekannter Mann, der in gutem Kontakt zum Kaiserhof stand, für den er gelegentlich sogar politische Missionen übernommen hatte. Es wird daher kaum jemanden überrascht haben, als er auf den römischen Bischofsstuhl nachrückte. Unter seinem Vorgänger Sixtus III. war er bereits in das Amt des Archidiakons, nach dem Bischof die einflußreichste Funktion in der römischen Kirche, aufgestiegen. Die römischen Diakone, eine Gruppe von sieben Mitgliedern, hatten sich, im Gegensatz zu den Priestern, schon im 4. Jahrhundert unter der Leitung

Leo I.

eines Archidiakons zu einem Kollegium zusammengeschlossen. Als Führungsspitze der Finanz- und Vermögenswaltung beaufsichtigten die Diakone den seit dem 4. Jahrhundert durch testamentarische Verfügungen enorm angewachsenen Landbesitz der römischen Kirche. Die Kirchen wurden in der Spätantike nach dem Kaisertum die reichsten Institutionen im Imperium. Über das größte Vermögen verfügte die Kirche in Rom. Der Glanz dieses Reichtums stärkte auch das Ansehen derer, die dieses Vermögen verwalteten. Außerdem standen die Diakone durch ihre Aufgaben in ständigem Kontakt mit den hohen römischen Staatsbeamten. Neben dieser einflußreichen Funktion der Diakone hatten die zahlreichen Priester, die über die ganze Stadt verstreuten waren, kaum eine Möglichkeit sich zu profilieren. Auch wenn die Priester allgemein ein hohes Ansehen genossen, weil sie außer dem Bischof die einzigen waren, die taufen und die Eucharistie feiern durften, war doch das Kollegium der Diakone das eigentliche Führungsmanagement der römischen Kirche. Aus diesem Kreis kamen auch die meisten Bischöfe. Sie brachten das finanz- und verwaltungstechnische Know-how mit, das für die Führung der Kirche inzwischen unverzichtbar geworden war. Auf diesem Weg hatte sich auch Leo I. für die Bischofswahl qualifiziert. Obwohl er, was besonders bei den römischen Bischöfen eher eine Ausnahme war, sich auch solide theologische Kenntnisse angeeignet hatte. Wie seine Vorgänger war auch Leo ein Anhänger der Petrus-Doktrin, mit der die Nachfolger Petri in Rom eine Vormachtstellung beanspruchten. Von der Gleichberechtigung und der Autonomie aller Bischöfe hielt Leo nichts mehr. Für ihn gab es eine eindeutige Rangordnung innerhalb der gesamten Kirche. Über allen anderen Bischöfen steht der römische Bischof, denn er ist der Stellvertreter des Petrus, der Vicarius Petri. Damit hat Leo I. einen völlig neuen Titel für den Bischof von Rom eingeführt. Und das Besondere daran war, daß er diesen Titel nicht nur theologisch, sondern auch juristisch begründete. Leo berief sich als Stellvertreter Petri auf das römische Recht.

Nach dem römischen Erbrecht übernimmt der Erbe auch den juristischen Status des Erblassers. Das heißt konkret, alle Rechte und Pflichten des Erblassers gehen auch auf den Erben über. Daraus folgerte Leo nun, daß die Rechte und Pflichten des Erblassers Petrus an seinen einzigen und rechtmäßigen Erben, den jeweiligen Bischof von Rom übergehen. Er nahm also nur das in Anspruch, was ihm vom juristischen Standpunkt aus als Erbe zustand. Also ist der Bischof von Rom auch der rechtmäßige Stellvertreter Petri mit dem Recht der Vollmacht in der gesamten Kirche, die er geerbt hat. Man hat diese Gedanken Leos treffend als die Magna Charta des Papsttums bezeichnet. Denn damit ist die Petrus-Doktrin voll ausformuliert. Dazu gehörte aber auch, daß Leo zwischen dem Amt und der Person des römischen Bischofs unterschied. Der Papst erbt das Amt des Petrus, aber nicht dessen persönliche Verdienste. Leo entpersonalisierte also das Papsttum zugunsten des Amtes. Die jeweilige Person, die das Papsttum innehat, ist dabei zweitrangig. Die Stellvertretung Petri hängt nicht von den moralischen Qualitäten eines Nachfolgers ab, sondern liegt allein im Amt begründet. In diesem Sinne hat Christus, nach der Meinung Leos, dem Petrus und seinen Stellvertretern die monarchische Führung der Kirche übertragen. Die Monarchie des Papstes ist der des römischen Kaisers ähnlich. Leo I. hatte keinerlei Skrupel, den seit Augustus üblichen Kaisertitel »Princeps« auch für sich in Anspruch zu nehmen. Aber Leo sah einen erheblichen qualitativen Unterschied zwischen dem Prinzipat des Kaisers und dem Prinzipat des Papstes. Das Imperium, dem der Kaiser vorsteht, ist eine historisch gewachsene menschliche Organisation. Die Kirche dagegen ist eine göttliche Institution und ihre Führungsmacht, der Bischof von Rom, hat ihren Ursprung in einem göttlichen Willensakt. Der Papst steht sozusagen über der Geschichte. Spätestens hiermit hatte Leo natürlich längst die juristische Argumentation verlassen und sich auf die theologische Ebene des Glaubensbekenntnisses begeben. Wie Leo I. das verstanden haben wollte, demonstrierte er auf eindrucksvolle Weise in einem Brief an die Bischöfe in Gallien:

> »Wer Petrus den Prinzipat abzustreiten wagt, der kann ihm zwar seine Würde in keiner Weise mindern, aber er stürzt sich selbst, vom Geiste des Hochmutes gebläht, in die Hölle.«[5]

Diese dogmatische Fixierung des Papsttums haben die Kirchen im Osten des Reiches, wie nicht anders zu erwarten war, kategorisch abgelehnt. Für sie gab es in Rom lediglich den einen Patriarchen des Westens, dem aber damals im Osten gleichrangig die Patriarchen von Alexandrien, Antiochien und Konstantinopel gegenüberstanden. Die besondere Ehre, die dem römischen Bischof aufgrund der Apostelfürsten zukam, änderte daran rechtlich überhaupt nichts. Das Konzil von Chalkedon im Jahr 451 schuf sogar neue Fakten. Denn dort wurde der Patriarch von Konstantinopel, der Bischof im »Neuen Rom«, dem Patriarchen im alten Rom gleichgestellt. Leo I. war entsetzt. Damit war für den Osten auch der alleinige Ehrenvorsitz des römischen Bischofs gefallen. Einen Primat für die gesamte Kirche hat Rom gegenüber dem Osten nie durchsetzen können. Konstantinopel baute bereits am Fundament für eine eigene byzantinische Kirche.

Im Westen des Reiches saß Leo I. dagegen fest im Sattel. Je schwächer hier die kaiserliche Macht durch die Turbulenzen der Völkerwanderung wurde, um so stärker konnte er in den Vordergrund treten. Kaiser Valentinian III. war während einer

Truppenschau einem Attentat zum Opfer gefallen. Damit war die Theodosianische Dynastie im Westen ausgestorben. Der Papst konnte jetzt das politische Vakuum füllen, das durch das untergehende weströmische Kaiserreich entstanden war. Die Wirren der Zeit trugen entscheidend dazu bei, die Position des Papsttums zu stärken. Es überrascht deshalb kaum, wenn die römischen Bischöfe im Westen des Reiches von nun an eine dem Kaiser ebenbürtige Stellung einnehmen. Auch am Hof der Päpste in Rom hält immer offensichtlicher ein Zeremoniell Einzug, das vom Kaiserhof übernommen wurde. Die Päpste tragen jetzt das Pallium, ein schmales über die Schultern gelegtes Kleidungsstück, das bisher nur dem Kaiser zustand. Außerdem übernehmen sie für ihre liturgischen Handlungen den kaiserlichen Brauch, sich Kerzen und Weihrauch voran tragen zu lassen. Sie werden mit der Proskynese, dem Kniefall, begrüßt und unterzeichnen ihre Dekrete, wie der Kaiser, mit roter Tinte. Leo I. hat auch als erster römischer Bischof den ursprünglich heidnischen Titel des Pontifex Maximus für das Papsttum übernommen. Seit Kaiser Augustus hatten alle Kaiser diesen Titel als oberste Instanz für Religionsangelegenheiten getragen, bis ihn der christliche Kaiser Gratian im Jahr 376 demonstrativ als Abschied vom Heidentum ablegte. Leo hat diesen Titel wieder aufgegriffen und für die römischen Bischöfe christianisiert. Unter der Bezeichnung *Summus Pontifex* gehört er noch heute zu den Titeln des Papstes.

Königssalbungen und eine anonyme Fälscherwerkstatt

Der Antipoden-Streit

Vor dem offenen Feuer im großen Saal des bischöflichen Hauses in Mainz beugte sich der alte Erzbischof über ein Buch, das aufgeschlagen vor ihm auf dem Tisch lag. Der Angelsachse war ein leidenschaftlicher Büchernarr und deshalb besonders stolz, endlich eine von diesen neuen Ausgaben in der Hand zu halten, die nicht mehr nach Art der Antike aus Papyrusrollen bestand, sondern aus Pergamentblättern. Papyrus war seit der Eroberung Ägyptens durch die Muslime aus Arabien vor knapp hundert Jahren selten geworden. Die Bücher mit Pergamentblättern hatten gegenüber den Buchrollen aus Papyrus allerdings auch den Vorteil, daß man leichter zurückblättern konnte. Aber Pergament war ein sehr teures Material, das aufwendig aus Kalbs- oder Schafshäuten hergestellt wurde. Für das Pergament eines dicken Folianten benötigte man eine ganze Schafherde. Und ein kunstvoll ausgemaltes Exemplar hatte den Wert eines Bauernhofes. Das Buch mit den Märtyrerlegenden, in dem der Erzbischof las, war dagegen von minderer Qualität. Immer wieder entdeckte Bonifatius Stellen, an denen der frühere Text noch durchschimmerte. Es war eine billigere Ausgabe mit mehrfach gebrauchten Palimpsesten, Pergamentblättern, von denen der alte Text abgekratzt worden war, um das Material für einen neuen Text wiederzuverwerten. Aber die Lektüre zog Bonifatius so in ihren Bann, daß er die zahlreichen Unsauberkeiten auf den Buchseiten irgendwann nicht mehr wahrnahm. Er vertiefte sich mehr und mehr in den Text, und so merkte er nicht einmal, als ein Hausknecht den Raum betrat. Erst als dieser ihn ansprach, löste der Erzbischof, sichtlich verärgert über die Störung, den Blick von seinem Buch. Der Hausknecht überreichte Bonifatius einen Brief, der soeben von einem Kurier abgegeben worden war. Der

Alte wurde neugierig. Er brach eifrig das Siegel. Es war ein Schreiben von Papst Zacharias mit dem Datum vom 1. Mai 748. Er überflog den üblichen, umständlichen Begrüßungsteil und suchte die Zeilen ungeduldig nach einem Namen ab. Plötzlich lächelte er. Tatsächlich, es ging um Vergilius. Er las sich selbst die entscheidende Stelle des Briefes laut vor:

> »Sollte hinsichtlich der verderbten und falschen Lehre, die er gegen Gott und seine eigene Seele vertrat, festgestellt werden, daß er tatsächlich behauptet, es gebe eine andere Welt und andere Menschen oder gar eine andere Sonne oder einen anderen Mond unter der Erde, dann berufe ein Konzil ein und verweise ihn aus der Kirche, nachdem du ihm die Priesterwürde entzogen hast.«[1]

Über das Gesicht des Alten zog jetzt ein breites Grinsen. Er empfand Genugtuung. Endlich hatte er diesen eingebildeten Gelehrten dort, wo er ihn haben wollte. Der Papst, so hieß es weiter im

Gregor II. sendet Bonifatius nach Deutschland

Brief, forderte Vergilius außerdem auf, unverzüglich zu einer Befragung in Rom zu erscheinen. Bonifatius rieb sich die Hände. Er hatte kaum noch damit gerechnet, daß Papst Zacharias überhaupt in dieser Sache etwas unternehmen würde. Zacharias war ein griechischstämmiger Süditaliener aus Kalabrien, der als sehr gebildeter Mann galt und sogar antike heidnische Schriftsteller las. Solche Kleriker waren Bonifatius verdächtig. Außerdem traute er Zacharias nicht. Dieser Papst hatte ihn nämlich schon einmal gekränkt. Bonifatius, der vom Vorgänger des Zacharias, Gregor II., mit den Titeln eines Erzbischofs und eines päpstlichen Legaten für die Germanenmission eingesetzt worden war, hatte auf einer seiner Inspektionsreisen in Bayern die Taufen eines unfähigen Priesters für ungültig erklärt. Denn dieser Geistliche hatte eine völlig verunstaltete lateinische Segensformel bei seinen Taufen benutzt, indem er, anstatt im Namen des Vaters und des Sohnes, im Namen der *patria* und der *filia,* im Namen des Vaterlandes und der Tochter, getauft hatte. Bonifatius war nicht bereit gewesen, diesen liturgischen Unsinn anzuerkennen. Doch dann hatte sich Vergilius, der für Bayern zuständige Bischof von Salzburg, eingeschaltet, dem es überhaupt nicht gefiel, daß Bonifatius sich in Belange seiner Diözese einmischte. Da Bonifatius aber darauf bestand, die liturgisch unkorrekt durchgeführten Taufen zu annullieren, appellierte Vergilius in dieser Angelegenheit an den Papst. Und Zacharias hatte Vergilius recht gegeben und Bonifatius wie einen kleinen Kaplan abgekanzelt. Wenn er die Tradition der Kirche besser kennen würde, ließ Zacharias ihm mitteilen, dann hätte er wissen müssen, daß die alte Kirche selbst Ketzertaufen anerkannt hätte. Eine unkorrekte Taufformel sei also kein Grund, eine Taufe für ungültig zu erklären oder noch schlimmer, sie sogar wiederholen zu lassen. Bonifatius war damals nichts anderes übriggeblieben, als zähneknirschend zu gehorchen. Aber die Feindschaft zu Vergilius von Salzburg hatte sich von da an verschärft. Als Bonifatius einige Zeit später kosmographische Schriften, die Vergilius verfaßt hatte, zugespielt worden waren, sah er den Moment für eine Abrechnung gekommen. Vergilius vertrat in seinen Schriften nämlich offen die Theorie, daß die Erde aus zwei Halbkugeln bestünde, die durch eine äquatoriale Zone voneinander abgrenzt seien. Auf beiden Halbkugeln gebe es gleich viele klimatische Zonen, in deren gemäßigten Bereichen Lebewesen aufträten. Auch die Folge der Jahreszeiten und den Wechsel von Tag und Nacht begründete er mit seiner Theorie, daß die Erde eine Kugel sei. Vergilius stand mit diesen Überlegungen in einer Tradition, die bis auf Platon zurückging und in der Antike von Gelehrten wie Macrobius und Martianus Capella weiter ausgearbeitet worden waren. Die Vorstellung von einer Erdkugel und den sogenannte Antipoden, also Menschen, die auf der anderen Hälfte der Kugel lebten, stand natürlich im radikalen Widerspruch zur Lehre der Kirche. Schon Kirchenvater Augustinus hatte diese Ungeheuerlichkeiten widerlegt. Da die äquatoriale Zone undurchdringbar sei, so Augustinus, könnten die Lebewesen dort, wenn es sie denn gäbe, nicht einmal vom Geschlecht Adams abstammen, was zur Folge hätte, daß sie ohne Erbsünde geboren wären und sich Christus auch nicht für sie geopfert hätte. Aber diese Überlegungen wären selbstverständlich nur Lügen, hatte der Kirchenvater schließlich betont, da sie doch im totalen Widerspruch zu den Berichten der Heiligen Schrift stünden. Bonifatius konnte Augustinus nur zustimmen. Vergilius, das war also offensichtlich, hatte mit seinen astronomisch-physikalischen Überlegungen die Lehre der Heiligen Kirche in Frage gestellt. Der alte Erzbischof hatte es daher als seine Pflicht und Schuldigkeit angesehen, umgehend den Papst über die Irrtümer des Bischofs von Salzburg in Kenntnis zu setzen. Und jetzt hielt er die Reaktion des Papstes in den Händen. Das Resultat war äußerst zufriedenstellend. Vergilius hatte eine Vorladung nach Rom erhalten, und wie die Dinge standen, würde Bonifatius schon bald die Genugtuung gewährt, Vergilius höchstpersönlich aus dem Bischofsamt entfernen zu dürfen.

Was hier auf den ersten Blick nur wie ein Streit um gekränkte Eitelkeit und die Durchsetzung der rechten kirchlichen Lehre ausschaut, war in Wirklichkeit ein knallharter Kampf um kirchenpolitische Positionen. Denn Vergilius, der zum Kreis der Gelehrten am Hofe des Frankenherrschers Pippin gehört hatte, war dem Bayernherzog Odilo von Pippin für den Bischofsstuhl von

Salzburg empfohlen worden. Bei dieser Bischofsernennung war Bonifatius, der Legat des Papstes und Erzbischof für Germanien, der eigentlich das Privileg beanspruchte, Bischöfe einzusetzen, vollkommen übergangen worden. Darum waren die Schriften, mit denen Vergilius als Ketzer entlarvt werden konnte, für Bonifatius ein willkommener Anlaß, um sich zu rächen und die Bischofsfrage in Salzburg neu zu diskutieren. Doch wieder einmal sollte der alte Germanenmissionar sich in Papst Zacharias täuschen. Denn den Prozeß, der 748 gegen Vergilius eröffnet wurde, hat der Bischof von Salzburg unbeschadet überstanden.

Der Germanenmissionar

Bonifatius mußte unter Papst Zacharias Enttäuschungen hinnehmen, die seine besondere Verbundenheit mit Rom auf eine harte Probe stellten. Der junge Angelsachse war einst als Mönch nach Rom gegangen, um sich ganz in den Dienst des Stellvertreters Petri zu stellen. Er war aufgewachsen mit der besonderen Petrusfrömmigkeit seiner Heimat. Seit der Missionierung Englands durch Papst Gregor I. im 6. Jahrhundert hatte sich nämlich auf der englischen Insel eine eigene Form der Apostelverehrung entwickelt. Die biblisch begründete Schlüsselgewalt des Petrus war mit der Vorstellung eines Himmelspförtners verbunden worden, nach der Petrus jedem einzelnen Gläubigen nach dem Tod den Himmel aufschließt. Diese Ideen verschmolzen mit der alten germanischen Vorstellung der *fulltrúi*-Verehrung, nach der ein einzelner in eine persönliche Beziehung zu einem »Freund-Gott« treten konnte. Es hatte sich also eine Frömmigkeit um den Petruskult entwickelt, durch den die angelsächsische Kirche sich auf besondere Weise mit Rom verbunden fühlte. Die Engländer unternahmen nun Wallfahrten zum Petrusgrab, und einige ihrer Könige verzichteten sogar auf die Krone, nur um in der Nähe des Apostelgrabes bleiben zu können. Auch der Mönch Winfrid, wie Bonifatius damals noch hieß, hatte über dem Grab Petri einen Eid abgelegt. Er hatte sich verpflichtet, die Heiden unter den Germanen zu bekehren. Im Jahr 722 wurde er dann in Rom zum Bischof geweiht und als Zeichen seiner Zugehörigkeit zum Apostolischen Stuhl hatte er den Namen des Tagesheiligen Bonifatius angenommen. Seit 732 wirkte er im Auftrag der Päpste als Erzbischof in Germanien. Bonifatius war also sozusagen der erste Promoter römisch-kirchlicher Maximen nördlich der Alpen. Dazu hatte er sich zwei Hauptaufgaben gestellt. Die germanischen Stämme wie die Friesen, die Sachsen und die Hessen, die noch Heiden waren, zum Christentum zu bekehren und sie in Kirchen einzugliedern, die Rom direkt verpflichtet waren. Die andere Aufgabe bestand darin, die bereits bestehende, aber von Rom unabhängige Kirche der Franken nach angelsächsischem Vorbild an Rom zu binden und nach römischen Vorschriften zu reformieren. Wie rigoros Bonifatius seinen Missionsauftrag durchführte, wurde deutlich, als er bei Geismar in Hessen eine alte Eiche fällen ließ, die für die Menschen dort ein berühmtes Heiligtum gewesen war, um demonstrativ aus dem Holz des Baumes eine Petruskirche zu bauen. Aber auch die Christen im Frankenreich ließ er spüren, daß er ihre volkseigene Form kirchlichen Lebens ablehnte. Die fränkische Kirche war eine Landeskirche, in der – wie auch bei anderen germanischen Stämmen üblich – selbstverständlich der König das Oberhaupt seiner Volkskirche war. Obwohl die Franken seit der Taufe Chlodwigs, die wahrscheinlich im Jahre 469 stattgefunden hatte, zum katholischen Bekenntnis gehörten, war ihre kirchliche Organisation von Rom völlig unabhängig. Dieses Eigenkirchenwesen war hierarchisch strukturiert. Der König setzte die Bischöfe als seine Vasallen ein. Die Grundherren errichteten Kirchen und machten ihre Knechte zu Priestern. Für Bonifatius war diese vom Papst unabhängige katholische Kirche schlichtweg eine Fehlkonstruktion, die an der Heiligkeit der apostolischen Tradition keinen Anteil hatte. Aber die Franken dachten gar nicht daran, ihr bewährtes Eigenkirchenwesen aufzugeben, um sich einer von Rom vorgeschriebenen Ordnung anzupassen. Der damalige Herrscher im Frankenreich, der fränkische Hausmeier Karl Martell, hat sich konsequent jeder päpstlichen Zentralisierungsbestrebung entgegengestellt. Bonifatius mußte also mit ansehen, daß alles so weiterlief wie bisher. Die Bischöfe von

Trier, Lüttich und Mainz erbten das Amt jeweils von ihren Vätern. Karl Martell, der 732 bei Tours und Poitiers mit Unterstützung der Langobarden die Muslime auf die iberische Halbinsel zurückgedrängt hatte, bemächtigte sich sogar immer häufiger kirchlicher Güter, um seinen Kampf gegen die Muslime zu finanzieren. Außerdem ernannte er weiterhin verdiente Freunde zu Bischöfen und Äbten. Der Handlungsspielraum für eine Reform der fränkischen Kirche war für Bonfatius sehr eingeschränkt. Was nützte ihm ein päpstliches Privileg, wenn er fast die gesamte fränkische Adelgesellschaft gegen sich hatte. Aber 741 veränderte sich plötzlich die politische Konstellation im Frankenreich. Denn nach dem Tod des mächtigen Karl Martell wurde das Reich auf seine beiden Söhne aufgeteilt. Den Westen erhielt Pippin und den Osten Karlmann. Einen ersten Erfolg konnte Bonifatius im Osten mit der Gründung der neuen Bistümer Würzburg, Büraburg und Erfurt verbuchen. An Papst Zacharias schrieb er begeistert:

»Ich fordere dringend, daß diese drei Orte durch eine besondere Urkunde und die Autorität deines Apostolats befestigt und bestätigt werden, damit, wenn Gott will, damit durch Autorität und Vorschrift des heiligen Petrus und apostolische Befehle in Germanien drei Bischofssitze gegründet und gefestigt sind.«[2]

Die Begeisterung des Papstes hielt sich allerdings in Grenzen. Zacharias, der im Jahr 741 gerade gewählt war, rümpfte vielmehr etwas angeekelt die Nase bei der Vorstellung, daß nun Bischofsstühle mitten im tiefen germanischen Wald aufgestellt werden sollten. Er erinnerte Bonifatius knapp mit mahnendem Unterton an die altkirchlichen Vorschriften:

»Wir haben nämlich nicht in Dörfern und Kleinstädten Bischöfe ordiniert, damit der Name eines Bischofs nicht herabgewürdigt wird.«[3]

Nach einigem Zögern gab er aber doch seine Zustimmung. Als Bonfatius später den Bischofssitz in Mainz übernahm, waren ihm

Büraburg und Erfurt direkt unterstellt. Jetzt war er seinem Ziel, einer mit Rom verbundenen Kirche im Ostteil des Frankenreiches, ein gewaltiges Stück näher gekommen. Mit der Unterstützung Karlmanns war das Reformprogramm auf einem guten Weg. Man kann sich deshalb vorstellen, mit welchem Entsetzen Bonifatius die Nachricht aufgenommen haben muß, daß Karlmann seine Herrschaft im Ostteil des Frankenreiches aufgeben wolle, um künftig als einfacher Mönch in einem italienischen Kloster zu leben. Bonifatius verlor damit seinen einzigen Förderer. Über die Hintergründe für diese Abdankung weiß man nicht viel, eine ausschließlich religiöse Begründung stößt allerdings bis heute auf Skepsis. Was damals wirklich hinter den Kulissen an machtpolitischen Ränkespielen abgelaufen ist, bleibt im dunkeln. Für Bonifatius jedenfalls war Karlmanns Abschied von der politischen Bühne ein herber Verlust.

Eine Palastrevolution mit päpstlicher Unterstützung

Zu Pippin, der jetzt zum Alleinherrscher des Frankenreiches aufstieg, hatte Bonifatius keinen direkten Draht. Und Pippin dachte seinerseits nicht daran, Bonifatius in seine kirchenpolitischen Entscheidungen einzuweihen. Pippin verhandelte direkt mit dem Papst. Er regierte mit der Machtfülle eines Königs, obwohl er gar keiner war. Wie schon Karl Martell war Pippin nur der Majordomus des Frankenreiches, also der Hausmeier des eigentlichen Königs. Denn im Hintergrund stand immer noch als Frankenkönig der Merowinger Childerich III., der zwar faktisch von den karolingischen Hausmeiern entmachtet worden war, aber offiziell als Staatsoberhaupt auftrat. Die antimerowingische Propaganda der Karolinger und ihrer Anhänger stempelte die Merowinger schon lange nur noch als Schattenkönige ab. Der fränkische Hofschreiber Einhard faßte die allgemeine Meinung über den Merowingerkönig so zusammen:

»Er sitzt mit langem Haupthaar und ungeschorenem Bart auf dem Thron und spielt den Herrscher. Er hört die Gesandten an, die von überall herkommen, und gibt ihnen eingelernte und anbefohlene Antworten, als kämen sie aus eigener Machtvollkommenheit. Überall wohin er sich begeben mußte, fuhr er auf einem Wagen, den ein Joch Ochsen zog und den ein Hirte nach Bauernweise lenkte. So fuhr er nach dem Palast, so zu der öffentlichen Volksversammlung, die jährlich zum Nutzen des Reiches tagte.«[4]

Der König mit der archaischen Haartracht auf seinem rituellen Ochsenkarren wurde als lächerlicher Anachronismus dargestellt. De facto war der Merowingerkönig aber immer noch das Symbol für die Einheit des Frankenreiches. Die Merowinger waren zwar seit Generationen politisch kaltgestellt und im wahrsten Sinne des Wortes nur noch Schattenkönige, aber von diesem Schatten ging immer noch eine geradezu mystische Königswürde aus, die mit der Herrschaft im Frankenreich unverzichtbar verbunden war. Auch der Ochsenkarren, der kein Reisegefährt, sondern ein Kultwagen war, darf keineswegs als Beweis für Primitivität angesehen werden, auch wenn die karolingischen Hofschreiber dies später gern so darstellten. Die heilige Kraft in den langen Haaren und der Ochsenkarren waren alte Symbole fränkischer Identität mit religiöser und politischer Bedeutung, die ihre Wurzeln in der Ursprungssage der Merowinger hatten. Denn Merowech, der Stammvater des Königsgeschlechts, war von einem Meeresgott, halb Stier, halb Mensch, gezeugt worden. Deshalb galt auch der Stierkopf als Idol der Merowingerdynastie. Und der Ochsenkarren und die ungeschnittenen Haare der Merowinger, in der Mitte gescheitelt und an den Schultern gelockt, waren eng mit der germanische Mythologie des Sakralkönigtums verknüpft. Auch wenn Chlodwig, der um das Jahr 496 als erster Merowinger zum katholischen Christentum übergetreten war, der germanisch-göttlichen Abstammung seiner Königssippe abschwören mußte, war doch die Vorstellung erhalten geblieben, daß von den Merowingern und ihrem königlichen Charisma die notwendige Heilskraft für das Frankenreich ausging. Gerade dieses Erbcharisma des königlichen Geblütes fehlte aber den Karolingern. Das war ihr eigentliches Dilemma, das sie über die Position der Hausmeier nicht hinauskommen ließ. Im fränkischen Bewußtsein gehörten politische Herrschaft und Heilscharisma traditionell zusammen. Pippin, der mit dem Gedanken spielte, einen Thronwechsel durchzuführen, wußte natürlich, daß dieser nur möglich war, wenn er vorher den sakralen Herrschaftsanspruch des merowingischen Geblütsrechtes beseitigen konnte. Dazu bedurfte es einer besonderen religiösen Autorität. Und in dieser Situation kam nun das Papsttum ins Spiel. Pippin, oder einer seiner Berater, hatte nämlich den genialen Einfall, dem Papst die Frage vorzulegen, ob es gut sei, daß im Frankenreich Könige regierten, die eigentlich keine königliche Macht mehr besäßen. Papst Zacharias wird sich die Antwort sehr genau überlegt haben, immerhin hatten die Merowingerkönige das Verdienst, die Franken als ersten germanischen Stammesverband in die katholische Kirche geführt zu haben. Auch wenn sie eine von Rom unabhängige Landeskirche gegründet hatten, wurde doch in Rom die Treue der Merowingerkönige zum katholischen Bekenntnis immer noch in Ehren gehalten. Wenn Zacharias also Pippin begünstigen wollte, brauchte er ein überzeugendes Argument. Er mußte sich also genau darüber informieren, welche Funktion dem Staat aus kirchlicher Sicht eigentlich zukam. Er wurde unter den Kirchenvätern fündig. Für Augustinus gehörte es zur Aufgabe der weltlichen Macht, die irdischen Dinge in ihrer von Gott vorgesehenen Ordnung zu halten. Der Staat mußte das Gute fördern, aber auch das Schädliche zurückdrängen, damit die Kirche in geordneten Verhältnissen ihren geistlichen Aufgaben nachkommen könne. Letztlich leisteten die weltlichen Herrscher also auch einen Dienst für das Jenseits. Das überzeugte Zacharias, folglich schloß er daraus, daß die Päpste und Bischöfe eine geistliche Verantwortung auch für die weltlichen Herrscher haben müßten. Denn eine effektive Ausübung der weltlichen Herrschaft lag letztlich auch im Interesse der Kirche. Wenn also ein König für seinen Dienst ungeeignet war, verwirrte er die göttliche Ordnung und mußte abgesetzt werden. Unter diesen Voraussetzungen war ein Sturz des Merowingerkönigs rechtmäßig. Zacharias argumentiert hier mit dem Prinzip der Idoneität, also der Voraussetzung, daß derjenige, der ein Amt innehat, dafür auch die notwendige Eignung mitbringen muß. Zacharias ließ Pippin also wissen, daß es grundsätzlich besser sei, denjenigen König zu nennen, der wirklich die Macht innehabe, damit die göttliche Ordnung nicht in Gefahr gerate. Kraft seiner apostolischen Autorität ordnete er darum an, Pippin solle König werden. Aus Rom gab es also für einen Dynastiewechsel grünes Licht.

Königssalbung statt Geblütscharisma

Im November 751 wurde Pippin folglich auf der Reichsversammlung in Soisson von den Franken zum neuen König gewählt. Daß die Entscheidung eines Papstes jetzt auch im Frankenreich zur Kenntnis genommen worden war, war zweifellos auch das Verdienst des Bonifatius, der in den zurückliegenden Jahren erheblich dazu beigetragen hatte, Ansehen und Autorität des römischen Bischofs bei den Franken zu fördern. Einem Thronwechsel stand jetzt also nichts mehr im Weg. Der letzte Merowingerkönig Childerich III. mußte sich die langen Haare scheren lassen und wurde zusammen mit seinem Sohn Theuderich hinter die Klostermauern von Saint Bertin verbannt. Damit waren 300 Jahre merowingischer Herrschaft im Frankenreich beendet. Aber für Pippin gab es trotzdem noch ein Problem. In Ermangelung des königlichen Blutes benötigte er dringend eine adäquate sakrale Würde für seine Königsherrschaft. Eine Lösung fand man schließlich in der Herrschersalbung, die vermutlich schon von den Westgoten in Spanien praktiziert worden war. Die Franken übernahmen nun diesen Brauch. Die Vorstellung einer Salbung des Königs ging auf das Alte Testament zurück. Wie einst nach der Absetzung König Sauls der junge David zum König gesalbt worden war und damit von Gottes Gnaden zur Herrschaft berufen wurde, so wurde nun Pippin durch die Kirche mit heiligem Öl gesalbt. Er leitete die Legitimation seiner Herrschaft jetzt nicht mehr aus königlichem Geblüt, sondern aus seiner göttlichen Erwählung ab. Er war nun ein König von Gottes Gnaden. Das war gleichzeitig das Gründungsdatum des christlich-sakralen Königtums im Abendland. Die Salbung selbst wurde dabei als ein heiliges Sakrament verstanden, durch das der Gesalbte Gottes auch eine gewisse Heiligkeit erlangte. In den Reichsannalen wird erwähnt, daß Bonifatius diese Salbung vorgenommen hätte. Das scheint aber nach dem heutigen Stand der Forschung unwahrscheinlich, da Pippins Hof den Angelsachsen von Anfang an auf Distanz gehalten hatte. Das welthistorisch bedeutsame Bündnis zwischen den Karolingern und dem Papsttum hatte also ohne den päpstlichen Stellvertreter in Germanien stattgefunden. Bonifatius mußte auch diese Zurückweisung einstecken. Er stürzte sich nun wieder stärker in die Missionstätigkeit. Auf einer seiner Bekehrungsreisen wurde er am 5. Juni 754 von einer Schar bewaffneter Friesen erschlagen. Den Leichnam des Erzbischofs hat man, seinem Wunsch entsprechend, ins Kloster Fulda gebracht, wo er seine letzte Ruhestätte fand. In der Landesbibliothek in Fulda wird noch heute eines seiner Bücher gezeigt, das an den Rändern deutliche Einschnitte aufweist, die von einem Schwert stammen könnten. Man erzählt, daß Bonifatius mit diesem Buch während des Überfalls in Friesland vergeblich versucht habe, seinen Kopf zu schützen.

Der Kaiser am Bosporus gibt den Ton an

In Rom hatte man indessen die Stabilisierung der politischen Macht im Frankenreich mit größtem Interesse beobachtet. Denn die römische Kirche befand sich in einer prekären Lage. Seit dem 6. Jahrhundert gehörte Rom wieder zum Machtbereich des Kaisers in Konstantinopel. Justinian I., den man auch einen »betenden Tyrannen« nannte, hatte unter der Losung »ein Kaiser, ein Reich, eine Kirche« auch Rom und Italien wieder eng an das oströmische Reich angebunden. Und da Justinian sich selbst als Oberhaupt des Staates und der Kirche verstand, war auch das Papsttum unter ihm und seinen Nachfolgern in die völlige Abhängigkeit der Kaiser in Konstantinopel geraten. Die Päpste mußten ihre Wahl vom Kaiser bestätigen lassen, und in jeder Papstmesse wurde für den Herrscher in Konstantinopel gebetet. In Rom standen jetzt auch Garnisonen der kaiserlichen Miliz, und in ganz Italien regierte der Exarch, der Statthalter des Kaisers, der seinen Amtssitz in Ravenna, der alten Kaiserresidenz des Westreiches hatte. Aber seit dem 7. Jahrhundert verlagerten sich langsam wieder die Schwergewichte der byzantinischen Politik. Die Aufmerksamkeit des kaiserlichen Hofes mußte sich nun notgedrungen auf den Osten konzentrieren, wo die Reichsgrenzen durch die ständigen Angriffe der Araber bedroht waren. Die Anhänger Mohammeds hatten neben Nordafrika und Spanien, im Osten auch Syrien und Ägypten erobert. Und als es Kaiser Leon III. im Jahr 718 gelungen war, die Eroberung Konstantinopels durch die Araber abzuwehren, war das ein ebenso folgenreiches Ereignis gewesen, wie der Sieg Karl Martells im Jahr 732 bei Tours und Poitiers. Doch die andauernde Verteidigung gegen die aus Kleinasien vordringenden Araber war kostspielig. Der Kaiser in Konstantinopel brauchte dringend Geld. Und er tat, was Herrscher in solchen Fällen immer zu tun pflegen: Er erhöhte die Steuern. Und mehr noch, er verlangte nämlich auch Abgaben von der Kirche. Betroffen waren davon nun auch die päpstlichen Besitztümer. Papst Gregor III. protestierte und weigerte sich strikt, eine Verringerung seiner Einkünfte hinzunehmen. Die Lage zwischen Rom und Konstantinopel verschärfte sich. Endgültig zum Eklat kam es, als Kaiser Leon III. ein generelles Verbot der Verehrung von Kultbildern in den Kirchen erließ. Eigentlich ging es dabei vorrangig um ein Thema byzantinischer Ikonenfrömmigkeit, aber Papst Gregor III. versagte dem Kaiser auch in dieser Angelegenheit seine Unterstützung. Schließlich platzte Kaiser Leon der Kragen. Er demonstrierte dem störrischen Bischof in Rom, wer der Herr im Staat und in der Kirche war. Er entzog Süditalien und Sizilien der Jurisdiktion des Papstes und unterstellte die Gebiete dem Patriarchen von Konstantinopel. Außerdem konfiszierte er alle päpstlichen Besitztümer in diesen Landstreifen. Für den Papst war das eine Katastrophe. Durch diesen kaiserlichen Coup hatte der Bischof von Rom plötzlich den größten Teil seiner Ländereien und damit auch seiner Einnahmen verloren. Aber es sollte für den Papst noch schlimmer kommen. Denn auch in Mittelitalien war seine Stellung bedroht. Seit geraumer Zeit kämpften die Langobarden, die sich nach der Völkerwanderung in Norditalien niedergelassen hatten, um die Vorherrschaft auf der italienischen Halbinsel. Und obwohl die Langobarden zum Katholizismus übergetreten waren, hielt sie das nicht davon ab, auch Rom, die Stadt des Nachfolgers Petri, ihrem Königreich einverleiben zu wollen. Während es unter Papst Zacharias gelungen war, mit Langobardenkönig Luitprand 741 einen Waffenstillstand auszuhandeln, wurde sein Nachfolger, Papst Stephan II., wieder von Luitprands Sohn und Nachfolger Aistulph bedroht. Der forderte von Papst Stephan sogar Tributzahlungen. Die Versuche Stephans, mit Aistulph zu verhandeln, schlugen fehl. Militärische Hilfe gegen die Langobarden aus Konstantinopel war auch nicht zu erwarten, da der Kaiser an seinen Ostgrenzen andere Sorgen hatte.

Die Gründungsurkunde für den Kirchenstaat

Die einzige Hoffnung für den Papst war der neue König der Franken. Also faßte Stephan II. den Entschluß, als erster Papst über die Alpen ins Frankenreich zu reisen. Pippin schickte ihm seinen ältesten Sohn, den sechsjährigen Karl entgegen, bevor er ihn persönlich am 6. Januar 754 zum Epiphaniefest in der champagnischen Pfalz Ponthion empfing. Pippin begrüßte den Papst mit dem üblich gewordenen Kniefall und erwies ihm auch den sogenannten Stratordienst, bei dem er wie ein Stallknecht für ein Stück des Weges die Zügel des Pferdes führte, auf dem der Papst saß. Der Ursprung dieses Rituals ist letztlich unbekannt, lag vermutlich aber auch im Kaiserzeremoniell. Der Stratordienst wird von jetzt an noch lange Zeit bei Begegnungen von Päpsten und weltlichen Herrschern eine besondere Rolle spielen. Am nächsten Tag kehrte sich jedoch das Zeremoniell um. Nun traten der Papst und seine geistlichen Begleiter in Bußgewändern vor Pippin und flehten ihn an, das Volk von Rom den Aposteln zuliebe von den Langobarden zu befreien. Diesem Wunsch nachzukommen, brachte die Franken in eine Zwickmühle. Denn die Langobarden, die Nachbarn im Süden, waren seit der Zeit Karl Martells in der glorreichen Schlacht von Tours und Poitiers enge Verbündete der Franken. An diesem Bündnis festzuhalten, gehörte auch wegen der gemeinsamen Grenzen zu den eisernen Maximen fränkischer Politik. Ein Schutzversprechen für den Papst hätte unweigerlich das Ende der vielbeschworenen Bündnistreue mit den Langobarden bedeutet. Ein Teil des fränkischen Adels lehnte deshalb eine Zusage an Stephan II. ab. Trotz dieses Widerstandes entschied sich Pippin für einen papstfreundlichen Kurs.

Am 14. April 754 kam es zu einem Freundschaftsbund zwischen Pippin und Stephan II., in dem der Frankenkönig und seine Söhne sich verpflichteten, die römische Kirche und die Vorrechte des Heiligen Petrus, in Gestalt der Päpste, zu schützen. Außerdem erklärte Pippin sich bereit, weitreichende Gebiete in Mittelitalien, die noch von den Langobarden besetzt waren, als rechtmäßigen Besitz des Heiligen Petrus, in Gestalt der Päpste, zu garantieren. Eine solche Zusage bedeutete natürlich in letzter Konsequenz, daß Pippin sich im Namen des Papstes auch zu einem Eroberungsfeldzug gegen die Langobarden verpflichtete. Dieses Versprechen, das wahrscheinlich schriftlich gegeben wurde, ist als Pippinische Schenkung in die Geschichte eingegangen und wurde zur Gründungsurkunde des Kirchenstaates.

Zunächst meinte Pippin, einen Konflikt mit den Langobarden vermeiden zu können. Er schickte mehrere Gesandtschaften zu Aistulph, um ihn zu einer freiwilligen Aufgabe der besetzten Gebiete zu bewegen. Aber diesen Unternehmen war kein Erfolg vergönnt. Vielmehr holte der Langobardenkönig jetzt zu einem Gegenschlag aus. Er sandte den Bruder Pippins, den zurückgetretenen Karlmann, der inzwischen im Kloster Montecassino als Mönch lebte, ins Frankenreich zurück, um in den fränkischen Adelskreisen den Widerstand gegen Pippin zu organisieren. Karlmann scheint dieser Auftrag nicht schwergefallen sein, denn immerhin hatte Pippin die Söhne Karlmanns inzwischen völlig von der Macht ausgeschlossen. Doch Pippin suchte sofort den Schulterschluß mit seinem neuen Bündnispartner, dem Papst. Stephan II. knöpfte sich prompt Karlmann vor und erinnerte ihn mit höchster geistlicher Autorität und erhobenem Zeigefinger an das inzwischen abgelegte Mönchsgelübde. Karlmann soll sofort Reue gezeigt haben. Er ließ sich auf der Stelle in ein

Kloster einweisen, wird berichtet. Wie freiwillig diese Reue tatsächlich gewesen ist, ist fraglich. Um einer Rebellion in der Familie vorzubeugen, wurden nun auch die Söhne Karlmanns geschoren und in den geistlichen Stand gezwungen. Damit waren sie von der Thronfolge ausgeschlossen. Da die historischen Quellen über ihre weitere Existenz schweigen, ist anzunehmen, daß sie für immer hinter Klostermauern verschwunden sind. Karlmann erkrankte kurz danach und ist am 17. August 754 in Vienne gestorben.

Eine ganze Familie wird auserwählt

Der Zwischenfall mit Karlmann, der durchaus Unterstützung im fränkischen Adel gefunden hatte, zeigte, daß Pippins Herrschaft alles andere als stabil war. Um nun jede Opposition im fränkischen Adel möglichst im Keim zu ersticken, mußte Pippin der Vorstellung, daß im Grunde jeder fränkische Adelige seinen Platz als Herrscher einnehmen könne, einen Riegel vorschieben. Andererseits brauchte auch der Papst einen verläßlichen und starken Partner auf dem Thron im Frankenreich. Und als solcher hatte sich Pippin erwiesen. Eine Hand konnte also die andere waschen, wenn beide Bündnispartner noch enger zusammenrückten als bisher. Deshalb wurde nun die Allianz mit dem Papst ausschließlich auf Pippin und seine Söhne beschränkt. Am 28. Juli 754 bekräftigte Stephan II. die Königswürde Pippins, indem er ihn in Saint Denis mit höchster päpstlicher Autorität erneut zum König salbte. Dies war die erste Salbung eines Herrschers durch einen Papst, und die zeremonielle Aufwertung dehnte Stephan II. auf die ganze Familie Pippins aus. Die Söhne Karl und Karlmann empfingen von ihm ebenfalls die Königsweihe durch Salbung, und der Königin Bertrada, Pippins Gattin, spendete er einen feierlichen Segen. Ferner übertrug der Papst Pippin und seinen Söhnen den römischen Ehrentitel »Patricius«, den bis dahin nur der kaiserlich-byzantinische Statthalter in Italien tragen durfte, weil damit die Schutzgewalt über die Stadt Rom verbunden war. Den Franken soll der Papst bei Androhung des Kirchenbannes befohlen haben, künftig nur noch Nachkommen aus der Familie Pippins zum König zu wählen.

Die Allianz mit Pippin und seinen Nachfolgern nahm in Stephans politischem Konzept einen so hohen Rang ein, daß er bereit gewesen war, nicht nur Pippins Person, sondern seine gesamte Familie zur einzigen legitimen Königsdynastie im Frankenreich zu erheben. Damit war nun eine neue Form der Geblütsheiligkeit eingeleitet worden. Nicht ein einzelner König, sondern ein ganzes Geschlecht war nun automatisch durch göttliche Gnade zur Herrschaft auserwählt. Das war das genaue Gegenteil des Prinzips der Idoneität, mit dem erst kurz zuvor die Absetzung der Merowingerdynastie begründet worden war. Daß also die Eignung eines Königs Vorrang vor der dynastischen Abstammung habe, wurde von Stephan wieder auf den Kopf gestellt. Das Gottesgnadentum einer ganzen Dynastie und nicht nur einer Person bedeutete aus kirchlich-theologischer Sicht natürlich einen Widerspruch in sich, den die Kirche aber von nun an in der europäischen Geschichte nicht mehr beseitigen konnte.

Eine anonyme Fälscherwerkstatt

In zwei Feldzügen ist es Pippin dann gelungen, den Langobardenkönig Aistulph zu unterwerfen und einen großen Teil der besetzten Gebiete zurückzuerobern. Die Schlüssel der eroberten Städte ließ Pippin durch seinen Gesandten, Abt Fulrad von Saint Denis, auf dem Petrusgrab in Rom deponieren. Das sollte bedeuten, daß die Gebiete nicht mehr dem byzantinischen Staatsgebiet zugeschlagen werden dürften, da Pippin sie direkt dem Heiligen Petrus, zu Händen der Päpste, übergeben hatte. Diese Restitutionen von 756, mit denen das Dukatsgebiet von Rom und das Exarchat Ravenna dem Papst übertragen wurden, entsprachen zwar nicht dem gesamten Umfang der Gebiete, die der Papst mit Pippin ausgehandelt hatte, aber sie gaben dem Papsttum von nun an die Möglichkeit, ein eigenes weltliches Herrschaftsgebiet in Mittelitalien aufzubauen. Denn mit der Übertragung dieser Gebiete an die Päpste trat nun der »Kirchenstaat« in die Geschichte ein. Der sich zunächst den schillernden Namen *santca Dei ecclesia rei publicae Romanorum*, römische Republiken der heiligen Kirche Gottes, gab.

Durch den Kirchenstaat war aber nun politisch und staatsrechtlich eine äußerst komplizierte Situation entstanden. Denn rechtlich gehörte dieses Territorium zum oströmischen Reich und unterstand somit der Herrschaftsgewalt des Kaisers in Konstantinopel.

Außerdem war der Anspruch der Päpste, als weltliche Herrscher aufzutreten, etwas völlig Neues. Natürlich wurde gefragt, wodurch es überhaupt legitimiert sei, daß das geistliche Oberhaupt der abendländischen Kirche auch als Landesfürst auftrat. Die Petrus-Doktrin, die in der alten Kirche entwickelt worden war, bot dafür noch keine Anknüpfungspunkte.

Nun scheint aber damals eine Legende von der Taufe Kaiser Konstantins bekannt gewesen zu sein, deren Entstehungszeit von der historischen Forschung nicht mehr nachzuvollziehen ist. Nach dem Bericht des Eusebius von Caesarea, dem Zeitgenossen Konstantins, hatte der Kaiser die Taufe erst kurz vor seinem Tod vom Bischof von Nikomedien empfangen. Nach der Tauflegende, die nun im frühen Mittelalter lanciert wurde, war die Geschichte von Konstantins Taufe aber etwas anders verlaufen.

Denn als Konstantin einmal an Aussatz erkrankt sei, habe ihm ein heidnischer Priester empfohlen, im Blut unschuldiger Kinder zu baden. Als Konstantin zögerte, seien ihm im Traum die Apostel Petrus und Paulus erschienen, um ihm davon abzuraten. Konstantin habe also das Angebot des heidnischen Priesters ausgeschlagen und sei zu Papst Silvester I. gegangen, um sich taufen zu lassen. Dem Bad der Taufe entstiegen, war er plötzlich vom Aussatz geheilt. Nun leben viele Legenden davon, daß sie im Laufe der Zeit mit Zusätzen und Interpretationen ausgeschmückt werden. Ähnlich wird man sich den Vorgang vorstellen müssen, den diese Geschichte im frühen Mittelalter in Gang setzte. Denn plötzlich gab es auch eine Fortsetzungsgeschichte zur Tauflegende, in der Kaiser Konstantin nun aus Dankbarkeit für das Heilungswunder, das Papst Silvester I. an ihm vollbracht hatte, diesem den Primat über alle anderen Kirchen zuspricht. Er schenkt dem Papst den Lateranpalast, der zum Haupt aller Kirchen des Erdkreises werden soll. Außerdem verleiht er Silvester und allen seinen Nachfolgern die kaiserlichen Insignien, das Diadem, das Zepter und den Purpurmantel. Zusätzlich gibt er dem Papst die Erlaubnis, wie bei kaiserlichen Umzügen, Prozessionen durchzuführen. Insgesamt standen alle diese Vorrechte sonst nur dem Kaiser zu. Die Päpste durften sie aber jetzt offiziell wahrnehmen, weil Konstantin ihnen auch die weltliche Macht über Rom und alle Provinzen im Westen des Reiches übertragen hatte. Da Silvester es aber ablehnte, über der Klerikerkrone, der Tonsur, ein kaiserliches Diadem zu tragen, setzte Konstantin ihm das Phrygium, die kaiserliche Paradehaube auf, aus der sich später die Tiara, das Symbol der weltlichen Macht der Päpste entwickelte. Und als Zeichen der Ehrfurcht vor Petrus hat Konstantin dem Papst sogar den Stratordienst erwiesen, er hat also die Zügel des Pferdes geführt, auf dem der Papst saß. Nachdem Konstantin dem Bischof von Rom die kaiserliche Gewalt über den Westen des Reiches übergeben hatte, verlegte er seine Residenz nach Konstantinopel, weil ein irdischer Kaiser nicht dort herrschen durfte, wo das Haupt der christlichen Kirche seinen Sitz hatte. Auf diese Bestimmungen verpflichtete Konstantin auch alle seine Nachfolger. Und ganz nach der üblichen Praxis des frühen Mittelalters hatte der spätantike Kaiser sogar das Dokument mit diesen Privilegien für die Päpste auch noch auf das Grab des Petrus gelegt. Die Zeitgenossen Konstantins hätten diese Version der Geschichte, wie sie hier erzählt wurde, wohl noch nicht verstanden. Aber im 8. Jahrhundert erschien sie durchaus plausibel. Heute ist die Mehrzahl der Historiker davon überzeugt, daß die Idee einer Schenkung Konstantins an den Papst im 8. Jahrhundert entstanden ist. Vieles deutet sogar auf eine päpstliche Kanzlei hin, in der das sogenannte *Constitutum Constantini* geschrieben wurde. Sprachanalysen dieser Dokumente haben ergeben, daß sprachliche Eigentümlichkeiten und der Wortschatz exakt mit päpstlichen Schreiben aus der Mitte des 8. Jahrhunderts übereinstimmen. Während der erste Teil dieses Dokuments, die sogenannte *Confessio,* die Taufe und Heilung

Paul I.

Konstantins, vermutlich auf eine ältere Legende zurückging, ist der zweite Teil, die *Donatio,* also die eigentliche Konstantinische Schenkung, wohl die reine Schreibtischarbeit einer anonymen Fälscherwerkstatt, die vermutlich ihre Arbeit in der päpstlichen Kanzlei verrichtete.

Heute gehen die meisten Geschichtswissenschaftler davon aus, daß dieses Dokument unter dem Pontifikat Pauls I., dem Bruder und Nachfolger von Papst Stephan II., entstanden ist. Denn Paul I. war der erste Papst, der dieses Amt mit einem eigenen weltlichen Herrschaftsgebiet übernommen hat. Und wie schutzbedürftig der junge Kirchenstaat war, demonstrierte ihm der neue Langobardenkönig Desiderius. Der hatte nämlich die päpstlichen Territorien bereits überfallen und verwüstet. Außerdem hatte Desiderius Verhandlungen mit Byzanz aufgenommen, um den Kaiser bei dessen Gebietsforderungen in Italien zu unterstützen. Es war also nicht zu übersehen, der Langobardenkönig spekulierte darauf, sich als Herrscher von kaiserlichen Gnaden den Zugriff auf die gesamte italienische Halbinsel zu sichern. Der Kirchenstaat stand also, kaum gegründet, schon wieder auf dem Spiel. In dieser Situation gelang es Pippin auf diplomatischem Weg, zwischen Desiderius und dem Papst einen Kompromiß auszuhandeln. Desiderius zog sich aus den besetzten Gebieten des päpstlichen Territoriums zurück, und der Papst verzichtete darauf, weitere Gebiete von den Langobarden für seinen Kirchenstaat zu fordern.

Die politische Lage blieb aber kompliziert. Wenn Paul I. sich weiterhin an den territorialen Auseinandersetzungen beteiligen wollte, brauchte er dringend eine besondere Legitimation, die die weltlichen Herrschaftsansprüche des Papstes gegen alle Seiten absicherte. Hierher gehört die Konstantinische Schenkung, die damals von einer anonymen Fälscherwerkstatt entworfen wurde und sich als Kopie einer Urkunde von Kaiser Konstantin an Papst Silvester I. aus dem 4. Jahrhundert ausgibt. Die Konstantinische Schenkung gilt heute als die berühmteste Fälschung des Mittelalters. Doch der Betrachter von heute, der einen Blick auf die Hintergründe dieser Fälschungsaktion wirft, sollte dabei nicht die zeitgenössische Rechtswelt des 8. Jahrhunderts vergessen. Der Mediävist Horst Fuhrmann, der sich lange Jahre intensiv mit den Fälschungen im Mittelalter, besonders mit dem *Constitutum Constantini* beschäftigt hat, erinnert daran, daß sich die Rechtsauffassung dieser Zeit noch fundamental vom objektivierten Recht moderner souveräner Staaten unterscheidet:

»Recht wurde nicht als eine von Menschen gesetzte Norm verstanden, geschaffen aufgrund rationaler Erwägungen irdischer Nützlichkeit. Recht wurde in einem höheren und von menschlicher Satzung unabhängigen Sinne vorgestellt. Recht und Gerechtigkeit waren eine Einheit. Nicht der formale Akt der Einsetzung, wie bei uns, sondern die ihm innewohnende Gerechtigkeit machte ein Recht gültig. Die Wirkkraft einer mit Gott gemeinsam vertretenen gerechte Sache wurde hoch veranschlagt. Die gerechte Sache siegt, Gott selber ist der Quell der Gerechtigkeit.«[5]

Wenn man also meinte, für die gerechte Sache Gottes einzutreten, waren im Prinzip alle Mittel erlaubt, wenn sie denn nur mit dem vermeintlichen Willen Gottes übereinstimmten. Man war davon überzeugt, daß Gott nur gutheißen würde, was seinem Willen entsprach. Das war auch die Vorstellung, die den sogenannten Gottesurteilen, die im frühen Mittelalter anstelle einer Gerichtsverhandlung durchgeführt wurden, zugrunde lag. Noch Kaiser Otto I. ließ im 10. Jahrhundert einen Zweikampf austragen, um festzustellen, ob eine Urkunde echt oder unecht war. Da die gerechte Sache immer siegen mußte, weil Gott nur der Gerechtigkeit seine Unterstützung gab, war der Sieger eines Zweikampfes auch selbstverständlich der Garant für die Echtheit einer Urkunde. Mit dieser Geisteshaltung fanden mittelalterliche Verfasser von Rechts- und Gesetzessammlungen überhaupt nichts dabei, Texte zu ändern oder auch völlig neu zu schreiben, wenn sie damit der vermeintlich gerechten Sache zum Sieg verhelfen konnten. Eine Vorstellung von der Unantastbarkeit der Gesetze und der Tatbestand der Urkundenfälschung waren noch völlig unbekannt. Die anonyme Fälscherwerkstatt wollte mit dem *Constitutum* die gerechte Sache Gottes unterstützen. Daß aber zum Beispiel noch im Jahr 1425 in Heidelberg ein gewisser Johannes Drändorf als Ketzer verbrannt wurde, weil er unter anderem bestritten hatte, daß Kaiser Konstantin den Päpsten weltliche Güter übergeben habe, zeigt die andere Seite der Wirkungsgeschichte dieser Fälschungsaktion. Denn die Konstantinische Schenkung wurde im Mittelalter zu einer Urkunde mit weltpolitischer Bedeutung.

Das Dokument in der Schublade

Auffällig ist allerdings, daß das *Constitutum* in karolingischer Zeit nirgendwo als offizielles Dokument auftaucht. Obwohl man selbstverständlich davon ausgehen muß, daß die Päpste die Urkunde der Konstantinischen Schenkung sicher in der Schublade aufbewahrten und sehr genau über ihren Inhalt informiert waren. Aber zum Vorschein kam sie noch nicht.

Wahrscheinlich war es auch keine besonders günstige Zeit, denn nach Pippin bestieg sein Sohn Karl den Thron des Frankenreiches, und er beurteilte die Kooperation zwischen dem Papst und dem Frankenkönig anders als sein Vater. Karl war sich bewußt, daß eine Neugestaltung Italiens allein in seiner Hand lag. In welchem Umfang also der Papst weltliche Herrschaft ausüben durfte, legte allein Karl der Große fest. Der Frankenkönig erneuerte zwar mit Hadrian I., der 772 zum Stellvertreter Petri gewählt worden war, die sogenannte Pippinische Schenkung; aber nach dem Motto: Pergament ist geduldig, hat er seine Absprachen in dem zugesagten Umfang nicht gehalten. Karl der Große hatte es sich nämlich inzwischen anders überlegt. Dem Schutzherrn des Papstes gefiel es, selbst Herrscher auf der Appenninhalbinsel zu sein. Er entmachte das langobardische Königshaus, setzte sich die Eiserne Krone der Langobarden auf und schloß deren Königreich seinem eigenen Reich an. Papst Hadrian blieb nichts anderes übrig, als seine umfassenden Territorialträume aufzugeben und sich mit der normativen Kraft des Faktischen abzufinden. Er bekam lediglich einen schmalen Streifen vom südlichen Teil der Toskana und den westlichen Teil des Dukats von Spoleto. Mit diesen Gebieten erhielt der Kirchenstaat seine für das Mittelalter maßgebliche Gestalt. Damit aber keine Mißverständnisse aufkamen, machte Karl der Große dem Papst von Anfang an deutlich, daß er über den Kirchenstaat die territoriale Oberherrschaft beanspruchte. Es scheint deshalb fast wie eine Trotzreaktion, wenn Hadrian wenigstens innerhalb der Mauern von Rom seinen Herrschaftsanspruch um so deutlicher sichtbar machte. Er ließ sogar Münzen mit seinem Bild prägen. Dieses Recht kam eigentlich nur dem Kaiser zu, aber der eine oder andere nostalgische Blick in die Schublade, in der die Konstantinische Schenkung lag, die dem Papst die kaiserlichen Insignien versprach, scheint Hadrian I. zumindest in Rom dazu verführt zu haben, als »Papst-Kaiser« aufzutreten. Das war selbstverständlich nur Dekoration. Denn offiziell blieb die Hoheit des Kaisers in Konstantinopel über Rom und Reichsitalien bestehen, auch wenn es dort keine byzantinische Verwaltung mehr gab. In der Praxis gestaltete die Politik auf der Appenninhalbinsel jetzt allein Karl der Große.

Kaiserkrönung mit Komplikationen

Hadrians Nachfolger Leo III., der 795 auf den Stuhl Petri stieg, hat die politische Realität akzeptiert und sich anders als sein Vorgänger der Oberherrschaft Karls gebeugt. Denn Leo mußte bald die bittere Erfahrung machen, daß der Bischofsstuhl in Rom ganz gehörig ins Wanken geriet. Denn seitdem die Päpste nun auch Herren über verschiedene Territorien geworden waren, entdeckte die römische Aristokratie plötzlich wieder ihr Interesse am Apostolischen Stuhl. Es kam daher zu anhaltenden Rivalitäten zwischen den römischen Adelsdynastien, die versuchten ihre Familienmitglieder auf den Papststuhl zu bringen. In dieser heiklen Situation kam es zu einer besonderen Vereinbarung zwischen dem Frankenkönig, dem Patricius und offiziellen Schutzherrn Roms, und dem Papst, die am 25. Dezember des Jahres 800 besiegelt wurde. In den Reichsannalen ist das Ereignis festgehalten worden:

> »Als der König am heiligen Weihnachtstage bei der Messe sich vom Gebet vor dem Grab des seligen Apostel Petrus erhob, setzte ihm Papst Leo die Krone aufs Haupt, und das römische Volk rief aus: Dem erhabenen Karl, dem von Gott gekrönten großen und friedbringenden Kaiser der Römer Leben und Sieg! Und nach diesen Lobrufen wurde er vom Papst nach der Sitte der alten Kaiser durch Kniefall geehrt und fortan Kaiser und Augustus genannt.«[6]

Karls Hofchronist Einhard berichtet, daß Karl der Große später versichert habe, wenn er von der Absicht des Papstes gewußt hätte, wäre er nicht zur Weihnachtsmesse gekommen. Er sei sozusagen überrascht worden. Damit kann aber nicht gemeint sein, daß Karl beim Betreten der Kirche noch nichts von seiner Erhebung zum Kaiser gehört hätte. Daß es vorher Absprachen zwischen dem Papst und dem Frankenkönig über die Kaiserernennung gegeben hat, steht heute in der Geschichtsforschung außer Zweifel. Vielmehr ist von einer Abweichung vom vereinbarten Protokoll auszugehen. Vermutlich sollte der Papst nur die

Leo III.

Salbung vornehmen. Daß Leo Karl auch die Krone aufsetzte, war demnach ein Verstoß gegen die Absprachen. Leo hatte wahrscheinlich die Gunst der Stunde genutzt, um mit dem Ritual der Krönung zu unterstreichen, daß der Kaiser seine Vollmacht vom Papst verliehen bekommt. Was ihm in gewisser Weise für die Zukunft auch gelungen ist. Die späteren Päpste haben diesen Vorgang jedenfalls so interpretiert – wozu die Konstantinische Schenkung als rechtliche Grundlage dienen konnte. Aber genau diese Vorstellung, daß der Papst den Kaiser macht, war für Karl den Großen unerträglich. Karl hat sich immer als König und auch als Kaiser von »Gott gekrönt« bezeichnet. Die Abweichung vom vereinbarten Krönungszeremoniell im Petersdom hat ihn also nicht nur überrascht, sondern auch wütend gemacht. Dazu paßt, daß Karl der Große dreizehn Jahre später seinen Sohn Ludwig demonstrativ durch einen rein weltlichen Akt zum Kaiser erheben ließ. Er verzichtete dabei von vornherein auf eine Beteiligung des Papstes, um dem Eindruck entgegenzuwirken, der Papst habe einen Anspruch auf die Vergabe der Kaiserkrone.

Mißtöne im Kaiserduett

An jenem Weihnachtsmorgen im Jahr 800 wurden auf jeden Fall vollendete Tatsachen geschaffen, die auch das Kaisertum in seiner bisherigen Form in Frage stellten. Grundsätzlich schien es völlig undenkbar, daß es in der Christenheit zwei Kaisertümer geben könne. Die West- und Ostkaiser der Spätantike waren immer gemeinsame Vertreter *eines* Kaisertums gewesen. Sie hatten sich sozusagen nur die Verwaltungsbezirke im Reich aufgeteilt. Die Kaiserkrönung Karls, des Frankenkönigs, warf nun erstmals die Frage nach einer Teilung des Kaisertums auf. Das war natürlich ein offener Affront gegen den Kaiser in Konstantinopel. An Karls Hof beeilte man sich deshalb, immer wieder zu betonen, daß Karl als Imperator nur den Titel für etwas bekommen habe, das er aus eigener Kraft schon längst innehatte. Herrschte er doch über mehrere Völker und die traditionellen Kaisersitze des Westens. Rom, Trier, Mailand und Ravenna gehörten alle längst zu seinem Herrschaftsgebiet. Aber Byzanz war nicht gesprächsbereit. Man hielt den Franken entgegen, es könne nur ein Römerreich, eine Christenheit und ein Kaisertum geben. In Aachen kamen schließlich findige Hofbeamte auf die Idee, das Kaisertum in Konstantinopel für vakant zu erklären. Denn nach Kaiser Konstantin VI. hatte seine Mutter Irene als Kaiserin das volle Regiment an sich gerissen. Da aber eine Frauenherrschaft nicht anerkannt werden könne, sei also zur Zeit der Krönung Karls der Kaiserthron in Byzanz nicht besetzt gewesen. Diese Vakanz hätte Karl den Großen deshalb berechtigt, das Kaisertum, um es vor Mißbrauch zu schützen, für sich in Anspruch zu nehmen. Doch diese argumentativen Spitzfindigkeiten wurden von Byzanz nicht akzeptiert. Ganz gleich, welche Begründung man auch anführte, das Verhältnis zum Kaiserhof in Konstantinopel war atmosphärisch auf dem Nullpunkt. Aber weder Karl der Große noch Papst Leo III. können etwas anderes erwartet haben. Sie hatten Byzanz bewußt herausgefordert. Und jetzt waren sie entschlossen, die Sache auszusitzen. Kam Zeit, kam Rat. Die politische Schwäche von Byzanz konnte für den Westen nur von Nutzen sein.

Tatsächlich wurde im Jahr 812 unter Kaiser Michael I. ein Ausgleich erzielt. Unter der Voraussetzung, daß die Franken auf Venetien verzichteten, war Kaiser Michael bereit, Karl dem Großen die Bruderschaft anzubieten und Karls Akklamation als Imperator anzuerkennen. Diese Anerkennung betraf allerdings nur die Gleichheit im Kaisertum, nicht im Römertum. Jetzt wurde man in Byzanz kleinlich. Wenn man schon eine politische Niederlage hatte einstecken müssen, dann wollte man sich doch wenigstens in der politisch-korrekten Sprachregelung durchsetzen. Da es Karl dem Großen nur rein pragmatisch um seine politische Unabhängigkeit und die Gleichrangigkeit der Kaiser ging, konnte er auf diese Sprachdefinitionen gelassen reagieren. Tatsächlich verschwand seither jeder römische Bezug aus Karls Kaisertitel. Am Bosporus nahm man nun offiziell den Titel »Kaiser der Römer« für sich in Anspruch, das sollte bedeuten, daß der authentische römische Kaiser allein in Byzanz regierte. Das Rom aber inzwischen der Oberhoheit Karls unterstellt war, wurde nicht thematisiert. Es ging mehr um die ideelle Bedeutung und eine korrekte Etikettierung. Karl der Große hat sich in seiner Titulatur auf »Imperator und Augustus« beschränkt.

Ein politisches Manifest in bunten Steinen

Diese neue Aufteilung der Welt wurde natürlich auch sehr genau von Papst Leo III. beobachtet, der schließlich am Zustandekommen dieser Spaltung beteiligt gewesen war. Byzanz hatten die Päpste zwar mit Hilfe der Karolinger abschütteln können, aber dafür waren sie nun in eine neue Abhängigkeit geraten. Denn auch Karl beanspruchte die staatliche und kirchliche Gewalt für sich. Die Leitung der fränkischen und italienischen Kirche folgte ganz allein den Anordnungen des Kaisers. Wie Karl der Große sich die Aufgabenteilung des weltlichen Herrschers und des Papstes vorstellte, hat er Papst Leo III. in einem Brief mitgeteilt:

> »Unsere Pflicht ist es, gemäß der göttlichen Hilfe die heilige Kirche Christi überall nach außen gegen den Einfall von Heiden und die

Zerstörung durch Ungläubige zu schützen und nach innen durch Anerkennung des katholischen Glaubens zu festigen. Eure Aufgabe, Heiligster Vater, besteht darin, zusammen mit Mose die Hände zu Gott zu erheben und somit unserem Kampf zu helfen, damit auf eure Bitten hin unter der Führung Gottes das christliche Volk über die Feinde seines heiligen Namens überall den Sieg erringt.«[7]

Der Papst sollte lediglich für den Kaiser und seine Politik beten, die Aufsicht über die Kirche beanspruchte Karl der Große aber für sich.

Der kirchenpolitische Spielraum, den Karl der Große dem Papst ließ, war äußert gering. Doch Leo III. ließ sich nicht entmutigen. Er hielt unbeirrbar am Geist der Konstantinischen Schenkung fest, nach der die Päpste die kaiserlichen Insignien und damit auch die Macht im Westen verwalteten. Auch wenn Leo III. in seiner Zeit keine Chance sah, diese Idee in die Realität umzusetzen, wollte er dieses Gedankengut doch in Form von Kunstwerken umsetzen. Denn auch Bilder können Fakten schaffen. Vor allem in einer Welt von Analphabeten hatte die Kirche längst gelernt, daß selbst fiktive Darstellungen irgendwann als Momentaufnahmen der Wirklichkeit angesehen werden. Leo ließ also die Bilder seiner politischen Vorstellungen in den Triklinien, den Repräsentationsräumen im Lateranpalast, aus kleinen bunten Steinen Stück für Stück zusammensetzen. Diese Mosaiken, die zwar in der Barockzeit etwas verändert wurden, sind bis heute erhalten. In diesen Kunstwerken hat Papst Leo III. sein politisches Manifest verewigt. Auf einem Bild sitzt Christus auf einem Thron und überreicht Petrus das Pallium, den kaiserlichen Schulterumhang, und Kaiser Konstantin das Labarum, die Kaiserstandarte. Spiegelbildlich gegenüber sitzt Petrus auf einem Thron und übergibt Papst Leo III. das Pallium und Karl dem Großen das Vexillium, die Stadtfahne von Rom.

Damit hatte Leo im großen Festsaal des Lateranpalastes für alle Welt sichtbar gemacht, daß Karl der Große letztlich nur ein Beauftragter des Petrus und seiner Nachfolger war, aus deren Händen der Kaiser die Vollmacht für seine weltliche Macht erhielt. Man hat Leo deshalb auch als den Schöpfer der päpstlich-politischen Ikonographie bezeichnet. Zweifellos hat die Idee in diesen Mosaiken zusammen mit der Konstantinischen Schenkung ihre Wirkung nicht verfehlt. Denn von hier aus war es nur noch ein kleiner Schritt zur mittelalterlichen Translationstheorie, nach der allein die Päpste das Kaisertum von Byzanz auf die Franken und später auf die deutschen Könige übertrugen.

Mit Karl dem Großen war dieser Schritt allerdings noch nicht zu gehen, er sah die päpstliche Krönung keineswegs als konstitutiv für sein Kaisertum an und nannte sich deshalb ausdrücklich von Gott gekrönt.

Die Papstrevolution

Mit dem Mikroskop unterwegs ins 11. Jahrhundert

Im Juni 1942 wurde bei kleinen Renovierungsarbeiten im Bamberger Dom der Sarkophag des sächsischen Adeligen Suidger von Morsleben und Hornburg geöffnet. Dabei hat man dem Grab auch einige Skelettstücke entnommen. Ende der fünfziger Jahre wurden diese Knochenteile etwas genauer unter die Lupe genommen und einer gründlichen medizinisch-wissenschaftlichen Analyse unterzogen. Das Resultat war eine Überraschung. Die Knochenreste enthielten einen stark überhöhten Anteil des Schwermetalls Blei. Das schien zu bestätigen, was seit dem Mittelalter immer wieder als Gerücht im Raum gestanden hatte. Suidger, der ehemalige Bischof von Bamberg, war vergiftet worden. Schon der mittelalterliche Chronist Lupus Protospatarius war von einem eindeutigen Giftmord ausgegangen.

Clemens II.

Die neuere Geschichtsforschung war jedoch mit diesem mittelalterlichen Bericht immer zurückhaltend umgegangen, zumal sich gerade die Behauptung, daß ein Papst vergiftet worden sei, bis in die Gegenwart wie ein roter Faden durch die gesamte Papstgeschichte zieht. Doch in diesem Fall war das anders. Jetzt hielten die Historiker eine exakte medizinisch-wissenschaftliche Analyse in der Hand. Moderne technische Geräte lüfteten den Schleier von Jahrhunderten und erlaubten einen direkten Blick ins Mittelalter. Der Verdacht erhärtete sich. Denn auch an Motiven für eine solche Tat gab es keinen Mangel. Suidger war nämlich nicht nur Bischof von Bamberg, sondern auch Bischof von Rom gewesen. Als Papst Clemens II. hatte er von 1046 bis 1047 genau neun Monate und sechzehn Tage auf dem Stuhl Petri gesessen. In dieser unsicheren Zeit war der mächtigste Mann der Kirche zahlreichen Feindschaften ausgesetzt gewesen. In Suidgers Fall war sogar der Name des Mannes bekannt, der den Giftmord in Auftrag gegeben haben soll. Der Chronist Lupus Protospatarius ist jedenfalls davon überzeugt, daß dies der Expapst Benedikt IX. war.

Nach mehr als 900 Jahren schien endlich ein Mordfall aus dem 11. Jahrhundert aufgeklärt werden zu können.

Aber es gibt auch Wissenschaftler, die skeptisch sind, denn ein überhöhter Bleigehalt im Körper muß nicht zwangsläufig ein Beweis für einen Giftmord sein. Das Schwermetall kann auf verschiedenen Wegen in den Körper gelangen. Zum Beispiel könnte schon der ständige Gebrauch von bleihaltigem Eßgeschirr zu hohen Ablagerungen des Schwermetalls in den Knochen geführt haben. Es wurde auch die Theorie aufgestellt, daß der päpstliche Leichnam, der von Italien nach Bamberg gebracht wurde, für den langen und beschwerlichen Transport vielleicht in Tücher eingewickelt war, die mit Bleiessig getränkt wurden, um einer schnellen Verwesung vorzubeugen.

Wenn man diese Einwände berücksichtigt, kann ein Giftmord also letztlich weder bewiesen noch zweifelsfrei widerlegt werden.

Bekannt ist nur, daß Papst Clemens II. auf einer Reise plötzlich erkrankte und in der Abtei S. Tommaso in Foglia, in der Nähe

Investitur durch einen König.

der italienischen Stadt Pesaro, am 9. Oktober 1047 gestorben ist. Über sein Alter ist nichts überliefert.

Bereits im Jahr 1735 war sein Grab im Bamberger Dom schon einmal geöffnet worden. Damals hatte man an seinem Skelett die für das 11. Jahrhundert imposante Körpergröße von 1,83 m gemessen, außerdem soll er bei seinem Tod noch auffallend hellblondes Haar gehabt haben. Das ließe zumindest darauf schließen, daß Clemens II. wohl noch nicht im vorgerückten Alter war, als er starb. Die mittelalterlichen Quellen teilen uns aber nur mit, daß Suidger im Jahr 1040 noch als Diakon von

König Heinrich III. zum Bischof von Bamberg ernannt wurde. Daß Heinrich in dieser Zeit die Bischofsstühle besetzte, war durchaus normal. Denn der deutsche König übte in der Reichskirche die Kirchengewalt aus und vergab nach den mittelalterlichen Regeln des Lehnsrechtes auch Bistümer und Abteien. Dies geschah nach einem festgelegten Zeremoniell. Bei einer Bistumsbesetzung überreichte der König einem Bischof die Domkirche und die dazugehörigen Güter durch das Symbol des Bischofsstabes; die Einsetzung in das geistliche Bischofsamt, die auch der König vornahm, symbolisierte ein Bischofsring. Diese Übertragung von weltlichem Lehen und geistlichem Amt durch den König bezeichnete man seit Ende des 10. Jahrhunderts als Investitur.

Suidger von Bamberg hat zweifellos zu den Günstlingen Heinrichs III. gehört, der den Bischof im Jahr 1046 als vertrauten Berater auf eine politisch brisante Italienreise mitnahm. Da der deutsche König auch Schutzherr der römischen Kirche war, hatte er in Sutri, einer kleinen Stadt nördlich von Rom, für den Dezember eine Synode einberufen. Daß Heinrich persönlich zu einer Kirchensynode nach Italien reiste, hatte einen besonderen Grund: Er wollte den seit Jahren anhaltenden Unruhen in Rom, wo wieder einmal die Familien des Stadtadels um den Papstthron kämpften, ein Ende bereiten. Als gesalbter Stellvertreter Christi, wie sich die deutschen Könige seit den Ottonenkaisern nannten, sah er sich in die Pflicht genommen, nicht nur im Reich, sondern auch in der Kirche für Ordnung zu sorgen. In Sutri wollte er nun ein Machtwort sprechen.

Der Nachfolger Petri ist noch in der Pubertät

Die Situation in Rom war völlig verfahren. Der Apostolische Stuhl war in Betrugs- und Bestechungsskandale verstrickt. Gewalttaten waren an der Tagesordnung. Die Situation in der Stadt hatte sich noch zugespitzt, als im September des Jahres 1044 ein Aufstand gegen Papst Benedikt IX. ausgebrochen war. Benedikt gehörte zur römischen Familie der Tuskulaner, die schon seit längerer Zeit den Papststuhl als Erbrecht ihrer Familie beanspruchten. Benedikt IX. soll bereits als zwölfjähriger Knabe von seinem Vater Alberich, dem Bruder des vorigen Papstes Johannes XIX., auf den Papstthron gesetzt worden sein. Außerdem sagte man dem pubertierenden Papst ein äußerst ausschweifendes Privatleben nach. Andere Quellen entschärfen diese Angaben und lassen Benedikt wenigstens schon das 20. Lebensjahr überschritten haben. Daß sich der junge Papst überhaupt auf dem Stuhl Petri halten konnte, verdankte er seinem Vater, der in Rom als Oberhaupt der Tuskulaner-Dynastie so ziemlich alle Fäden in der Hand hielt. Doch irgendwann waren die Römer, besonders die anderen römischen Adelsfamilien, nicht mehr bereit, die Vormachtstellung der Tuskulaner zu akzeptieren. Nach dem Aufstand von 1044, als Benedikt während der blutigen Kämpfe in der Stadt aus Rom geflohen war, wurde Bischof Johannes von Sabina als Papst Silvester III. inthronisiert. Da Benedikt aber nicht offiziell abgesetzt worden war, exkommunizierte er Silvester und ließ ihn von seinen Parteigängern aus der Stadt entfernen, um sich selbst wieder auf den Stuhl Petri zu setzen. Doch die anhaltende Feindseligkeit der Römer gegen den Tuskulanerpapst zwang Benedikt schließlich, am 1. Mai 1045 eine Rücktrittsurkunde zugunsten eines gewissen Johannes Gratianus auszustellen, der vermutlich aus der wohlhabenden Bankiersfamilie Pierleoni stammte. Gratianus übernahm das Petrusamt mit dem Namen Gregor VI. Wie diese Transaktion im einzelnen vor sich ging, ist unklar. Allerdings soll Gregor VI. den Thronverzicht Benedikt mit einem beachtlichen finanziellen Anreiz versüßt haben. Auch bei der Wahl Silvesters III. war schon die Rede von Bestechungsgeldern gewesen. Ob in diesen Fällen nun mehr bezahlt oder mehr verleumdet wurde, läßt sich nicht mehr genau bestimmen. Jedenfalls wird man die Vorgänge nicht zufällig von Anfang an in völliges Dunkel gehüllt haben.

Am Heiligen Stuhl spricht man deutsch

Der deutschen König stand also vor dem Problem, daß es eigentlich drei Päpste in Rom gab. Und dieses Schisma wollte er so schnell wie möglich beenden. Dafür hatte Heinrich III. auch einen ganz persönlichen Grund. Denn er beabsichtigte, wie es für die deutschen Könige inzwischen zur Tradition geworden war, so schnell wie möglich in Rom zum Kaiser gekrönt zu werden. Dazu brauchte er aber einen unangefochtenen Papst, damit seine Krone nicht mit dem Makel von Gewalt und Bestechungsgeldern befleckt war. Also machte er am 20. Dezember 1046, als er in Sutri auf der Synode eintraf, sofort reinen Tisch und setzte kurzerhand alle drei Päpste ab. Johannes von Sabina schickte man in sein Bistum zurück, Gregor VI. wurde mit dem damals noch unbekannten Kleriker Hildebrand, der ein Schüler Gregors war, nach Deutschland verbannt und der Obhut des Erzbischofs Hermann von Köln übergeben. Benedikt IX., der einzige der drei Angeklagten, der nicht auf der Synode erschienen war, hatte die Flucht auf den Familienbesitz in Tusculum außerhalb von Rom vorgezogen.

Heinrich war entschlossen, Nägel mit Köpfen zu machen. Ein deutscher Bischof auf der Cathedra Petri war für ihn als künftigen Kaiser eine zuverlässigere Stütze als irgendein Kandidat aus dem römischen Adel. Seine erste Wahl war auf Erzbischof Adalbert von Hamburg-Bremen gefallen, doch der lehnte ab. Ein Umzug in den sonnigen Süden war nicht unbedingt verlockend, denn bei den politischen Verhältnissen in der Stadt war schon allein die Tatsache, daß man als Ausländer auf dem Stuhl Petri saß, ein rotes Tuch für den römischen Adel. Außerdem litten die Nichtrömer besonders heftig unter der Malaria in der Stadt. Auch wenn Adalbert von Hamburg-Bremen abwinkte, setzte Heinrich seinen einmal gefaßten Plan trotzdem durch. Er ließ seinen Günstling Suidger von Bamberg als Clemens II. zum Papst wählen. Nun stand einer Kaiserkrönung durch einen seiner Vertrauten nichts mehr im Weg. Nach dem straffen Terminkalender des deutschen Königs setzte Clemens II. schon drei Tage später, am Weihnachtstag 1046, Heinrich im Petersdom in Rom die

Kaiserkrone auf. Inzwischen gab es dafür ein genau festgelegtes Ritual. Ein Augenzeuge hat dieses prachtvolle Schauspiel schriftlich festgehalten:

»Der König ging zur silbernen Tür des Domes, wo er betete und der Bischof von Albano über ihn die erste Oration sprach. Unweit des Einganges ließen sich dann der Papst und der König neben der Rota Porphyretica nieder, einem kreisrunden, dem Boden eingefügten Porphyrstein. Der kaiserliche Kandidat legte daselbst sein Glaubensbekenntnis ab, worauf der Kardinalbischof von Porto sich mitten auf die Rota stellte und die zweite Oration sprach. Darauf wurde er in der Sakristei vom Papst zum Kleriker gemacht, mit der Tunika und Dalmatika, dem Pluviale, der Mitra und Sandalen bekleidet und an den Altar des Mauritius geführt, wo ihm der Bischof von Ostia den rechten Arm und den Nacken salbte und die dritte Oration sprach. Danach schritt er vor den Altar des Apostelfürsten, wo der Papst dem Gesalbten den goldenen Ring ansteckte, das Schwert umgürtete und die Krone vom Altar nahm und ihm aufs Haupt setzte, wobei er die Worte sprach: Nimm diese Krone des Reiches, im Namen des Vaters, des Sohnes und des Heiligen Geistes.«[1]

Dem Papst assistierten die drei Bischöfe von Ostia, Porto und Albano, die traditionell auch an der Inthronisierung eines neuen Papstes teilnehmen. Nach der Kaiserkrönung ließ sich Heinrich III., wie seine Vorgänger die Karolinger und die Ottonen, von den Römern auch die Würde des Patricius übertragen. Das Patriziat war im Laufe der Zeit mit verschiedenen Traditionen in Verbindung gebracht worden, so daß man die genaue Funktion für die Zeit der deutschen Könige aus dem Hause der Salier nicht kennt. Anzunehmen ist aber, daß der Kaiser mit diesem Titel seine besondere Stellung zu Rom hervorheben wollte. Außerdem war mit dem Patriziat inzwischen auch die Führungsrolle bei der Papstwahl verbunden, wie der zeitgenössische Kirchenreformer Petrus Damiani berichtet. Heinrich erhielt damit auch offiziell das Recht, dem Klerus und dem Volk von Rom den zu wählenden Papst vorzuschlagen, was er zwar auch vorher schon getan hatte, aber nun war sein Einfluß auch durch einen besonderen Titel zusätzlich abgesichert. Er sollte anschließend noch mehrfach davon Gebrauch machen. In der Kirchenpolitik stand Heinrich III. eindeutig auf dem Boden der Theokratie. Die oberste Gewalt hatte der sakrale Herrscher. Als *Rex et Sacerdos Vicarius Christi*, als König, Priester und Stellvertreter Christi, hatte das deutsche Königtum seit den Ottonenherrschern eine zusätzliche sakrale Dimension angenommen, die den Herrscher aus der Laienschaft herausnahm und ihm nun als dem gesalbten Stellvertreter Christi eine Mittlerrolle zwischen Klerus und Volk zuwies. Die Synode von Sutri, auf der Heinrich III. gleich drei Päpste absetzte, war in dieser Hinsicht der Höhepunkt der Kirchenhoheit des deutschen Königtums. Heinrich handelte als Haupt der weltlichen und geistlichen Gewalt, weil er nach seinem Selbstverständnis die Königsherrschaft Christi vertrat.

Daß Heinrich sich gleichzeitig mit persönlichem Engagement auch für die Reformbewegung innerhalb der Kirche einsetzte, ist aus heutiger Sicht verwunderlich, aber der Salier sah darin noch keinen Widerspruch. Die gerade im Entstehen begriffene kirchliche Reformbewegung hatte zunächst ihren Kampf gegen die Simonie eröffnet. Dabei ging es um das weit verbreitete Phänomen der Käuflichkeit kirchlicher Ämter. Diesen Mißbrauch wollte der König abschaffen. Daß die Reformbewegung sich dann zunehmend auch gegen jegliche Mitsprache des Staates in kirchlichen Angelegenheiten aussprechen sollte, war für Heinrich noch nicht erkennbar. Das sakrale Herrschaftsverständnis stand für ihn in keiner Weise zur Diskussion. Damit mußten sich erst seine Nachfolger auseinandersetzen.

Die Synode von Sutri, auf der Heinrich mit Suidger von Bamberg gezielt einen reformfreundlichen Papst einsetzte, bedeutete deshalb auch keine wirkliche Wende im Verhältnis von weltlicher und geistlicher Gewalt. Clemens II. hat anschließend nur wenig in Richtung Kirchenreform angestoßen. Dabei blieb er letztlich ganz auf der Linie seines theokratischen Kaisers, der in der Reichskirche die Kirchengewalt innehatte und schalten und walten konnte, wie er es für richtig hielt. Ein eifriger Reformer wie der Eremit und spätere Kardinalbischof Petrus Damiani hatte das sofort erkannt und beklagt, daß die von Kaiser und Papst angeblich unterstützten Reformen nur sehr zögerlich vorankämen. Clemens II. war aber durchaus bemüht, der kirchlichen Reformbewegung entgegenzukommen. Das zeigen auch seine Treffen mit Odilo, dem Abt von Cluny. Denn im Kloster Cluny in Burgund hatten die Reformideen ursprünglich als monastische Bewegung ihren Anfang genommen. Eines der Hauptziele war es, die Herrschaft der jeweiligen Ortsbischöfe über Klöster zu beenden und sie unmittelbar dem Schutz des Papstes zu unterstellen. Da für diese Bewegung zahlreiche Klöster in vielen Ländern gewonnen werden konnten, schlossen sie sich unter dem Abt von Cluny zur Kongregation von Cluny zusammen. Im 11. Jahrhundert wurde aus der monastischen Bewegung dann auch eine kirchenpolitische Reformbewegung, die sich für eine straffere Zucht des Klerus und die Befreiung der Kirche von jeder unkanonischen Einwirkung von Laien zum Ziel setzte. Die Kampfworte der Reformer waren die schon erwähnte Simonie und der Nikolaitismus, d. h. die Ehe von Klerikern oder ein Leben im Konkubinat. Beide Praktiken waren in vielen Ländern verbreitet. Der plötzliche Tod Clemens' II. verhinderte, daß er in dieser Sache viel unternehmen konnte. Da der verstoßene Tuskulanerpapst Benedikt IX. dem fremdländischen Papst von Kaisers Gnaden aus seinem ländlichen Exil heraus mehrmals Rache angedroht hatte, lag es nahe, ihn mit dem plötzlichen Tod Clemens II. in Verbindung zu bringen. Ob Clemens tatsächlich einem von Benedikt veranlaßten Giftmordanschlag zum Opfer fiel, ist nach den Ergebnissen der Untersuchung der Skelettreste im Bamberger Grab zumindest nicht auszuschließen.

Nach dem Tod Clemens II. blieb Heinrich III. seinem einmal eingeschlagenen Kurs treu. Am Apostolischen Stuhl in Rom sollte deutsch gesprochen werden. Er ernannte Bischof Poppo von Brixen, der als Damasus II. aber nur 23 Tage auf dem Stuhl Petri saß. Nach seinem plötzlichen Tod sprachen die einen wieder von einem Giftmord, die anderen gingen davon aus, daß er ein Opfer der Malaria geworden sei. Es kamen auch Gerüchte auf, der römische Adel habe seine Hände im Spiel gehabt. Heinrich ließ sich aber nicht verunsichern. Am 12. Februar 1049 wurde sein Verwandter, der Elsässer Bruno von Egisheim und Dagsburg, in Rom als Leo IX. inthronisiert.

Die Reformer kommen

Der engagierte Kirchenreformer Bruno, der Bischof von Toul gewesen war, hatte seinen Umzug in die Ewige Stadt bestens organisiert. Er brachte seinen engsten Beraterkreis gleich mit. Dazu gehörte vor allem sein langjähriger Freund, der Mönch Humbert von Moyenmontiers, den er in Rom sofort zum Kardinalbischof von Silva Candida ernannte. Mit der Bildung eines engen Mitarbeiterstabes in der Nähe des Papstes wurde Leo IX. zum eigentlichen Begründer des Kardinalskollegiums. Denn diese Gruppe begann sich nun immer mehr zu einem päpstlichen Senat zu entwickeln. Seit dem 6. Jahrhundert gab es zwar schon die *Cardinales Sacerdotes*, also Priester als Vertrauensleute des Papstes, aber mit diesem Kardinalstitel waren bisher nur angesehene Mitglieder des römischen Stadtklerus ausgezeichnet worden. Leo IX. setzte nun erstmals Auswärtige in den Kardinalsrang ein. In einem Brief an den Patriarchen von Konstantinopel erklärt er, daß seine vertrauten Kleriker deshalb Kardinäle genannt würden, weil sie der Türangel (*cardo*), durch die alles bewegt wird, am nächsten stehen.

Im Handumdrehen verwandelte die neue Mannschaft die traditionelle stadtrömische Bistumsverwaltung im Lateranpalast in die Kurie der abendländischen Kirche. Durch die päpstlichen Kanzleistuben zog jetzt der Geist der kirchlichen Reformbewegung. Chefideologe war unbestritten Humbert von Silva Candida. Er provozierte auch den endgültigen Bruch mit der Ostkirche. Am 16. Juli 1054 legte er, nach den gescheiterten Verhandlungen mit Byzanz, eine Urkunde auf den Altar der Hagia Sophia in Konstantinopel, in der der Patriarch Michael und seine Anhänger im Namen des Apostolischen Stuhls des Ungehorsams und der Ketzerei bezichtigt und exkommuniziert wurden. Die beiden Kirchen im Westen und im Osten hatten sich schon längst auseinandergelebt. Seit diesem Tag war der Bruch aber auch offiziell vollzogen. Die römische Reformkurie unter Leo IX., die auch im Osten päpstliche Primatvorstellungen durchsetzen wollte, war nur der letzte Tropfen, der das Faß zum Überlaufen gebracht hatte. Mit der Ostkirche war über einen Primatsanspruch des Papstes nie zu verhandeln gewesen.

Aber auch im Westen sollte sich einiges ändern. Unter der Federführung Humberts wurde auf der Lateransynode 1059 die Papstwahl neu geregelt. Der gesamte Wahlvorgang wurde nun zu einer rein innerkirchlichen Angelegenheit. Künftig durften nur noch die Kardinäle einen Papst wählen. Dem übrigen Klerus und dem Volk verblieb das Recht, nach der Wahl durch Akklamation ihre Zustimmung zu bekunden. Im Bedarfsfall sollte die Wahl jetzt auch außerhalb von Rom stattfinden können. Insgesamt gesehen, beseitigte das Dekret den direkten Einfluß der römischen Adelsparteien, untergrub aber vor allem auch das Recht des deutschen Königs, bei der Papstwahl mitzubestimmen. Die vieldeutige Formulierung, nach der die gebührende Achtung und Ehrerbietung für den deutschen König bei der Papstwahl erhalten bleiben sollte, war absichtlich nebulös gehalten. Man wollte wohl nur eine schroffe Zurückweisung vermeiden.

Die Reformkurie hat dann innerhalb von zwei Jahrzehnten beharrlich Schritt für Schritt zahlreiche Veränderungen in Angriff genommen, von denen die meisten allerdings vorläufig nur auf dem Papier standen. Das Drehbuch war sozusagen geschrieben, die ersten Proben hatten stattgefunden, aber die eigentliche Aufführung stand noch bevor.

Der heilige Satan tritt auf

Der Vorhang für die Hauptveranstaltung öffnete sich dann am 29. Juni 1073, als Hildebrand die Nachfolge Petri antrat. Er war lange Zeit nur im Hintergrund wahrzunehmen gewesen. Nach der Synode von Sutri war sein Name zum ersten Mal im Zusammenhang mit der Absetzung von Gregor VI. gefallen, den er ins Exil nach Köln begleitet hatte. Nach dem Tod des verbannten Papstes trat er plötzlich wieder in Rom im Umfeld der Reformer um Leo IX. in Erscheinung. Ein deutlicher Karrieresprung ist dann erkennbar, als Hildebrand unter Papst Nikolaus II. (1058–1061) Urkunden mit dem Titel des Archidiakons der römischen Kirche unterzeichnet. Er war also vor seiner Wahl zum Papst bereits zum verantwortlichen Geschäftsführer des Apostolischen Stuhls aufgestiegen. Außerdem kam ihm inzwischen in Rom die zentrale Rolle in der Reformbewegung zu. Die alten Reformkämpfer wie Humbert von Silva Candida waren gestorben. Und daß nun ein neuer Stern am Himmel der Kirchenpolitik aufgestiegen war, der eine sehr eigene Gangart einschlug, hatte schon Kardinalbischof Petrus Damiani noch vor seinem Ableben erkannt, als er Hildebrand als einen »heiligen Satan« bezeichnete.

Die Stärke und Unduldsamkeit Hildebrands, der als Gregor VII. auf den Stuhl Petri stieg, machte ihn in der Tat auch für seine nähere Umgebung unheimlich. Der kleine, eher schmächtige Mann war fest entschlossen, das Reformprogramm nun in allen Punkten durchzusetzen. Man spricht deshalb auch bis heute von der gregorianischen Kirchenreform. In seinem Grundsatzprogramm dem berühmten *Dictatus Papae*, den Gregor zwischen dem 3. und 4. März 1075 ins päpstliche Register eintragen ließ und der nicht zur Veröffentlichung bestimmt war, hat er alle wesentlichen Punkte festgehalten, auf die es ihm ankam. Schon in formaler Hinsicht ist dieses Dokument etwas Einmaliges. Die Liste enthält 27 knapp formulierte Leitsätze. Früher hat man sogar vermutet, es könne sich bei dem *Dictatus* nur um das Inhaltsverzeichnis einer ausführlichen Schrift handeln. Aber Gregor war es gerade um eine kurze und präzise Aufstellung der päpstlichen Rechtsansprüche gegangen.

Ziel Nummer eins war der Umbau der Kirche in eine Monarchie, deren Herrscher der Papst sein sollte. Was seine Vorgänger sich ausgedacht hatten, wollte er nun in die Tat umsetzen.

Schon unter Leo IX. war zum ersten Mal offiziell mit der Konstantinischen Schenkung argumentiert worden. Gregor setzte den Anspruch aus dieser Schenkung, daß nur der Papst über die kaiserlichen Insignien verfügen könne, nun in aller Schärfe auf der politischen Bühne um. Im *Dictatus* heißt es jetzt:

> »Alle Fürsten haben die Füße einzig und allein des Papstes zu küssen.«[2]

Denn für Gregor VII. ist der Papst der alleinige universale Herrscher. Er verfügt über die geistliche und die weltliche Macht. Gregor fühlte sich verantwortlich für die römische Kirche und das Imperium. Die Fürsten sind daher faktisch die Lehnsträger des Papstes. Aus diesem Grund schickte Gregor nun seine päpstlichen Legaten an alle europäischen Königshöfe und versuchte systematisch die Aufsichtspflicht über das Imperium Christi auszuüben, das er als Nachfolger Petri zu verwalten hatte.

Und da schon ein Kirchenmann wie Ennodius von Padua um das Jahr 500 festgelegt hatte, daß niemand den Apostolischen Stuhl richten dürfe, zog Gregor nun aus diesem gerichtlichen Immunitätsanspruch des Papstes eine geradezu atemberaubende Konsequenz:

> »Wenn der römische Papst in kanonischer Wahl erhoben ist, dann wird er ohne Zweifel nach dem Zeugnis des heiligen Ennodius von Padua heilig durch die Verdienste des heiligen Petrus.«[3]

Vor Gregor hatte noch niemand behauptet, daß ein Papst allein schon durch eine gültige Ordination sozusagen »bei lebendigem Leib« heilig werde.

Gehorsam wird zur ersten Herrscherpflicht

Bei den Ansprüchen, mit denen Gregor VII. auftrat, war vor allem ein Konflikt mit dem sakralen Herrschertum des deutschen Königs vorprogrammiert. Reibungspunkte gab es reichlich. Zum Beispiel hatte die römische Kirche fünf königliche Räte wegen des Vorwurfs der Simonie exkommuniziert. Gregor

VII. forderte nun den deutschen König auf, sich von diesen Mitarbeitern, die von der Kirche gebannt worden waren, zu trennen. Doch der damalige König Heinrich IV. dachte nicht daran, sich vom Papst vorschreiben zu lassen, wen er als Mitarbeiter beschäftigte.

Also griff Gregor zu einem anderen Mittel, um Druck auszuüben. Da die Simonie und das Konkubinat auch im deutschen Episkopat weit verbreitet war, bestellte er alle Reichsbischöfe nach Rom, um ihre Fälle im einzelnen zu überprüfen. Als die Bischöfe sich weigerten, dieser Vorladung Folge zu leisten, befahl Gregor dem König, er solle die Bischöfe mit Gewalt zur Romreise zwingen. Heinrich ignorierte auch dieses Ansinnen. Es war wie ein politisches Pingpong-Spiel, bei dem jede Seite der anderen einen neuen Ball zuspielte. Der Konflikt schaukelte sich immer weiter hoch. Schließlich suspendierte Gregor reihenweise Reichsbischöfe in Deutschland und Oberitalien von ihrem Amt. Als Erzbischof Liemar von Bremen protestierte und dem Papst vorwarf, daß er mit den Bischöfen umspringe wie mit Hausknechten, wurde auch er sofort wegen Ungehorsams und Hochmuts exkommuniziert. Gregor hatte sich voll und ganz auf eine harte Linie eingeschossen. Die Vielzahl der Suspendierungen und Exkommunizierungen, die er vornahm, sind Ausdruck eines völlig neuen kirchlichen Führungsstils, der nach der Einschätzung des Mediävisten Horst Fuhrmann der römischen Kirche ein neues Gesicht gab:

»Der Weg, den Gregor VII. eingeschlagen hat, ist der Weg zur Papstkirche. Was dem einzelnen zum Heil gereicht und was in der Kirche rechtens ist, bestimmt der Papst.«[4]

Post aus Worms

Der deutsche König, Heinrich IV., ein junger Mann von 25 Jahren, also dreißig Jahre jünger als der Papst, fühlte sich durch die Befehle Gregors in seiner sakralen Herrscherwürde angegriffen. Am 24. Januar 1076 rief Heinrich in Worms eine Reichssynode zusammen, um dem Papst eine passende Antwort zu geben. Neben dem Reichsepiskopat war auch der enge Vertraute Heinrichs, Gottfried, der Herzog von Niederlothringen, anwesend. Obwohl einige Reichsbischöfe der Kirchenreform grundsätzlich zustimmten, war man sich doch schnell einig, Gregors päpstlichen Zentralismus abzulehnen. Die Bischöfe erkannten, daß auch ihr Spielraum bei einem übermächtigen Papst kleiner würde. Was der Papst betrieb, bedeutete letztlich einen radikalen Umsturz der bestehenden Verhältnisse. Eine Papstrevolution. Der König und die Bischöfe setzten nun darauf, Gregor mit seinen eigenen Waffen anzugreifen, indem sie besonders zwei Punkte ins Zentrum ihrer Anklage rückten, die von Gregor selbst immer wieder als Maßstab bei der Überprüfung der Bischöfe angewendet wurden. Die Rechtmäßigkeit des Amtsantritts und der Lebenswandel.

Da Gregor einmal, als er als päpstlicher Legat in Deutschland gewesen war, Kaiser Heinrich III. geschworen hatte, daß er ohne Zustimmung des Kaisers oder seines Sohnes niemals Papst würde oder einen anderen als solchen anerkennen werde, warfen sie ihm vor, einen Eid gebrochen zu haben. Unter diesen Voraussetzungen saß er also illegal auf dem Stuhl Petri. Daß diese Anschuldigung nicht völlig aus der Luft gegriffen war, zeigt auch Gregors Reaktion auf diesen schon mehrfach erhobenen Vorwurf. Gregor hat nie geleugnet, daß er einen solchen Eid abgelegt hatte, aber er deutete den Sachverhalt anders. Er war am 22. April 1073 spontan während der Trauerfeier für seinen Vorgänger als Papst ausgerufen worden. Deshalb berief er sich darauf, daß er eigentlich gegen seinen Willen Papst geworden sei. Er hatte sich also, wie er es nannte, bei dieser spontanen Inspirationswahl nur gehorsam dem Willen Gottes gebeugt. Kritiker meinten allerdings, er hätte die Inspirationswahl geplant, um seinen früher geleisteten Eid durch göttlichen Einspruch aufzuheben. Heinrich und seine Männer schienen durchaus auf der rechten Spur zu sein. Aber ihr Protest gegen Gregors Wahl kam natürlich etwas spät. Immerhin hatten sie vier Jahre lang geschwiegen. Stichhaltiger war das Argument, daß das neue Papstwahldekret, nach dem nur die Kardinäle einen Papst wählen durften, bei Gregors Papstwahl nicht zur Anwendung gekommen war.

Der zweite Anklagepunkt des Wormser Schreibens war etwas pikanter. Er bezog sich auf den Lebenswandel des Papstes. Denn Gregor, so der König und die Bischöfe, erfülle die Kirche mit dem Gestank bösen Ärgernisses, weil er mit einer fremden Frau Tischgemeinschaft halte und sie vertrauter als notwendig beherberge. Das klingt bei einer asketischen Gestalt wie Gregor, der mit aller Vehemenz gegen jede Form von Priesterehe und Priesterkonkubinat vorging, wie eine üble Verleumdung. Doch ganz aus der Luft gegriffen war das nicht. Gregor VII. hatte ein sehr vertrautes Verhältnis zur jungen Mathilde von Canossa, der Marktgräfin von Tuszien. Sie war die Herrscherin der stärksten Feudalmacht in Oberitalien, und ihr Gebiet erstreckte sich vom südlichen Rand der Alpen bis vor die Tore Roms. Die junge Gräfin war eine eifrige Anhängerin der kirchlichen Reformbewegung und stand mit Gregor VII. in regelmäßigem persönlichem Kontakt. Die große Vertrautheit der beiden war auch für die, die Gregor nahestanden, nicht unbedenklich. Und man fragte sich zum Beispiel, warum eigentlich die junge Adelige sogar auf einer römischen Kirchensynode anwesend sein mußte und als Gast in der Kurie wohnte. Daß geredet wurde, war unter solchen Umständen kaum zu vermeiden. Außerdem war Mathilde verheiratet, obwohl sie seit geraumer Zeit von ihrem Ehemann wegen, wie sie es nannte, unüberwindbarer Abneigung getrennt lebte. Ihr Gatte war Gottfried von Niederlothringen, eben jener treue und verläßliche Freund König Heinrichs IV. Auch wenn der Brief aus Worms den Namen Mathildes an keiner Stelle nennt und nur auf eine »fremde Frau« anspielt, wußte doch jeder, wer damit gemeint war. Herzog Gottfried, der persönlich auf der Wormser Reichssynode anwesend war, als der Brief verfaßt wurde, hat es jedenfalls zugelassen, daß man in dieser Weise von seiner Ehefrau sprach. Niemand konnte zu diesem Zeitpunkt ahnen, welche Schlüsselrolle Mathilde im Konflikt zwischen dem Papst und dem König schon bald zukam.

Auffällig ist aber, daß die Simonie und die Investitur der Bischöfe in dem Schreiben an den Papst mit keinem Wort erwähnt wird. Obwohl allgemein die Situation, die dieser Brief ausgelöst hat, als Investiturstreit bezeichnet wird, stand hier genau gesehen der Streit über das Investiturrecht überhaupt noch nicht zur Diskussion. Es ging um das Verhältnis zwischen König und Papst. Heinrich IV. bringt das in dem Wormser Brief an Gregor VII. deutlich zum Ausdruck:

> »Du erhobst dich gegen die königliche Gewalt selbst, die uns Gott verlieh, und drohtest, sie uns zu entziehen, als ob Herrschaft und Reich nicht in Gottes, sondern in deiner Hand ständen.«[5]

Dem schließen sich auch die 26 Reichsbischöfe an und versagen dem Papst ihren Gehorsam, weil er, wie es heißt, das Recht auf die päpstliche Würde nur scheinbar besessen habe. Heinrich zieht aus der ganzen Angelegenheit die für ihn einzig denkbare Konsequenz:

> »Ich Heinrich, von Gottes Gnaden König, rufe dir mit allen unseren Bischöfen zu: steige herab, steige herab!«[6]

Da Gregor sich seine Papstwürde unkanonisch angeeignet habe, forderte man ihn auf, selbst vom Stuhl Petri herabzusteigen.

Ein kirchenpolitischer Staffellauf

Die Post aus Worms an den Papst nahm aber nicht den direkten Weg nach Rom. Am 25. Januar 1076, mit dem ersten Tageslicht, schwangen sich die Beauftragten des Königs auf ihre Pferde und verließen Worms zwar in Richtung Süden, aber ihr Ziel war zunächst die italienische Stadt Piacenza. Hier wurde das Schreiben aus Worms schon mit Ungeduld von einem großen Teil der lombardischen Bischöfe, die zum Reich gehörten, erwartet. Nach dem Verlesen des Briefes, schlossen sich die Versammelten einmütig dem Beschluß der Wormser Synode an. Die reichsitalienischen Bischöfe setzten zusätzlich noch einen eigenen Brief auf, in dem auch sie Gregor ihre Anerkennung als Papst verweigerten. Domherr Roland aus Parma und ein königlicher Ministerialbeamter erhielten dann den Auftrag, die beiden Schreiben nach Rom zu bringen. Der Historiker Werner Goez hat herausgefunden, daß die gesamte Aktion von Worms und Piacenza minuziös geplant war, weil ein genauer Zeitplan eingehalten werden mußte:

»Daß man bei dem Aufstand gegen Gregor nach einem klaren Plan vorging, wird aus der Termingestaltung deutlich: Wie bei einem Staffellauf gelangten die Beschlüsse aus Worms und Piacenza an den Tiber, pünktlich zur Eröffnung der römischen Synode also dem breitesten Publikum, das man sich vorstellen konnte.«[7]

Widerspruch gegen den Papst ist Rebellion gegen die Kirche

Auf der Synode in Rom, an der fast ausschließlich Bischöfe aus Mittelitalien teilnahmen, schlugen die Briefe dann auch wie eine Bombe ein. Die Provokation war perfekt. Schon am nächsten Tag gab der Papst seine Antwort. Zu seinen Füßen in der Salvatorkirche im Lateran saß auch Agnes von Poitou, die Kaiserin und Mutter von Heinrich IV., die seit einiger Zeit den Schleier genommen hatte und sich in Rom nur noch dem religiösen Leben widmete. Gregor verkündete seinen Entschluß in Form eines Gebets an Petrus. Er unterstrich noch einmal seinen Anspruch als Stellvertreter des Apostelfürsten auf die Führung der Christenheit und untersagte kraft dieser Vollmacht dem deutschen König, der sich in unerhörtem Übermut gegen die Kirche erhoben habe, die Leitung des deutschen und italienischen Reiches und löste alle Untertanen vom Treueeid zu ihrem König. Außerdem verhängte er über den unbußfertigen Sünder Heinrich den Bann. Gregor VII. verstand es also, den Widerstand gegen seine Person als eine Rebellion gegen die Kirche darzustellen. Und er tat genau das, was er in seinem *Dictatus papae* formuliert hatte. Er nahm sich das Recht, Könige und Kaiser abzusetzen. Die Abläufe, die nun in Gang kamen, gehören deshalb zweifellos zu den dramatischsten Ereignissen des Mittelalters. Der papsttreue Chronist Bonizo von Sutri gab dem päpstlichen Strafurteil sogar eschatologische Dimensionen:

> »Als die Nachricht vom Bann über den König zu den Ohren des Volkes gelangte, da erzitterte unser ganzer römischer Erdkreis.«[8]

Die zwei Schwerter

Zutreffend ist, daß in einem bis dahin unbekannten Ausmaß die Öffentlichkeit in die Auseinandersetzung einbezogen wurde. Sowohl die königliche Kanzlei wie auch die römische Kurie setzten auf einen großangelegten Propagandafeldzug. Der Forschung ist es inzwischen gelungen, einen der ansonsten anonymen Helfer des Königs zu identifizieren. Es handelt sich um Gottschalk aus Maastrich, den späteren Propst am Aachener Dom. Gottschalk entwarf nun eine Theorie, bei der er auf die sogenannte Zwei-Gewalten-Theorie zurückgriff, die Papst Gelasius I. im 5. Jahrhundert aufgestellt hatte. Gelasius hatte nämlich im Jahr 494 in einem Brief an Kaiser Anastasios in Konstantinopel das Verhältnis von Staat und Kirche aus seiner Sicht dargelegt:

> »Es sind zwei, ehrwürdiger Kaiser, von denen diese Welt prinzipiell regiert wird. Die heilige Autorität der Päpste und die königliche Gewalt. Unter diesen haben die Priester ein um so größeres Gewicht, als sie auch für die Könige unter den Menschen bei göttlicher Prüfung Rechenschaft ablegen müssen. Denn Du weißt, mildtätigster Sohn, daß Du, obwohl du aufgrund Deiner Würde dem Menschengeschlecht vorstehst, dennoch den Verwaltern des Göttlichen demütig den Nacken beugst und von ihnen die Urgründe Deines Heils erwartest.«[9]

Gelasius hatte sich an der Zwei-Reiche-Lehre des Augustinus orientiert. Doch während Augustinus eine Gleichsetzung seiner beiden Reiche mit der sichtbaren Kirche und dem Staat sorgsam vermieden hatte, ging Gelasisus davon aus, daß das Reich Gottes mit der römischen Kirche und ihrem Oberhaupt dem Papst identisch sei. Der von Augustinus notwendig eingebaute Sicherheitspuffer, der vorsah, daß nicht nur der Staat, sondern auch die sichtbare Kirche korrumpiert werden und von ihrem eigentlichen Auftrag abfallen könnte, war aufgegeben worden. Mit dieser Zwei-Gewalten-Theorie hatte Gelasius den sogenannten politischen Augustinismus eingeläutet, der das gesamte Mittelalter durchzieht. Und Gottschalk von Maastrich hat diese Theorie aufgegriffen und sie mit der allegorischen Deutung des Zwei-Schwerter-Spruches aus dem Lukas-Evangelium (Luk. 2,38) verbunden. Er setzt die zwei Gewalten des Gelasius mit den zwei Schwertern gleich. Ein Schwert für die geistliche Gewalt (*gladius spiritualis*) und eines für die weltliche Gewalt (*gladius materialis*). Anders als Gelasius sieht Gottschalk im Verhältnis der beiden Schwerter aber nicht eine Überordnung der Kirche, sondern ein gleichberechtigtes Nebeneinander der weltlichen und der geistlichen Macht. Das geistliche Schwert soll zum Gehorsam gegenüber dem König zwingen, der an Gottes Statt auf Erden regiert. Das weltliche Schwert führt der König gegen die Feinde Christi und zum Gehorsam gegenüber der Kirche. Gottschalk sieht darin eine von Gott gewollte Ordnung, die er als Werbeslogan für den deutschen König in den Propagandafeldzug einbringt. Doch die Gegenseite erkannte schnell, daß das Schwerterbild sich auch anders auslegen ließ, als Gottschalk es getan hatte. Deshalb entwickelten sich schon bald zwei grundsätzlich verschiedene Interpretationen, einmal die imperiale Zwei-Schwerter-Theorie, im Sinne Gottschalks, und zum anderen die kuriale Zwei-Schwerter-Theorie, die von einer Überordnung der Kirche über die weltliche Gewalt ausging. Gottschalk hatte eine neue Variante in die politische Auseinandersetzung gebracht, über die noch Jahrhunderte leidenschaftlich diskutiert wurde.

Zwei rätselhafte Todesfälle und ein verhängnisvolles Gewitter

Die Werbekampagne der königlichen Kanzlei mußte aber zunehmend herbe Rückschläge einstecken. Denn schon bald nach der Wormser Synode wurde Heinrichs engster Vertrauter, Gottfried von Niederlothringen, in Utrecht ermordet. Er soll von einem seiner Diener erstochen worden sein. Die Hintergründe dieser Tat sind nie ans Tageslicht gekommen; selbst seine Ehefrau Mathilde wurde als Anstifterin dieser Tat ins Gespräch gebracht. Unter keinem günstigen Stern stand auch eine große Demonstration der Henrizianer, wie die Parteigänger Heinrichs nun auch genannt wurden, gegen Gregor VII. Geplant war die offizielle Exkommunizierung des Papstes. Dazu reiste Heinrich zu Ostern 1076 nach Utrecht und zog demonstrativ in vollem Herrscherornat in die Kirche ein. Im Gottesdienst sollte Bischof Pibo von Toul von der Kanzel den Ausschluß des Papstes aus der Kirche verkünden. Aber Bischof Pibo bekam kurz vor dem Gottesdienst kalte Füße und verließ Utrecht fluchtartig. Andere Bischöfe schlossen sich ihm an und machten sich ebenfalls aus dem Staub. Also übernahm der Utrechter Bischof Wilhelm die Exkommunizierung Gregors. Doch nur wenige Stunden nach diesem Ereignis zog ein Gewitter auf. Ein Blitz schlug in die Kathedrale ein und löste einen Brand aus. Damit aber nicht genug. Wenige Wochen nach Ostern ist Wilhelm von Utrecht plötzlich gestorben. Die Berichte aus dieser Zeit lesen sich wie das Drehbuch eines Mysterien-Films. Aber die historischen Quellen belegen, daß sich diese sonderbaren Ereignisse tatsächlich so gehäuft und in dieser Reihenfolge zugetragen haben. Für die Gegner Heinrichs hätte es gar nicht besser kommen können. Die Propagandamaschinerie der Gregorianer lief auf Hochtouren. Nun war überall zu hören, daß es sich bei diesen Zeichen des Himmels um ein Gottesurteil gegen Heinrich handele. Viele Menschen im 11. Jahrhundert waren für solche Botschaften durchaus empfänglich. Die Situation Heinrichs geriet vollends zum Desaster, als sich der deutsche Episkopat in mehrere untereinander zerstrittene Flügel spaltete und auch immer mehr Fürsten zu ihm auf Distanz gingen. Wobei nicht übersehen werden darf, daß ein Sturz Heinrichs zur Wahl eines neuen Königs führen würde. Das war manchem Fürsten, der sich selbst Chancen ausrechnete, nicht unangenehm. In dieser vielschichtigen politischen Situation einigten sich die Bischöfe und die weltlichen Fürsten auf ein Ultimatum. Man forderte Heinrich auf, daß er bis zum Jahrestag seiner Exkommunikation wieder vom päpstlichen Bann gelöst sein müsse. Falls dies nicht geschähe, wollten die Fürsten ihn als König absetzen. Eine Entscheidung sollte im folgenden Jahr im Februar in Augsburg fallen. Dazu hatte man auch den Papst eingeladen, der bereit war zu kommen. Für viele schien die Sache entschieden, die salische Dynastie war gestürzt, eine Neuwahl stand bevor. Hinter den Kulissen begann man bereits, die Karten neu zu mischen.

Die Aktion Canossa

Im Dezember machte sich dann der Papst von Rom aus auf den Weg nach Deutschland. Auch Gregor VII. war zuversichtlich, daß das Kapitel Heinrichs IV. nun der Vergangenheit angehörte. Als Gregor auf seiner Reise in Lucca Zwischenstation machte, um Mathilde von Tuszien einen Besuch abzustatten, erhielt er plötzlich die Nachricht, König Heinrich habe die Alpen überwunden und befände sich bereits in der Nähe der Toskana. Gregor soll einen Überfall befürchtet haben. Jedenfalls zog er sich mit Mathilde in deren Burg Canossa zurück. Nun weiß man aus zahlreichen zeitgenössischen Berichten, daß gerade zur Jahreswende 1076/77 ein Jahrhundertwinter ausgebrochen war. Sämtliche Flüsse nördlich der Alpen waren zugefroren. Heinrich war also unter größten Strapazen mit seiner Ehefrau, seinem zweijährigen Sohn und seinem Gefolge über die Alpen gezogen. Und jetzt erschien er waffenlos, barfuß im Büßergewand vor dem Burgtor in Canossa. Die zahlreichen Bilder, die später von dieser berühmten Szene angefertigt wurden, übertreiben also kaum, wenn sie auch die Umgebung der Burg Canossa in Eis und

Schnee hüllen, denn sogar einige hundert Kilometer südlich, in Rom, sollen damals auf dem Tiber Eisschollen geschwommen sein.

Heinrichs Auftritt paßte überhaupt nicht in die Pläne Gregors VII. Aber es gab ein Problem. Der Salier erfüllte alle vorgeschriebenen demütigen Pflichten, die einem Sünder auferlegt wurden, wenn er Reue zeigte und die Absolution begehrte. Da Gregor aber stur blieb, spielte sich auf der Burg Canossa eine eigenartige Szene ab. Mathilde und die anderen Anwesenden ermahnten den Papst, er könne sich in diesem Fall nicht seiner priesterlichen Pflicht entziehen. Und scheinbar zufällig trifft man jetzt auf der Burg auch den Taufpaten des deutschen Königs, den prominenten Abt Hugo von Cluny, eine kirchliche Autorität von hohem Ansehen, und auch die Markgräfin Adelheid von Turin und Savoyen, Heinrichs Schwiegermutter. Wenn man zusätzlich aus einigen historischen Quellen erfährt, daß Heinrich sich während seines Aufenthaltes in Canossa auf der benachbarten Burg Bianello aufhielt, die ebenfalls Mathilde gehörte, und vor seinem ersten Auftritt am Burgtor in Canossa schon mit Markgräfin Mathilde in der Nikolauskapelle der Burg Montezane zu Vorverhandlungen zusammengekommen war, wird klar: Der berühmte Gang nach Canossa war eine großangelegte Inszenierung. Ob Gregor VII. allerdings in alle Details eingeweiht war, ist fraglich. Er selbst beschreibt Heinrichs Ankunft in Italien später im Rückblick nur mit Andeutungen auf bereits stattgefundene Vorverhandlungen. Auf jeden Fall scheint Gregor vom persönlichen Auftreten Heinrichs in Italien überrascht gewesen zu sein. Er wußte ja, daß alle süddeutschen Fürsten die Alpenpässe für Heinrich gesperrt hatten. Schon die Überquerung der Alpen war also nur mit Hilfe von Heinrichs Schwiegermutter Adelheid von Turin und Savoyen möglich gewesen, die Heinrich und ihrer Tochter Bertha den Weg über den Monte Cenis freigegeben hatte. Vieles deutet auch darauf hin, daß Abt Hugo von Cluny im Hintergrund der eigentliche Drahtzieher der Aktion Canossa gewesen sein könnte. Er hatte nämlich Heinrich vorher in Speyer besucht, wo wahrscheinlich die ersten Absprachen getroffen worden waren. Außerdem hatte Hugo von Cluny besten Kontakt zu allen Hauptbeteiligten, besonders auch zu Mathilde von Tuszien, auf deren Territorium die gesamte Veranstaltung dann stattfand. Daß der Papst sich bis zuletzt sträubte, Heinrich vom Bann frei-

Kaiser Heinrich IV. in Canossa

zusprechen, ist einleuchtend, denn der Bußgang von Canossa lief seinen Vorstellungen völlig entgegen. Für Gregor VII. war ein Salierkönig, der mit dem Anspruch eines sakralen Herrschers auftrat, ein Hindernis, um seine eigenen Pläne, die einer universalen Herrschaft des Papsttums, zu verwirklichen. Aber an der Aktion Canossa waren auch einige Personen beteiligt, die sozusagen im verborgenen blieben und die Regie für Heinrichs Rolle übernommen hatten. Auf der Burg Bianello saßen nämlich auch drei Bischöfe, Liemar von Bremen, Benno von Osnabrück und Gregor von Vercelli, die der deutsche König als seine kirchenpolitischen Berater mitgebracht hatte. Ihr Einfluß auf den Ablauf der gesamten Szenerie ist kaum zu verkennen. Sie hatten vermutlich im Detail durchgespielt, wie man Gregor VII. dazu bringen könne, den deutschen König nicht abzuweisen. Das beginnt damit, daß Heinrich trotz der klirrenden Kälte sich zum ersten Mal genau am 25. Januar barfuß vor dem Burgtor von Canossa präsentieren mußte. Das war der Tag, an dem die Kirche die Bekehrung des Saulus zum Paulus feierte. Außerdem hatten die Bischöfe genau darauf geachtet, daß sich Heinrich exakt an das vorgeschriebene kirchliche Bußritual hielt, als er an drei aufeinanderfolgenden Tagen im Büßergewand vor der Burg Canossa erschien. Man packte Gregor VII. bei seinen priesterlichen Pflichten. Selbst die papsttreue Mathilde mußte ihren Freund ermahnen, keinen Fauxpas zu begehen, den er später bedauern müßte. Denn Gregor konnte einem reuigen Sünder die Absolution nicht verweigern. Er mußte nachgeben. Damit hatte Heinrich sein Ziel erreicht. Er war vor Ablauf des Ultimatums vom Kirchenbann befreit worden. Für den Papst und für Heinrichs Gegner unter den deutschen Fürsten war das ein Rückschlag. Aber Heinrich IV. deshalb als Sieger von Canossa zu bezeichnen, wäre dennoch eine zu einseitige Beurteilung dieses historischen Ereignisses, das noch bis ins 19. Jahrhundert im preußischen Kulturkampf Emotionen freisetzte. Immerhin hatte Gregor den König des deutschen Reiches und Anwärter der Kaiserkrone gezwungen, sich vor ihm, dem Papst und Haupt der Christenheit, niederzuwerfen und ihn um Verzeihung zu bitten. Das war bisher einmalig. Heinrich rettete zwar dadurch für sich persönlich die Krone, aber das sakrale Königtum der ottonisch-salischen Tradition hatte eine Niederlage erlitten, von der es sich niemals mehr erholen sollte.

Der Gegenkönig

Nach Canossa verliefen die Ereignisse keineswegs so reibungslos, wie Heinrich das erwartet hatte. Obwohl der deutsche König termingerecht die Absolution erhalten hatte, wählten die Fürsten im März 1077 mit Zustimmung der päpstlichen Gesandten den Schwabenherzog Rudolf von Rheinfelden zu ihrem neuen König. Damit standen sich zum ersten Mal in Deutschland ein König und ein Gegenkönig gegenüber. Daß Gregor auch hier seine Finger im Spiel hatte, bezeugt der Umstand, daß der neue König nun dem Papst sogar Vasallengehorsam versprechen mußte. Das war völlig neu in der deutschen Reichsgeschichte, daß ein nominierter deutscher König sich selbst als Vasall des Papstes bezeichnete. Die Gregorianer unter den Fürsten hatten ganze Arbeit geleistet. Der Papst stand also kurz davor, oberster Lehnsherr des Reiches zu werden. Ermutigt durch den frischen, neuen Wind aus dem Norden verschärfte Gregor dann gleich auf der Fastensynode im Jahr 1078 in Rom das Verbot der Laieninvestitur. Während er bisher nur dann eingegriffen hatte, wenn bei der Investitur eines Bischofs durch einen weltlichen Herrscher Geldsummen geflossen waren, also Simonie im Spiel war, wurde er jetzt grundsätzlicher. Jede Vergabe eines geistlichen Amtes durch einen Laien wurde verboten. Das betraf auch die Investitur durch den König und war ein schwerwiegender Eingriff in das königliche Recht. Aber die Situation in Deutschland, wo die Königsmacht noch gespalten war, war günstig für solche Korrekturen. Während in Canossa das Problem der Laieninvestitur noch keine Rolle gespielt hatte, bekam der Investiturstreit ab 1078 tatsächlich die Dimension, die das gesamte Reichsgefüge verändern sollte. In einem Brief an den Bischof Hermann von Metz skizziert Gregor VII. noch einmal in klaren Linien sein politisches Weltbild:

»Wer könnte daran zweifeln, daß die Priester Christi als Väter und Lehrer von Königen, Fürsten und allen Gläubigen gelten müssen. Ist es nicht ein elender Wahnsinn, wenn ein Sohn versucht, seinen Vater zu unterwerfen, oder ein Schüler seinen Lehrer, und wenn er es unternimmt, mit ungerechten Forderungen den unter seine Gewalt zu bringen, von dem er auch nach seinem Glauben nicht allein auf Erden, sondern sogar im Himmel gebunden und gelöst werden kann?«[10]

Wer sich also mit dem Papst anlegt, der verscherzt es sich nicht nur auf Erden, sondern er wird über den Tod hinaus im Jenseits seine Konsequenzen daraus ziehen müssen. Denn die Macht des Nachfolgers Petri reicht bis in den Himmel. Die Reformtheologen hatten eifrig dazu beigetragen, dieses Bild des Papstes als Gott-Kaiser auch metaphysisch abzurunden. Daß der Papst an Ehre und Würde jedes andere menschliche Lebewesen überrage, ging auf Petrus Damiani, den ehemaligen Kampfgefährten Gregors zurück, der den Nachfolger Petri außerdem als Gipfel und Spitze des gesamten Menschengeschlechtes bezeichnete. Dafür gab es nach der Meinung Damianis einen einleuchtenden Beweis: Die Kürze der Amtszeit eines Papstes. Der Kardinalbischof hatte sich nämlich die Mühe gemacht, die alten Papstlisten zu durchforsten und dabei eine überraschende Entdeckung gemacht. Er fand heraus, daß kein Papst jemals so lange regiert hatte wie Petrus, der nach der Überlieferung 25 Jahre lang Bischof von Rom gewesen war. Für Damiani verbarg sich hinter dieser Erkenntnis ein Geheimnis der göttlichen Vorsehung. Denn ein Papst dürfe nach göttlichem Willen niemals die Jahre des Petrus erreichen. Das Leben des Papstes war also so kurz, weil es über normale menschliche Maßstäbe hinausging. Darin unterscheidet sich ein Papst von jedem Kaiser, König und Bischof. Es gehört für Petrus Damiani zum Wesensmerkmal des Papsttums, daß der Amtsinhaber in eine Sphäre entrückt wird, die kein anderer Sterblicher mit ihm teilt. Der Brief, in dem der Kardinalbischof seine Überlegungen bereits im Juni 1064 an den damaligen Papst Alexander II. geschickt hatte, war zu Gregors Zeit immer noch in der päpstlichen Kanzlei zugänglich. Für die römischen Reformtheologen waren die Erkenntnisse Damianis viel zu bedeutsam, um sie in der allgemeinen Ablage verschwinden zu lassen. Es ist anzunehmen, daß auch Gregor VII. daraus Anregungen übernommen hat.

Die verlorene Schwurhand

In Deutschland tobte seit Jahren ein Bürgerkrieg, in dem Heinrich und der Gegenkönig Rudolf um die Vorherrschaft kämpften. 1080 verhängte Gregor VII. dann zum zweiten Mal den Bann über Heinrich. Mit der Begründung, Heinrich IV. verweigere jedes Gespräch, den Streit im Reich beizulegen und beweise damit weiterhin seinen Ungehorsam. Gregor VII. gefiel sich in der Rolle, Herrscher zu tadeln, wenn sie ihm nicht gehorchen wollten. Doch die Auftritte des Papstes als universaler Herrscher zeigten nicht die erwartete Wirkung. Gregor hatte sich verschätzt. Ein zweites Canossa hätten auch die meisten Fürsten und Bischöfe von Heinrich nicht mehr verlangt. Im Reichsepiskopat machte sich Unmut breit. Immer häufiger wurden Stimmen laut, die eine Absetzung Gregors forderten, der sich mit seinem rigorosen päpstlichen Zentralismus neue Feinde gemacht hatte.

Dazu kam, daß Schwabenherzog Rudolf, der Favorit des Papstes, während der Schlacht von Hohenmölsen im Jahre 1080 einer tödlichen Verwundung erlegen war. Im Kampf war ihm die rechte Hand abgeschlagen worden, mit der er einst König Heinrich IV. Treue geschworen hatte. Wieder sprach man von einem Gottesurteil, diesmal allerdings zugunsten Heinrichs. Die Gegenpartei sah nun ihre Felle davon schwimmen, sie erhoben deshalb im Schnellverfahren einen neuen Gegenkönig, den Lützelburger Grafen Hermann von Salm. Auch er wurde vom Papst anerkannt, nachdem er ihm den Lehnseid geschworen hatte. Jetzt war abzusehen, daß bei einem Sieg des Gegenkönigtums das Reich zu einem Lehen werden würde, das der Papst verlieh. Auch diese Tatsache wird manchen zum Nachdenken gebracht haben. Im gesamten Reich wuchs jedenfalls eine anti-gregorianische Opposition. Drei von vier deutschen Metropoliten schlossen sich der Gefolgschaft Heinrichs an. Damit hatte der deutsche König auch innerhalb der Kirche wieder den Rücken frei, um Gegenmaßnahmen zu ergreifen.

Ein Heiliger im Exil

Auf einer Synode in Brixen wurde im Juni 1080 der ehemalige Kanzler für Reichsitalien, Erzbischof Wigbert von Ravenna, der den Namen Clemens III. annahm, zum neuen Papst nominiert. Damit war eine Lawine ins Rollen gebracht worden. Auch ein großer Teil des römischen Adels und die Mehrzahl der Kardinäle sagten sich von Gregor los. Der Weg nach Rom war jetzt frei. Eine römische Synode erklärte dann auch offiziell die Absetzung Gregors. Am Ostersonntag 1084 wurde Heinrich IV. von Clemens III. im Petersdom in Rom zum Kaiser gekrönt, während Gregor nur einige hundert Meter entfernt in der Engelsburg Zuflucht gesucht hatte. Er war fest entschlossen, nicht aufzugeben. Da aber Mathildes Truppen zu schwach waren, die kaiserlichen Soldaten zu vertreiben, mußte er die Normannen zu Hilfe rufen, die er selbst als Lehnsherr in die süditalienischen Herzogtümer eingesetzt hatte. Anfang Mai kam die Nachricht, daß Robert Guiskard mit seinem gewaltigen Normannenheer vor Rom stand. Das war für Heinrich das Signal, um seinen Aufenthalt in der Ewigen Stadt zu beenden, denn die Reitertruppen, die ihn begleitet hatten, waren einem Gefecht mit dem Normannenheer nicht gewachsen. Als Gregor durch die Schießscharten der Engelsburg die kaiserlichen Reitertruppen abziehen sah, plante er den Umsturz in Rom. Aber die Normannen machten ihm einen Strich durch die Rechnung. Die in Beutezügen geübten Nordmänner nutzten die Befreiungsaktion für Gregor, um erst einmal die Stadt zu plündern. Danach blieb Gregor nichts weiteres übrig, als so schnell wie möglich aus Rom zu fliehen, wenn er nicht von der aufgebrachten Bevölkerung gelyncht werden wollte. Bis zu seinem Tod am 25. Mai 1085 lebte er im normannischen Exil in Salerno.

Papst Paul V. hat Gregor VII. 1606 zum Heiligen erhoben. Anfang des 18. Jahrhundert wurde der Kult auf die gesamte Kirche ausgedehnt. Doch das rief auch 700 Jahre nach seinem Tod noch heftigen Protest bei den absolutistischen katholischen Herrschern hervor. Ein Papst, der Könige und Kaiser absetzte, war mit der monarchischen Gewalt der katholischen Könige im 18. Jahrhundert nicht vereinbar. Kaiserin Maria Theresia forderte sogar, Gregor VII. aus dem römischen Brevier zu streichen.

Anders dagegen verlief die posthume Karriere der Markgräfin Mathilde von Tuszien, der vertrauten Freundin Gregors VII. Denn 500 Jahre nach ihrem Tod ließ Papst Urban VIII. (1623–1644) ihre sterblichen Überreste aus Polirone bei Mantua an den Tiber bringen. Mathilde war die erste Frau, die im Petersdom beigesetzt wurde. Für ihr Grabmonument entwarf der Barockkünstler Gianlorenzo Bernini eine Marmortafel, auf der der Kniefall Heinrichs in Canossa dargestellt wird. Eine Szene, die auch in der Barockzeit die Gemüter immer noch erregte. Von einem Kniefall eines Königs vor dem Papst konnte allerdings Urban VIII. im 17. Jahrhundert nur noch träumen. Der Dreißigjährige Krieg brachte die religiöse Landkarte wieder einmal gründlich durcheinander. Urban VIII. brauchte die Gebeine der Mathilde von Tuszien im Petersdom als Demonstration. Denn Mathildes Grabmal sollte als Fanal für den politischen Sieg des Papsttums und für eine triumphierende römische Kirche stehen. An Gregor VII. hat man damals in Rom nicht gedacht.

Geheimnisvolle Graffiti und unvereinbare Weltbilder

Es lebe das Kapitol und der Poet

Im Senatsgebäude auf dem Kapitol in Rom ertönten Trompeten, aufgeregt drängten draußen die Volksmassen zu den geöffneten Türen, um wenigstens einen Blick vom dem zu erhaschen, was im Inneren des Palastes vor sich ging. Senator Ursus ergriff das Wort: »Francesco Petraca, nimm diesen Kranz, er ist der Lohn der Tugend.« Dann setzte er dem Mann, der vor ihm kniete, einen Lorbeerkranz auf, das Volk akklamierte: »Es lebe das Kapitol und der Poet.« Die Anwesenden an diesem Ostertag, dem 8. April 1341, wurden Augenzeugen einer außergewöhnlichen Zeremonie. In der Ewigen Stadt, wo sonst nur Kaiser und Päpste ihre Krone empfingen, wurde ein Dichter mit einem Lorbeerkranz gekrönt. Dieses Ritual ging auf die Antike zurück und hatte seit mehr als tausend Jahren in Rom nicht mehr stattgefunden. Das Diplom, das der Senator dem Gekrönten übergab, kam nun einer akademischen Ehrenwürde gleich. Nach dem Krönungsritual zog Francesco Petraca mit seinen Anhängern in einer Prozession zum Petersdom, wo er den Lorbeerkranz auf den Altar des Apostelfürsten niederlegte. Der Stellvertreter Christi war allerdings nicht anwesend. Denn schon seit 32 Jahren residierten die Päpste nicht mehr in Rom, sondern in Avignon. Dort saß damals der französische Zisterzienser Benedikt XII. auf dem Stuhl Petri und signalisierte durch den Neubau eines gewaltigen Papstpalastes, daß er auch keinerlei Absicht hatte, den Sitz des Papstes irgendwann nach Rom zurückzuverlegen. Nach dem Sturz von Bonifaz VIII. war es dem französischen König gelungen, das Papsttum in seine unmittelbare Nähe zu ziehen. Die Stellvertreter Christi waren jetzt Franzosen und völlig abhängig von der französischen Krone. Da die päpstliche Kurie nach der Übersiedlung in die Provence teilweise von ihren Ein-

Bonifaz VIII.

künften aus dem Kirchenstaat abgeschnitten war, hatte sie in Avignon auch das Besteuerungssystem für den Klerus weiter ausgebaut und perfektioniert. Es gab jetzt von Schottland bis Sizilien innerhalb der Kirche kaum noch eine Einnahme, an der die päpstliche Kurie nicht beteiligt war. Der Papsthof hatte sich zur ersten großen Geldmacht in Europa entwickelt. Außerdem hatte Avignon durch seine zentrale Lage im Vergleich mit Rom logistische Vorteile. Doch die Römer wollten auch nach mehr als drei Jahrzehnten Abwesenheit der Papstresidenz nicht hinnehmen, daß der Sitz der Päpste künftig in Avignon bleiben sollte. Zumal seit einiger Zeit der alte Mythos, der die Stadt Rom umgab, wieder neu zum Leben erweckt worden war. Und wenn die Römer anläßlich der Dichterkrönung Petracas gerufen hatten, es lebe das Kapitol und der Poet, dann wußten sie, was ihre Stadt gerade diesem Mann zu verdanken hatte. Denn Francesco Petraca gehörte zu den ersten Pionieren, die aufgebrochen waren, um die Welt der Antike neu zu entdecken. Kurioserweise war seine leidenschaftliche Beschäftigung mit der antiken Geschichte Roms ausgerechnet in der neuen Papststadt Avignon entstanden. Denn er war dort als Sohn einer politischen Exilantenfamilie aus Florenz aufgewachsen. Und in Avignon gehörte er nach seinem Studium der Jurisprudenz zu einem Kreis von Literaturliebhabern, die sich besonders mit dem Studium der Schriftsteller der römischen Antike beschäftigten. Petraca war dabei im Laufe der Zeit zu der Erkenntnis gekommen, daß man nur dann möglichst nah an den Originaltext eines antiken Schriftstellers herankam, wenn man in mühevoller philologischer Kleinarbeit die verschiedenen überlieferten Handschriften miteinander verglich, um die Varianten herauszufinden, die vom vermutlichen Originaltext abwichen. Die philologische Wissenschaft wurde dabei zur Detektivarbeit. Denn je näher man dem Original auf die Spur kam, um so klarer eröffnete sich auch die Gedankenwelt der Antike. Es war wie ein Sprung in eine andere Zeit. Petraca, den man später den Vater des Humanismus nannte, hat mit seiner philologischen Arbeit eine geistige Bewegung angestoßen, die dem abendländischen Kulturleben völlig neue Impulse gegeben hat. In den nächsten dreihundert Jahren gab es Gelehrte aus allen Teilen Europas, die sich in Kloster-, Dom-, Universitätsbibliotheken auf die Suche nach überlieferten Handschriften aus der römischen und später auch aus der griechischen Antike machten, um dann möglichst originalgetreue Ausgaben der antiken Schriftsteller edieren zu können. Viele Humanisten sahen im Mittelalter jetzt nur noch eine dunkle Zeit, in der die Werte der antiken Kultur verlorenengegangen waren. Aus diesem Grund bedeuteten die neuen humanistischen Studien auch für Francesco Petraca einen Aufbruch in ein neues Zeitalter:

> »Wenn die Dunkelheit aufbricht, dann mag es den kommenden Generationen gelingen, ihren Weg zurück zum klaren Glanz der antiken Vergangenheit zu finden.«[1]

Von Brutus lernen

Bei aller Vielschichtigkeit der geistigen Bewegungen, die man unter dem Sammelbegriff Humanismus zusammenfassen kann, ist die intensive Beschäftigung mit der Kultur der römischen und griechischen Antike das Markenzeichen dieser neuen Bildungselite. Die antike Kultur wurde nun zum Muster für die Gegenwart. Die Humanisten wollten von den antiken Vorbildern Anregungen für ihre Zeit bekommen. Und am Anfang dieser Bewegung konzentrierte man sich zunächst noch ganz auf Rom und seine vergangene Größe. Nachdem Francesco Petraca zum ersten Mal die antiken Ruinen in der Ewigen Stadt besichtigt hatte, schrieb er an einen Freund:

> »Wer kann daran zweifeln, daß sich Rom auf der Stelle wieder erheben würde, wenn es anfinge, sich selbst zu erkennen.«[2]

Petraca war also der Meinung, daß man Rom wieder zu seiner historischen Größe zurückführen müsse, die es einmal in der Antike gehabt hatte. Warum sollte nicht ein neuer römischer Herrscher den Ruhm der Vergangenheit erneuern? Und hatte nicht auch das Oberhaupt der Kirche in Rom seinen angestammten Platz einzunehmen? Mit dieser Überzeugung stand Petraca keineswegs allein. Besonders die antike römische Republik wurde jetzt für viele Humanisten zum politischen Ideal. Während man seit Jahrhunderten Caesar und besonders Augustus, den ersten Kaiser der Geschichte, verehrt hatte, bewunderten nun viele leidenschaftliche Anhänger der humanistischen Studien, den Tyrannenmörder Brutus und sahen in der Ermordung Caesars eine Befreiungstat zur Rettung der römischen Republik. Der Anschlag auf Caesar wurde als historisches Beispiel eines Volkes verstanden, das sein Geschick selbst in die Hand genommen hatte. Diese neue Heldenverehrung führte im Rom des 14. Jahrhunderts zu einer Aufbruchstimmung, deren Konsequenzen nicht lange auf sich warten ließen.

Geheimnisvolle Graffiti

Eines Tages sahen die Römer an der Mauer des Senatspalastes, in dem der vom Papst bestätigte Senator von Rom als Stadtoberhaupt residierte, ein rätselhaftes Graffito. Auf die Wand war ein Schiff ohne Mast und ohne Segel gemalt und daneben war eine schwarzgekleidete Frau abgebildet. Angesichts der düsteren Szenerie vermuteten die Leute, daß dies vielleicht das Orakel eines jener Bußprediger sein könnte, die in gewissen Abständen in der Stadt erschienen, um das hereinbrechende Weltgericht anzukündigen. Schon einige Tage später folgte ein weiteres Graffito. An der Außenwand der Kirche S. Angelo in Pescheria war eine Frauengestalt abgebildet, die von Flammen umgeben war und von einer männlichen Gestalt mit gezücktem Schwert gerettet wurde. Manch einer machte sich nun daran, diese allegorischen Botschaften zu entschlüsseln. Viel Zustimmung fand die Lösung, daß es sich bei der Frauengestalt wohl um die personifizierte Roma handelte, die auf ihren Retter warte. Dafür sprach auch ein Zettel, der kurz darauf an der Kirchentür von S. Giorgio in Velebro angeheftet worden war und lapidar ankündigte, Rom werde schon bald zu seiner alten Republik zurückkehren. Und während nun allgemein ein fieberhaftes Rätselraten darüber einsetzte, wer denn wohl mit dem angekündigten Retter gemeint sein könnte, bereitete im Untergrund eine Gruppe von Bürgern aus verschiedenen Ständen eine handfeste Verschwörung gegen die Vorherrschaft des römischen Stadtadels vor. Im Mai 1347 war es so weit. Der Moment war günstig, da sich die römische Miliz unter der Führung der mächtigsten Adeligen zur Sicherung der Getreidetransporte außerhalb der Stadt befand. Am Pfingsttag waren plötzlich überall in der Stadt Ausrufer unterwegs, die die Römer aufforderten, umgehend zum Kapitol zu kommen. Mit dem Schlag der Mittagsglocke traf dort auch Bischof Raimondo von Orvieto ein, der Vikar des Papstes in Rom. Zur Überraschung der versammelten Römer schritt neben ihm ein Mann in einer auf Hochglanz polierten Ritterrüstung. Als der altertümlich maskierte Recke dann seinen Helm absetzte, ging ein Raunen durch die Reihen. Es war Cola di Rienzo, der in Rom kein Unbekannter mehr war. Er arbeitete als Notar im Dienst der Stadtverwaltung und war der Sohn eines römischen Schankwirtes und einer Wäscherin. Cola hatte allerdings schon für einige Aufregung gesorgt, weil er sich einen anderen Stammbaum zugelegt hatte: Er sei der Sohn des deutschen Kaisers Heinrich VII. und einer Römerin. Die einen hielten Cola di Rienzo deshalb für einen Spinner, aber für andere war er ein Revolutionär. Denn Cola setzte sich schon seit einiger Zeit dafür ein, die Vormachtstellung des römischen Adels in Rom abzuschaffen. Sein politisches Ziel war eine römische Republik nach dem Modell der Antike. Cola war zwar nicht gerade das, was man gemeinhin unter einem gelehrten Humanisten verstand, aber er galt dennoch als ein glühender Bewunderer der römischen Antike. Und als er an diesem 19. Mai 1347 vor das Volk von Rom trat, tat er dies in dem Bewußtsein, auserwählt zu sein, die alte republikanische Ordnung wieder herzustellen.

Vertrauliche Gespräche in Avignon

Der Staatsstreich Colas gegen die Adelsvorherrschaft, die theoretisch immer noch der obersten Landesherrschaft des Papstes unterstand, war aus zwei Gründen möglich. Einmal hatte Cola die Unterstützung vieler Handwerkszünfte und bürgerlicher Vereinigungen. Und zum anderen war der Vikar des Papstes in Rom in die Pläne Colas eingeweiht. Der Bischof war sofort bereit gewesen, diese Aktion zu unterstützen, weil er wußte, daß sie auch dem Willen des Papstes entsprach. Denn Cola di Rienzo war nach der Wahl des neuen Papstes, Clemens VI., mit einer römischen Delegation in Avignon gewesen, wo er sogar die Möglichkeit gehabt hatte, mit dem Papst ein Gespräch unter vier Augen zu führen. Einfach war es für Cola nicht gewesen, Clemens VI. für die Situation in Rom zu interessieren. Denn der Südfranzose war in seinem Denken und Handeln vor allem auf Frankreich konzentriert, dessen Regierung er tatkräftig mit Krediten und Subventionen unterstützte. Clemens VI. war ein betont französischer Papst. Auch die Kardinäle um ihn herum waren fast ausschließlich Franzosen. Als Cola di Rienzo diesem Papst seine dringende Bitte vortrug, das Papsttum wieder nach Rom zu verlegen, wird Clemens VI. diesen Teil der Unterhaltung wahrscheinlich schnell mit einer freundlichen Geste überspielt haben. Denn der Papst dachte gar nicht daran, Avignon aufzugeben. Dennoch muß es Cola während dieser Begegnung gelungen sein, mit Clemens über die politischen Verhältnisse in Rom zu reden. Den Trumpf, den er dabei aus dem Ärmel ziehen konnte, war die übermächtige Stellung der römischen Adelsclans der Colonna und der Orsini, die Rom inzwischen bereits völlig unter sich aufgeteilt hatten. Spätestens hier mußten für den Papst die Alarmglocken läuten. Denn ein übermächtiger Adel konnte auf die Dauer auch die päpstlichen Ansprüche in Rom und im Kirchenstaat vergessen machen. Clemens wurde also hellhörig. Und da Cola den Pontifex außerdem von seiner absoluten Kirchentreue überzeugen konnte, erkannte Clemens in dem Römer ein nützliches Werkzeug, um die päpstlichen Interessen in der Ewigen Stadt zu wahren. Deshalb spendete Clemens VI. Cola am

Ende der Audienz sogar den päpstlichen Segen für den geplanten Staatsstreich in Rom. Und das Fundament für diese neue Politik sollte an jenem denkwürdigen Pfingstfest 1347 gelegt werden. Der römische Adel, der Cola di Rienzo bis dahin als einen Narren verhöhnt hatte, wurde nun eines Besseren belehrt. Das römische Stadtparlament übertrug Cola tatsächlich die volle Herrschaft über die Stadt. Er übernahm jetzt nach antikem Vorbild den Titel eines römischen Volkstribuns. Das erste Ziel seiner Politik war die Abschaffung aller Privilegien des Adels. Darüber hinaus hatte er die Vision einer neuen föderativen Republik, die ganz Italien umfassen und die den Sitz ihrer Nationalversammlung auf dem Kapitol haben sollte. Aber nach allem, was die historische Forschung über Colas Pläne herausfinden konnte, waren seine Ideen ziemlich unausgegoren. Francesco Petraca freilich, der das Ereignis der Machtübernahme Cola di Rienzos nicht persönlich miterlebte, schrieb dem Tribun und dem römischen Volk einen begeisterten Brief, in dem er Cola als neuen Brutus feierte und die Römer aufforderte, ihrem Befreier treu zur Seite zu stehen.

Konstantins Badewanne

Cola di Rienzo wurde aber schon bald ein Opfer der Suggestivkraft seiner eigenen politischen Visionen. Er steigerte sich immer mehr in die Vorstellung, daß er wie einst Octavian Augustus ein neuer Friedensbringer für die Römer sei. Seine ursprünglichen republikanischen Träume verblaßten zunehmend. Die Römer, die so viele Hoffnungen in ihn gesetzt hatten, waren deshalb merkwürdig berührt, als er verkünden ließ, künftig »Kandidat des Heiligen Geistes, Befreier der Stadt, Eiferer für Italien, Freund des Erdkreises und Tribunus Augustus« genannt werden zu wollen. Cola war trotz seiner Schwärmerei für die Antike ein zutiefst christlich geprägter Geist, der vor allem einem christlichen Rittertum huldigte, das es schon lange nicht mehr gab.

Die Bekanntgabe seiner neuen Titel – eine seltsame Mixtur christlich-apokalyptischer und antiker Gedanken – stieß selbst bei seinen Anhängern auf Unverständnis. Auch der päpstliche Vikar in Rom wurde nun nervös. Denn ein römischer Tribun, der von sich behauptete, unmittelbar im Dienst des Heiligen Geistes zu stehen, war nicht nur aus politischen, sondern auch aus religiösen Gründen für die Kirche untragbar. Der Vikar gab erste deutliche Warnzeichen nach Avignon. Aber Cola di Rienzo war von sich und seinen Visionen so berauscht, daß er schon bald jegliche Bodenhaftung verlor. Am 1. August 1347 stieg der Kandidat des Heiligen Geistes dann in der Taufkapelle des Laterans feierlich in die Badewanne, in der einst Konstantin der Große seinen Aussatz und sein Heidentum verloren haben soll. Cola wusch sich in dieser Wanne mit duftendem Rosenwasser, um sich für seine bevorstehenden Aufgaben zu reinigen. Daß dieses Bad ausgerechnet in der vermeintlichen Wanne Konstantins stattfand, war ein symbolischer Akt, mit dem Cola vor aller Welt die Bedeutungslosigkeit der Konstantinischen Schenkung demonstrieren wollte. Denn nach der Vorstellung des Tribuns hatte Konstantin, als er dem Papsttum weltliche Güter übertrug, sich dieses Recht nur angemaßt. Denn die Verfügungsgewalt über die weltlichen Güter hatte allein beim römischen Volk gelegen. Diese Theorie hatte sich Cola nicht selbst ausgedacht, sondern er berief sich dabei auf den Text *Lex de impero* des antiken Schriftstellers Ulpian aus dem dritten nachchristlichen Jahrhundert, der gerade in der Mitte des 14. Jahrhunderts von Humanisten wiederentdeckt worden war. In dieser Schrift vertritt Ulpian die Meinung, daß die kaiserliche Gewalt grundsätzlich vom Volk auf den Kaiser übertragen wird, und genau daran will auch Cola anknüpfen. Deshalb gibt er nach seinem spektakulären Wannenbad bekannt, das römische Volk werde am Pfingstfest des kommenden Jahres einen neuen Kaiser wählen. Er forderte daher alle europäischen Fürsten auf, sich zu diesem Termin in Rom einzufinden. Und da er sich selbst bereits vor dem römischen Volk im purpurfarbenen Mantel, ausgerüstet mit Schwert und goldenen Sporen präsentierte, war nicht mehr zu übersehen, wer da die Würde des Kaisertums für sich beanspruchte. Ein zeitgenössischer römischer Chronist beschreibt die wachsende Irritation, die sich jetzt auch unter den Anhängern

Colas breit machte. Zumal die vielen kleinen Handwerker und Händler eigentlich auf eine römische Republik gehofft hatten. Ein neues römisches Kaisertum fand dagegen keine Sympathien. Bei vielen verstärkte sich nun der Eindruck, daß man einem Phantasten auf den Leim gegangen war. Auch Clemens VI., der sich ungern bei seinen zahlreichen und luxuriösen Festen am päpstlichen Hof in Avignon stören ließ, war nun genötigt, zu reagieren. Denn die durch Cola anvisierte Vereinigung Italiens unter einem kaiserlichen Herrscher hatte sowohl die Kurie wie auch den französischen Hof aufgeschreckt. Dem angeblichen Kandidaten des Heiligen Geistes in Rom mußte daher sofort Einhalt geboten werden. Clemens VI. hatte im politischen Machtkampf um Rom auf das falsche Pferd gesetzt. Im Eilverfahren exkommunizierte er seinen einstigen Schützling und erließ eine Bulle an das römische Volk, das er aufforderte, sich von dem Ketzer Cola di Rienzo zu distanzieren. Da auch der römische Adel inzwischen eine Verschwörung gegen Cola vorbereitet hatte, brach die Herrschaft des Kandidaten des Heiligen Geistes in kurzer Zeit wie ein Kartenhaus zusammen. Am 15. Dezember 1347 wurde unter das Experiment Cola di Rienzo nach sieben Monaten endgültig ein Schlußstrich gezogen. Der abgesetzte Tribun floh aus der Stadt, irrte durch Italien und einige europäische Länder, bis er sieben Jahren später noch einmal, unterstützt von einem Papst in Avignon, Innozenz VI., in Rom ein Comeback versuchte, dabei wurde er von seinen Gegnern überwältig und hingerichtet.

Der Verwalter

Insgesamt befand sich der Stuhl Petri von 1309 bis 1377, also fast siebzig Jahre lang, in der Stadt an der Rhône. Und in dieser Zeit hat es nicht nur lebhafte Diskussionen darüber gegeben, ob der Standort der Päpste in Rom oder in Avignon sein solle, sondern es wurde auch grundsätzlich über neue Staatstheorien und die Frage einer notwendigen Reform der Kirche nachgedacht. Denn durch die sich herausbildenden Nationalstaaten in Europa begann das traditionelle Staats- und auch Kirchengefüge des Mittelalters sich langsam aufzulösen. Auch wenn ein Phantast wie Cola di Rienzo mit Abstand die schillerndste politische Figur im 14. Jahrhundert war, gab es auch viele Gelehrte aus der überkommenen scholastischen oder der neuen humanistischen Tradition, die sich theoretisch mit neuen Konzepten für den Staat und die Kirche beschäftigten. Daß dabei auch die Stellung des Papstes neu diskutiert wurde, war unvermeidlich. Einer der ersten Kirchenmänner, der sich engagiert gegen die Höhenflüge der Papstidee der Gregorianer und ihrer Nachfolger aussprach, war der Dominikaner und Pariser Magister Johannes Quidort. Für ihn war der Papst ein Verwalter (*administrator*) des Kirchengutes. Dieses Amt, betont der Dominikaner, sei dem römischen Bischof von den Vertretern der gesamten Christenheit übertragen worden. Wenn aber ein Papst seiner Verwaltungstätigkeit nicht gerecht werde, dann müsse er von den Repräsentanten der gesamten Christenheit, dem allgemeinen Konzil, aus seinem Amt entfernt werden. Johannes Quidort berief sich dabei auf das Idoneitätsprinzip, mit dem sich beispielsweise im Jahr 750 Papst Zacharias für die Absetzung des letzten Merowingerkönigs wegen Untauglichkeit ausgesprochen hatte. Dieses Prinzip wollte der Dominikaner ohne Wenn und Aber auch auf die Päpste angewendet sehen, um einen *Papa inutilis*, also einen unbrauchbaren Papst, aus seinem Amt zu vertreiben. Mit solchen Überlegungen wurde der Stellvertreter Christi von dem Podest eines »Gott-Papstes«, auf das die gregorianischen Reformer und ihre Nachfolger ihn gestellt hatten, wieder auf die Erde zurückgeholt. Der italienische Staatstheoretiker Marsilius von Padua ging in seinen Überlegungen sogar noch weiter. Er forderte, daß die Kirchengemeinden ihre Priester und auch ihre Bischöfe wählen sollten. Die Diskussion des Investiturstreits schien auf einmal Lichtjahre entfernt zu sein. Einen Primat des Papstes lehnte Marsilius kategorisch ab. Dafür gab es für ihn keinerlei göttliche Legitimation. Man könne dem Papst, Marsilius bevorzugt die Bezeichnung römischer Bischof, höchstens nach menschlichem Recht einen Ehrenvorrang unter den Klerikern zugestehen. Außerdem war Marsilius der Überzeugung, daß im Verhältnis von Kirche und Staat, die Kirche unter die Aufsicht des Staates gestellt werden sollte. Hier schimmert bereits deutlich das Anliegen der Nationalstaaten durch, die über eine eigene Landeskirche in ihrem Territorium verfügen wollten. In Frankreich und England waren damals schon die ersten Ansätze in diese Richtung zu erkennen. Wilhelm von Ockham, ein englischer Franziskaner und Zeitgenosse des Marsilius, spricht in diesem Zusammenhang davon, daß der Staat ein Notrecht habe, sogar die kirchlichen Angelegenheiten an sich zu ziehen, wenn die Kirche bei der Erfüllung ihrer Aufgaben versage. Und mit Blick auf das Papsttum hält der Franziskaner es für eine unverschämte Anmaßung, wenn die Anhänger der Gregorianer behaupteten, ein Papst, der kanonisch in sein Amt gelangt sei, könne niemals im Glauben irren. Ockham hält den Verteidigern dieser These entgegen, daß auch der Papst ein Mensch sei und auch ein Mensch bleibe, daran ändere auch sein Amt nichts. Und da alle Menschen dem Irrtum verfallen könnten, gelte dies ausnahmslos, d. h. auch für den Papst. Für einen Papst, der weniger als Gott, aber doch mehr als ein Mensch sein wollte, wie es einst Innozenz III. definiert hatte, gab es in der Gelehrtenkultur des 14. Jahrhunderts kein Verständnis mehr.

Die Konziliaristen sind auf dem Vormarsch

Die meisten Überlegungen, die im 14. Jahrhundert diskutiert wurden, sollten aber erst später aufgegriffen und in die Praxis umgesetzt werden. Die Einordnung der Kirche in den Staat wird zum besonderen Anliegen der absolutistischen Herrscher im 18. Jahrhundert. Die Wahl der Priester und Bischöfe durch das Kirchenvolk, für die Marsilius von Padua sich stark gemacht hatte, wurde in der Reformation zunächst vom Calvinismus und später dann im gesamten Protestantismus als demokratisches Gemeindeprinzip aufgegriffen. Und wenn Martin Luther im 16. Jahrhundert die Irrtumsfähigkeit des Papstes und der kirchlichen Konzilien als Hauptargumente gegen die Ansprüche des Papstes anführt, dann hatte Wilhelm von Ockham diese Katze schon knapp 200 Jahre vorher aus dem Sack gelassen. Aber an einem Punkt gab es bereits im 14. Jahrhundert dringenden Handlungsbedarf, nämlich bei der Frage nach der Funktion eines allgemeinen Konzils. Denn der Streit, ob der Sitz des Papstes künftig in Avignon oder in Rom sein sollte, hatte dazu geführt, daß es irgendwann zur Wahl von zwei und schließlich sogar von drei gleichzeitig amtierenden Päpsten kam, von denen jeder seine eigene Kurie bildete. Und je nach der politischen Großwetterlage änderte sich auch das Zugehörigkeitsgefühl der einzelnen Länder. Die abendländische Christenheit hatte es fast vierzig Jahre lang mit mehreren gleichzeitig amtierenden Päpsten zu tun. Dieses sogenannte große abendländische Schisma war für die Kirche insgesamt natürlich ein Dilemma. Denn die Vorstellung, daß gleich drei Päpste auf einmal auf dem Stuhl Petri saßen, stellte auch alle theologischen Argumente, die man für das Papsttum anführte, auf den Kopf. Drei Päpste, die sich gegenseitig exkommunizierten, konnten wohl kaum alle drei als legitime Stellvertreter Christi gelten. Eine Beendigung dieses Schismas war aber nur möglich, wenn es eine Instanz gab, die berechtigt war, auch ein Urteil über den Papst, oder in diesem Fall über die Päpste zu sprechen. Denn wenn es mehrere Päpste gab, von denen keiner eine Mehrheit hinter sich versammeln konnte, erwies sich der Anspruch, daß der Papst von niemandem gerichtet werden könne, wie er immer wieder aus Rom propagiert worden war, als eine verhängnisvolle Falle. Es gab deshalb nur einen Ausweg aus dem Schisma, nämlich die Vorschläge aus der kirchlichen Reformbewegung aufzunehmen. Denn dort kämpfte man ja schon seit geraumer Zeit dafür, daß allein ein allgemeines Konzil die oberste Instanz in der Kirche sein sollte. Aber im Gegensatz zu den Konzilien in der alten Kirche verstand man inzwischen unter einem allgemeinen Konzil nicht mehr nur eine Versammlung der kirchlichen Hierarchie, sondern ein Universalkonzil bedeutete jetzt eine Versammlung von Vertretern der gesamten Christenheit. An ein Konzil, an dem ausschließlich Bischöfe oder überhaupt nur Kirchenmänner teilnahmen, dachte damals niemand. Dementsprechend bunt zusammengewürfelt war die Versammlung von christlichen Abgeordneten, die die einzelnen

Länder zum Konzil nach Konstanz schickten, das im November 1414 zusammentrat. Für einen reibungslosen Ablauf mußte man sich gleich zu Beginn ein besonderes Verfahren ausdenken. Da die Mehrzahl der Konzilsteilnehmer aus Italien kam, war eine Abstimmung nach Köpfen nicht möglich, denn dann hätten die Italiener die Konzilsentscheidungen allein getroffen. Also einigte man sich auf eine Abstimmung nach Nationen. Es gab für die italienische, die französische, die deutsche und die englische Nation je eine Stimme. Nachdem einige Zeit für die Klärung der Abläufe und Festlegung der Verhandlungspunkte verstrichen war, kam es am 6. April 1415 zur Verabschiedung eines sensationellen und bis heute berühmt gebliebenen Dekrets. Darin heißt es, *haec sancta synodus Constantiensis* … diese heilige Synode zu Konstanz erklärt, sie repräsentiere die katholische Kirche und habe ihre Vollmacht unmittelbar von Christus. Dann verkündeten die Konzilsvertreter, daß jeder Stand, einschließlich des päpstlichen, dem Konzil zum Gehorsam verpflichtet sei.

Das war wie ein Paukenschlag. Später hat man dafür die griffige Formel *Concilium superat papam*, das Konzil steht über dem Papst, gefunden. Man ging jetzt grundsätzlich davon aus, daß das Konzil dem römischen Bischof die Regierung der Kirche aus praktischen Erwägungen übertragen habe. Doch in Zeiten der Not müsse das Konzil dem Papst die verliehene Vollgewalt wieder entziehen. Was man in Konstanz dann auch tat. Alle drei amtierenden Päpste wurden abgesetzt. Mit einem weiteren Dekret verpflichtete man die künftigen Päpste, in regelmäßigen Abständen Konzilien einzuberufen. Die Hauptaufgabe dieser Versammlungen sollte eine Reformation der Kirche an Haupt und Gliedern sein (*reformationem ecclesiae Dei in capite et in membris*). Diese Reformation wurde theoretisch von fast allen befürwortet, aber wie eine solche Erneuerung praktisch aussehen könnte, darüber gingen die Meinungen weit auseinander, deshalb wurde dieses heiße Eisen noch nicht angefaßt, sondern aufgeschoben. Außerdem gab es von 1415 bis 1417 erst einmal überhaupt keinen Papst mehr.

Gefährliche Reformen

Das Konzil stand nun an der Spitze der Kirche und übte auch die Funktion des obersten Glaubenshüters aus. Und die Konzilsvertreter waren dabei keineswegs zimperlich. Ganz oben auf der Tagesordnung stand auch der Fall Wiclif. Der Engländer John Wiclif (1328–1384) hatte nämlich in seiner Heimat ein umfassendes Reformprogramm vorgelegt, das bereits für einiges Aufsehen gesorgt hatte. Wiclif hatte das Kirchengut als Nationaleigentum eines Landes deklariert und die Ablässe, die Heiligenverehrung, die Ohrenbeichte und die kirchliche Wandlungslehre bei der Eucharistie als Ketzerei gebrandmarkt.

Außerdem hatte er alle Beschlüsse der Päpste und der Konzilien als wertlose Menschenlehre bezeichnet, wenn diese Entscheidungen der Lehre der Bibel widersprächen. Wiclif wollte eine Kirche, die sich in ihrer Lehre und in ihren Einrichtungen allein an der Heiligen Schrift orientieren sollte. Zu diesem Zweck hatte er mit seinen Gefährten sogar die Bibel ins Englische übersetzt, um die Laien mit dem, wie Wiclif es nannte, Gesetz Gottes bekannt zu machen. Unter den gesetzten biblischen Prämissen lehnte Wiclif auch das Papsttum ab. Der Papst ist für Wiclif der Antichrist, weil er im Widerspruch zur Heiligen Schrift steht. Das besondere Problem für das Konzil in Konstanz war, daß diese Gedanken Wiclifs inzwischen auch auf den Kontinent getragen worden waren. Zum Beispiel versuchte der Universitätslehrer Jan Hus aus Prag mit Hilfe des Wiclif-Programms eine Kirchenreform in Böhmen und Mähren durchzusetzen, die bereits zu politischen Unruhen geführt hatte. Und zur Überraschung des höheren Klerus hatte sich sogar ein großer Teil der Bürgerschaft mit Jan Hus solidarisiert. Da dieser Unruhestifter nun auch auf dem Konzil in Konstanz anwesend war, um seine Lehre vor den Konzilsvertretern zu rechtfertigen, hatte man die Gelegenheit, an ihm ein Exempel zu statuieren. Zunächst verdammte man grundsätzlich alle Schriften Wiclifs, der damals seit dreißig Jahren tot war. Dann kam Jan Hus an die Reihe. Er wurde am 6. Juli 1415 in Konstanz auf dem Scheiterhaufen mit dem Feuertod bestraft.

Viele der einflußreichen Konziliaristen stellten sich unter einer Reform der Kirche etwas völlig anderes vor, als dies Wiclif und Hus im Sinn gehabt hatten. Wie die Pläne der Konziliaristen im einzelnen aussahen, davon gaben sie auf dem Nachfolgekonzil von Konstanz, das im Jahre 1431 in Basel zusammentrat, eine Kostprobe. Denn in Basel beanspruchten die Konzilsväter nicht nur die oberste Kirchengewalt, sondern sie begannen nun auch, die Rechte der römischen Kurie und besonders deren Einkünfte für das Konzil in Anspruch zu nehmen. Das dies zu ernsthaften Rivalitäten mit dem zwischen neu installierten Papsttum führen mußte, war abzusehen. Denn der Papst und seine Kardinäle waren unter diesen Bedingungen nur noch Marionetten des Konzils. Papst Eugen IV., der zweite Papst, der nach der Beendigung des Schismas wieder in Rom residierte, hat es dann aber mit klug eingefädelten politischen Koalitionen verstanden, dem Baseler Konzil weitgehend die Unterstützung der weltlichen Herrscher zu entziehen. Auf diese Weise wurde der Versammlung in Basel der Boden unter den Füßen weggezogen. Damit verschwand die neue Bewegung des Konziliarismus, mit der so viele große Hoffnungen auf eine Reform der Kirche verbunden hatten, wieder in der Bedeutungslosigkeit. Aber auch das Papsttum war nach Avignon, dem Schisma und den Demütigungen durch das Konzil in seinem Ansehen erheblich angeschlagen.

Ein neues Image für den Papst

Genau einhundert Jahre nach dem Experiment Cola di Rienzo wurde in Rom am 6. März 1447 mit Nikolaus V. ein Mann auf den Stuhl Petri gewählt, der heute als der erste Renaissance-Papst bezeichnet wird. Die Stadt Rom befand sich damals, nachdem die päpstliche Residenz fast siebzig Jahre leergestanden hatte, immer noch in einem katastrophalen Zustand. Auch wenn die beiden ersten Päpste, die nach dem Intermezzo in Avignon wieder in Rom residierten – wo sie von nun an nicht mehr im Lateran, sondern im Vatikan ihren Hauptsitz hatten –, bereits erste Wiederaufbaumaßnahmen unternommen hatten, blieb dennoch für den neu gewählten Nachfolger Nikolaus V. viel zu tun. In den zeitgenössischen Reiseberichten wird erzählt, daß die Straßen verdreckt waren, weil überall Schafe und Ziegen weideten. Durch manche Gassen konnte man nur mit äußerster Vorsicht gehen, weil jederzeit ein Dachziegel oder ein Mauerstein herabstürzen konnte. Auch viele Kirchen befanden sich im Stadium des Zerfalls. Rom war also ebenso wie das Papsttum dringend renovierungsbedürftig.

Der neue Papst, Tommaso Parentucelli, ein Arztsohn aus Ligurien, der nach seinem Studium in Bologna seinen Lebensunterhalt in Florenz als Hauslehrer verdient und dort den Zugang zur Bildungselite der Humanisten gefunden hatte, galt als ein umfassend gebildeter Mann. Außerdem hatte er neben seiner Beschäftigung mit der Literatur und der bildenden Kunst bereits als Bischof von Bologna Erfahrungen in der Kirchenpolitik gesammelt. Das sollte sich nun auszahlen. Denn Nikolaus V. hatte einen klaren analytischen Blick für die neue Realität des Papsttums. Da die Weltlage sich durch die heranwachsenden Nationalstaaten in Europa veränderte, mußte der Anspruch eines universalpolitischen Papsttums endgültig ad acta gelegt werden. Die Zeit der mittelalterlich-kosmopolitischen Ideen war am Papsthof vorbei. Die alten Streitigkeiten zwischen Papsttum und Kaisertum gehörten in die Requisitenkammer der Geschichte. 1356 war auf Anregung der deutschen Kurfürsten in der sogenannten Goldenen Bulle ein grundlegendes Reichsgesetz verabschiedet worden, daß jede Form der Mitsprache des Papstes bei und nach der Wahl des deutschen Königs oder bei der Verleihung des Kaisertitels ausschloß. Da die Bulle gleichzeitig auch den Kurfürsten in ihren Territorien königliche Hoheitsrechte verlieh, war nun die politische Zentralgewalt des Königs und Kaisers erheblich herabgesetzt worden. Durch diese Veränderungen war die Idee von einer Universalherrschaft sowohl für das Papsttum wie auch für das Kaisertum aufgegeben worden. Nikolaus V. stand also vor der Aufgabe, dem Papsttum ein neues Image zu verschaffen. Um auf die Entwicklungen der Nationalstaaten in Europa einzugehen, plante er, den politischen Einfluß der Päpste künftig über die italienische Politik einzubringen. Denn in einer Umgebung von europäischen Nationalstaaten würde die Stimme des Kirchenstaates nur dann gehört werden, wenn sie sich ins Konzert der starken Staatswesen einbrachte, die inzwischen in Venedig, Florenz und Mailand auf italienischem Boden entstanden waren. Das bedeutete, die päpstliche Politik mußte nationalisiert, d. h. italienisch, werden. Ob Nikolaus V. bei seinen Überlegungen allerdings schon vorausgesehen haben konnte, daß die Päpste in der kommenden Epoche zwangsläufig vor allem zu italienischen Landesfürsten werden würden, die dann sogar wie ein halbes Jahrhundert später Papst Julius II., als Kriegsherren in der Kampfrüstung an der Spitze ihrer Armee standen, ist kaum anzunehmen. Denn Tommaso Parentucellis Programm, das Papsttum zu italienisieren, spielte sich vor allem auf der kulturellen Ebene ab. Er hatte eine Nase dafür, daß die aufblühende italienische Renaissance-Kultur, die dem geistigen Leben im übrigen Europa des 14. Jahrhunderts überlegen war, auch dem Papsttum zum Vorteil gereichen könnte. Allerdings würde dies nur gelingen, wenn sich das Papsttum aktiv am kulturellen Leben des italienischen Humanismus und der italienischen Renaissance-Kunst beteiligte. Nikolaus holte Künstler und Gelehrte aus allen Teilen Italiens nach Rom. Er ließ die Stadt am Tiber mit prächtigen Kirchen und Palästen und mit kunstvollen Brücken und Brunnen ausstatten. Seine Beauftragten waren überall in Europa unterwegs, um für ihn Manuskripte antiker Schriftsteller aufzutreiben. Mit dem Erwerb zahlreicher Handschriften legte er den Grundstock für die Vatikanische Bibliothek. Die kulturelle Prachtentfaltung Roms war Bestandteil des päpstlichen Konzepts. Nikolaus V. wollte das Papsttum zum kulturellen Mittelpunkt Europas machen.

Eine Fälschung fliegt auf

Unter den humanistischen Gelehrten, mit denen sich Nikolaus V. umgab, ragt vor allem der Humanist Lorenzo Valla hervor, der schon im Jahr 1440 durch eine exakte historische und linguistische Analyse die berühmte Konstantinische Schenkung als

Fälschung entlarvt hatte. Hier zeigte nun die philologische Detektivarbeit der Humanisten ihre ersten Früchte. Valla war außer sich vor Zorn auf die unbekannten Fälscher, weil sie so dreist gewesen waren, der Antike ihr eigenes erbärmliches und verkümmertes Latein unterzuschieben. Das war tatsächlich seine Hauptsorge. Für einen Gelehrten der humanistischen Studien kam dies einem Sakrileg gleich. Aber die Entlarvung dieser Fälschung war selbstverständlich auch sofort politisch ausgeschlachtet worden. Der damalige Mäzen Vallas, König Alfons V. von Aragon, hatte den Nachweis der Fälschung als willkommenen Anlaß genutzt, um gegen Papst Eugen IV. zu polemisieren, der sich weigerte, Alfons als Herrscher des Königreiches Sizilien anzuerkennen. Wie nicht anders zu erwarten, lehnte Eugen IV. die Verdächtigung einer Fälschung als boshaften Angriff auf die Autorität der Päpste ab. Aber Vallas Beweise für eine Fälschung konnten jetzt nicht mehr ignoriert werden. In der Reformation sollten Luther und seine Gesinnungsgenossen die Entdeckung Vallas wieder zum Thema machen. Aber Valla mußte die Entlarvung der Fälschung noch bereuen. Da er auch in der Theologie einen neuen Weg einschlug und den im gesamten Mittelalter verpönten und mißverstandenen antiken Philosophen Epikur als Bundesgenossen einer neuen christlichen Philosophie favorisierte, wurde er von der Inquisitionsbehörde angeklagt. Das waren keine erfreulichen Aussichten, wenn man bedenkt, wie oft und schnell gerade im 16. Jahrhundert die Scheiterhaufen brannten. Aber Valla hatte Glück. Denn Eugen IV. änderte seine Meinung und erkannte Alfons V. von Aragon schließlich doch als König in Neapel an. Alfons hatte dafür als Gegenleistung seine Unterstützung für das Konzil von Basel zurückziehen müssen. Von diesem Handel profitierte auch Valla. Denn Alfons von Aragon erreichte die Einstellung des Inquisitionsverfahrens gegen seinen Schützling. Daß einige Jahre später Papst Nikolaus V. einen Mann wie Lorenzo Valla zu sich nach Rom holte, der die Konstantinische Schenkung als Fälschung entlarvt und unter seinem Vorgänger noch von der Inquisition angeklagt gewesen war, macht deutlich, daß der erste Renaissance-Papst andere Prioritäten setzte, als die von ihm herbeigeholten Künstler und Gelehrten auf Kirchentreue und Rechtgläubigkeit zu überprüfen. Dogmatismus widersprach dem Ehrenkodex eines aufrechten Humanisten. So entstand unter Nikolaus V. ein freies intellektuelles Leben im Umfeld des Papstes, das dem an anderen italienischen Fürstenhöfen der Renaissancezeit in nichts nachstand.

Unvereinbare Weltbilder

Viele Nachfolger auf dem Stuhl Petri in der Renaissance-Zeit sind Nikolaus auf diesem Weg gefolgt. Finanzieren konnten die kunstsinnigen Päpste ihre kostspieligen Projekte allerdings nur, weil die Geldquellen der Kurie reichlicher als in jedem anderen Staat flossen. Die Abgaben für Rom stießen in allen europäischen Staaten immer wieder auf Protest. In Deutschland wurden die *Gravamina nationes Germanicae* inzwischen auf jedem Reichstag vorgetragen. Dabei handelte es sich vor allem um die Klagen der Stände über Steuern und Ablaßgelder an die Kurie. Als dann unter Leo X. noch die Ablaßverkündigung zum Neubau der Peterskirche dazu kam, war dies in Deutschland der äußere Anlaß zur Reformation. Dabei war der Mönch aus Wittenberg, der die Protestkampagne losgetreten hatte, zunächst alles andere als ein Gegner des Papsttums. Noch am 30. Mai 1518, also ein halbes Jahr nach dem er seine 95 Thesen über den Ablaß veröffentlicht hatte, schrieb Martin Luther an Papst Leo X.:

> »Billige mein Werk oder verwirf es nach Deinem Gefallen. Deine Stimme will ich als Christi Stimme erkennen, der in dir herrscht und redet.«[3]

Martin Luther war ernsthaft daran interessiert, eine theologische Auseinandersetzung zu führen. Er wollte die alte Kirche erneuern.

Doch zahlreiche politische, wirtschaftliche und kirchliche Interessen führten dazu, daß die Reformation nördlich der Alpen ihre eigene Dynamik entwickelte. In der kirchenpolitischen Auseinandersetzung mit dem Papsttum ist in der Reformation jedoch nichts Neues hinzugekommen. Martin Luther bediente sich später in der Ablehnung des Papsttums aus dem umfangreichen Arsenal der kirchenpolitischen Waffen, wie sie von Wilhelm von Ockham bis John Wiclif bereits gedanklich vorbereitet worden waren. Andererseits zeigt sich aber auch – wenn man Luther als Zeitgenossen von Pietro Pompanazzi, Niccolo Machiavelli, Erasmus von Rotterdam, Leonardo da Vinci und anderen sieht –, daß sich in Luthers Kampf für eine reine Glaubenstheologie und in den Denkansätzen seiner Zeitgenossen eine völlig andere Analyse der Zeitumstände der ersten Hälfte des 16. Jahrhunderts widerspiegelt. Der Philosophiehistoriker und Mittelalter- und Renaissance-Kenner Kurt Flasch kommt in seiner Forschungsarbeit deshalb zu dem Resultat:

> »Luthers Protest gegen den Ablaßhandel war eine geschichtlich folgenreiche Tat, aber verglichen mit den Gedanken der erwähnten Zeitgenossen, blieben Luthers Schriften im Rahmen ihres bescheidenen regionalen und kulturellen Umfelds. Volkstümlich mittelalterliche Vorstellungen behielt Luther nicht nur bei, er verstärkte noch ihr Gewicht.«[4]

Luthers Einsatz für einen christlichen Fideismus stand den Überlegungen vieler zeitgenössischer Gelehrter diametral entgegen. Sie trafen die ersten Vorbereitungen für die europäische Aufklärung. Sie stellten die Unsterblichkeit der Seele in Frage und diskutierten über das Jenseits als raffinierten Priesterbetrug. Sie traten für die Moral ein und deckten das moralisierende Schwadronieren als Werkzeug gezielter Machtinteressen auf. Und Leonardo da Vinci kam sogar zu der Erkenntnis, daß jede Wahrheit immer nur ein Kind ihrer Zeit ist.

Gleichzeitig bereitete sich ein vom Teufels- und Dämonenglauben bewegter Luther auf das unmittelbare Bevorstehen des Jüngsten Tages vor. Auch die politischen Überlegungen sind bei Luther ausschließlich theologisch und angesichts des bevorstehenden Weltgerichts provisorisch. Zwischen Luther und der Renaissance-Kultur klafft ein Universum. Der europäische Humanistenfürst Erasmus von Rotterdam, der sich bemüht hatte,

Luther zu erklären, daß es auch zwischen der Auslegung der Bibel und der Wahrheit immer noch eine Differenz gebe, stieß bei ihm auf taube Ohren. Und wo Luthers Zeitgenossen Machiavelli, Pompanazzi und Leonardo da Vinci differenziert an einer Überwindung der Zerrissenheit ihrer Zeit arbeiteten, hat Luther sie theologisiert und stabilisiert. Es ging also nicht mehr nur um eine Reform der kirchlichen Strukturen, sondern in der Zeit des Humanismus und der Renaissance-Kultur hatte sich ein widerstrebendes ideengeschichtliches Potential aufgestaut, dessen Explosivkraft als Ursache für die Reformation nicht zu unterschätzen ist. Für den Historiker und Renaissance-Experten Volker Reinhardt geht es bei den Auseinandersetzungen im 16. Jahrhundert deshalb besonders um den Kampf zwischen einander widersprechenden Weltbildern:

> »Die Verschmelzung von antiker Philosophie und christlicher Lehre, die Synthese der Kulturen und Religionen, die Betonung des freien, mit göttlicher Gnade aufgrund eigener Entscheidung kooperierenden menschlichen Willens, der humanistische Selbstgestaltung- und Selbsterziehungsoptimismus, all das wird von den Reformatoren letztlich als reines Neuheidentum wahrgenommen.«[5]

Die Religion wird Partei

Die deutsche Reformationsbewegung war zwar vom religionsgeschichtlichen Standpunkt aus im Vergleich zu deutschen Denkern des Mittelalters wie Meister Eckhart und Nikolaus von Kues keine intellektuelle Revolution, aber sie hat unter politischen Vorzeichen die Landkarte in Europa völlig verändert. Die Trennung großer Teile in Nord- und Mitteleuropa von der katholischen Kirche und vom Papsttum war für Rom eine Katastrophe. Damit war der Traum von einer universalen Geltung des Papsttums endgültig begraben worden. Seit dem 16. Jahrhundert gibt es nur noch konfessionelle Kirchen. Mit der Vielfalt des religiösen Lebens und des philosophischen und theologischen

Denkens unter dem großen Dach einer heterogenen Kirche, wie sie für das Mittelalter und die Renaissance charakteristisch war, war es jetzt vorbei. Für die Kirchen, die aus der evangelischen Reformation und der römisch-katholischen Gegenreformation hervorgingen, wurde das Papsttum nun zum bevorzugten Symbol der gegenseitigen Abgrenzung zwischen den Konfessionsparteien. Ein Christentum wie im Mittelalter und in der Renaissance hat es nach dem 16. Jahrhundert nicht mehr gegeben. Der Kulturhistoriker Egon Friedell hat den entscheidenden Unterschied treffend auf den Punkt gebracht:

> »Es triumphiert im Endresultat nicht die Religion, sondern die Theologie. Und in der Praxis triumphiert ebenfalls nicht die Religion, sondern die Partei. Der Glaube wird immer mehr zu einer Sache der Gemeinsamkeit und der Gemeinschaft.«[6]

Als der Papst Europa verlor

Vorbemerkungen

Wie in der Antike und im Mittelalter kennt auch das Papsttum der Neuzeit Höhepunkte und Tiefen in seinem Ringen um Macht und Einfluß: Rasches Vorwärtsstürmen wechselt sich ab mit schicksalhaften Brüchen, welche die Ambitionen des Papsttums immer wieder auf ein Normalmaß und sogar bis in die Bedeutungslosigkeit zurückführten.

Die erste entscheidende Etappe, welche der Kirche der Neuzeit begegnet, ist die protestantische Reformation, die – ein Zufall der Geschichte – fast zeitgleich mit der Entdeckung der sogenannten Neuen Welt zusammenfällt, der Entdeckung neuer Erdteile und Völker. Beide Ereignisse haben die römische Kirche grundlegend verändert.

Die Reformation hat die Einzigartigkeit der mittelalterlichen *Germania Sacra*, der Reichskirche, auseinanderbrechen lassen und mitgeholfen, auch den anderen »Lenker« der Welt, das Kaisertum zu zerstören. Und nicht nur das Kaisertum: Auch die grenzenübergreifende gemeinsame gesellschaftliche Struktur Westeuropas, deren Kennzeichen die Grundherrschaft, der Feudalismus, gewesen ist, bekam durch die Dynamik der reformatorischen Bewegung erste Risse, um in der Französischen Revolution dann vollends zusammenzustürzen.

Diese Entwicklung wurde ideologisch-propagandistisch von der Aufklärung begleitet. Sie schrieb der Weltöffentlichkeit das Drehbuch für jenes Schauspiel, das die Revolution von 1789 in Szene setzte, begleitet vom stürmischen Beifall und von wutschnaubenden Buh-Rufen einer rasenden Zuschauerschaft.

Die Französische Revolution markiert für die römische Kirche die zweite Wendemarke im Ringen um Macht und Einfluß. War das Papsttum in der Epoche des sogenannten »Staatskirchentums« zwischenzeitlich zum Befehlsempfänger der politischen

Kräfte herabgesunken, schaffte sie es, aus den Trümmern der Revolution und der napoleonischen Ära überraschend glorreich emporzusteigen.

Nicht unbedingt aus eigener Kraft: Als Steigbügelhalter trat massiv die Politik auf. Sie brauchte das Papsttum in der Phase der Restauration als Verbündeten zur Niederwerfung der revolutionären Ideen und zur Festigung der wiedergewonnenen Macht. Das Papsttum machte mit, in der Hoffnung, dadurch selbst die alten Ansprüche an Staat und Gesellschaft erneut geltend machen zu können. Eine Hoffnung, die das Ende der Reichskirche (1803) und das Ende des Reiches (1806) zerschlug – unwiderruflich.

Dafür gelang es aber dem Papsttum, erstmals in seiner Geschichte seine binnenkirchliche Position auszubauen und verbindlich durchzusetzen. Die Päpste erreichten endlich jene Position, für die sie jahrhundertelang gekämpft hatten: Sie wurden zum unfehlbaren Oberhaupt (zum Papstkönig!) einer monarchisch-ständisch gegliederten und zunehmend zentralistisch regierten Kirche.

Die dritte bedeutende Wegmarke im Ringen um Macht und Einfluß setzte das Zweite Vatikanische Konzil (1962–1965). Aber nicht etwa in der Auseinandersetzung um das Verständnis von Amt und Kirche, von Hierarchie und »Gottesvolk«, von Tradition, Schrift und Lehramt oder in der Auseinandersetzung um das Verständnis der Kirche gegenüber der modernen Welt. Nein, entscheidender wurde die Erklärung des Konzils zur »Religionsfreiheit« (*Dignitatis humanae*).

Zunächst im traditionellen Sinne (nach der Lehre des Konzils von Trient) diskutiert, wagte das Konzil schließlich den (verhängnisvollen?) Schritt zu erklären, daß der Gedanke der religiösen Freiheit, also der freien und selbstverantworteten Wahl der Religion, zum Wesen, zur Würde und zum Recht der Menschen gehöre.

Viele Konzilsväter waren sich darüber sehr im klaren, daß sich die römische Kirche mit dieser Erklärung von ihrer eigenen Geschichte verabschiedete. Die nachhaltige Opposition unter den Bischöfen (man spricht von knapp zehn Prozent) verzögerte die Verabschiedung der Vorlage immer wieder: Erst in den letzten Stunden vor Abschluß des Konzils (8. Dezember 1965) wurde der Text angenommen.

Daß diese Erklärung ein ungeheurer Sprengsatz war, ist der Öffentlichkeit bis auf wenige Ausnahmen nicht bewußt geworden. Zu sehr überlagerten andere Beschlüsse, etwa der zur Liturgie(-Reform) oder zur Stellung der römischen Kirche »in der Welt von heute« die nur wenige Kapitel starke Erklärung zur Religionsfreiheit. Und dennoch: Die italienische Tageszeitung *La Stampa* (Turin, 9. 12. 1965) spürte offensichtlich, daß mit dieser Erklärung ein neues, entscheidendes Kapitel der Kirchengeschichte geschrieben worden ist:

> »Das Schema, das die religiöse Freiheit behandelt, stellt schon (für sich) allein einen echten Fortschritt in der Lehre dar, vielleicht den größten und charakteristischsten, den das Konzil gemacht hat.«[1]

Und der deutsche Kirchenhistoriker Klaus Schatz (Frankfurt) weist im Zusammenhang mit dieser Erklärung auf einen Vorgang hin, den er bislang in der historischen Forschung kaum beachtet sieht – einen Vorgang, der seine Wurzeln in der Aufklärung und ihren Gesellschaftsvorstellungen hat:

> »Die geschichtliche Bedeutung dieser Erklärung besteht darin, daß damit nicht nur Glaubenszwang und Unterdrückung Andersgläubiger als prinzipiell evangeliumswidrig erklärt werden – womit auch die meisten Gegner der Erklärung einverstanden gewesen wären –, sondern die Freiheitsgeschichte der Moderne in ihrem eigentlich zentralen Punkt im Prinzip kirchlich bejaht wird. Insofern ist »Dignitatis humanae« ein Einschnitt, der in seiner Bedeutung noch kaum voll erfaßt ist; die durchgängige Linie des Anti-Liberalismus, der das 19. und die erste Hälfte des 20. Jahrhunderts erfüllt, ist im entscheidenden Punkte korrigiert.«[2]

Aber nicht nur das: Die Konsequenzen aus dieser Erklärung sind sehr viel tiefgreifender. Die römische Kirche stellt sich (so von ihr sicher nicht beabsichtigt) mit dieser Erklärung nämlich in eine Reihe und auf dieselbe Stufe mit anderen Religionen und Religionsgemeinschaften der Welt. Die Erklärung relativiert in einem erheblichen Maß den Ausschließlichkeitsanspruch, den die römische Kirche ganz konkret und die anderen Offenbarungsreligionen (Judentum und Islam) im allgemeinen beanspruchen. Der alte Kampfruf: »Außerhalb der (römischen) Kirche kein Heil!«, mit dem die Katholische Kirche in der Gegenreformation abwehrende Mauern gegen die protestantischen Kirchen hochgezogen hatte, hat nunmehr seinen Biß und seinen drohenden Charakter verloren. Die alte Heilsinstitution hat sich (willentlich?) selbst dazu verpflichtet, ihre aggressive Intoleranz, mit der sie seit den Tagen Kaiser Konstantins die Welt und die Menschheit überzogen hat, und ihren Anspruch aufzugeben, ausschließlich sie könne das Heil vermitteln.

Nur vor diesem Hintergrund waren die (binnenkirchlich) heftig umstrittenen Gebetstreffen möglich, zu denen Papst Johannes Paul II. die Religions- und Glaubensgemeinschaften der Welt nach Assisi eingeladen hatte.

Daß diese Selbstdemontage eines Tages eine Korrektur erfahren würde, war abzusehen. Das geschah, 35 Jahre nach dem Konzil und mit dem Datum vom 6. August 2000, in der Erklärung *Dominus Jesus* der Vatikanischen Glaubenskongregation, in der nunmehr festgehalten wird:

> »Es gibt … nur eine einzige Kirche Christi, die in der Katholischen Kirche subsistiert und vom Nachfolger Petri und von den Bischöfen in Gemeinschaft mit ihm geleitet wird. Die (jene) Kirchen, die zwar nicht in vollkommender Gemeinschaft mit der Katholischen Kirche stehen, (die) aber durch engste Bande, wie die apostolische Sukzession und die gültige Eucharistie, mit ihr verbunden bleiben, sind echte Teilkirchen.
>
> Deshalb ist die Kirche Christi auch in diesen Kirchen (gemeint sind die nicht mit Rom unierten orthodoxen und orientalischen Kirchen) gegenwärtig und wirksam, obwohl ihnen die volle Gemeinschaft mit der Katholischen Kirche fehlt, insofern sie die

katholische Lehre vom Primat nicht annehmen, den der Bischof von Rom nach Gottes Willen objektiv innehat und über die ganze Kirche ausübt.«[3]

Gegenüber den anderen christlichen Gemeinschaften, die etwa aus der protestantischen Reformation hervorgegangen sind, verfällt diese Erklärung in jene Sprache zurück, die bereits Ignatius von Loyola in seinem Ketzervokabular benutzte:

»Die kirchlichen Gemeinschaften hingegen, die den gültigen Episkopat und die ursprüngliche und vollständige Wirklichkeit des eucharistischen Mysteriums nicht bewahrt haben, sind nicht Kirchen im eigentlichen Sinn; die in diesen Gemeinschaften Getauften sind aber durch die Taufe Christus eingegliedert und stehen deshalb in einer gewissen, wenn auch nicht vollkommenen Gemeinschaft mit der Kirche.«[4]

Papst Gregor VII. (1073–1085) hätte Beifall geklatscht.

Die Lunte ist gelegt

Die Erklärung *Dominus Jesus* aus dem Pontifikat Papst Johannes Pauls II. hat ihre Wurzeln nicht in der Kirchenvorstellung des Zweiten Vatikanischen Konzils. Ihre Wurzeln reichen weiter zurück – ideologisch bis hin zu den Auseinandersetzungen zwischen Kaiser und Papsttum im Mittelalter, theologisch bis hin zu den Auseinandersetzungen zwischen der lutherischen Reformation und der katholischen *Gegen*-Reformation.

Diese »Gegenreformation«, sinnvoller wäre es, den Begriff »katholische Reformation« zu verwenden, ist aus der Rückschau von heute zweifach gescheitert.

Zum einen hat sie nicht verhindern können, daß – unter dem Gesichtspunkt der wirtschaftlichen und gesellschaftlichen Entwicklung des Kontinents – die protestantische Reformation Impulse freizusetzen verstand, die Europa nun aufteilten: Dem politischen, wirtschaftlichen und geistig-kulturellen Niedergang bzw. der Stagnation des Südens tritt ein politisch wie wirtschaftlich und geistig-kulturell aufbrechender Norden gegenüber.

Zum anderen war sie – unter dem Gesichtspunkt der geistigen und religiös-kulturellen Entwicklung Europas – außerstande, jene Kraft zu entwickeln, welche die in zwei Konfessionen nun auseinanderbrechende *eine Kirche* auf neuer, reformierter Grundlage hätte wieder zusammenfügen können. Die Beschlüsse des Konzils von Trient (1545–1563), Ausgangspunkt der Gegenreformation, bewirken, daß im Gewand einer überkommenen Institution eine andere, eine neue Kirche Gestalt annimmt: die römisch-katholische; sie entwickelt sich – im Gegensatz zur Kirche des Mittelalters – zu einer gut organisierten, hierarchisch straff gegliederten Organisation mit einem absoluten Monarchen an der Spitze, in der sämtliche Schlüsselpositionen, von der Verwaltung bis zur Seelsorge, an die sakramentale (Priester-) Weihe gebunden sind.

Noch ist diese neue Kirche mit dem Ende des Trienter Konzils (1563) nicht zu erkennen, wenngleich ihre Struktur, die theologische wie rechtliche, sich in den einzelnen Konzilsbeschlüssen bereits erahnen läßt. Erst die Umsetzung der Beschlüsse schafft den Durchbruch. Den entscheidenden Anteil an dieser Umsetzung hat, bei allen Schwächen dieser Institution, das Papsttum. Der Beweggrund ist leicht zu erkennen: Zu tief sitzt den Päpsten des 16. Jahrhunderts noch die Auseinandersetzung mit den Ideen des Konziliarismus in den Knochen (das Konzil, die allgemeine Versammlung der Kirche, und nicht der Papst repräsentiert, unter der Führung des Geistes Gottes, in Lehre und Disziplin die Kirche Jesu Christi). Diesen Ideen mußte unter allen Umständen und ein für allemal der Boden entzogen werden. Denn noch bis in die letzten Wochen vor Abschluß des Trienter Konzils lagen die Befürworter eines starken Papsttums und die Anhänger einer episkopalen-konziliaren Vorstellung in heftigem Streit.

Indem das Konzil aber für die Gültigkeit seiner Beschlüsse ausdrücklich die Zustimmung des Papstes verlangt und die Umsetzung dieser Beschlüsse dem Papst und der Kurie überantwortet, hat das »Tridentinum« der Forderung des Papsttums, allein für die Belange der Kirche zuständig zu sein, nolens volens den Rücken gestärkt und die Unfehlbarkeitserklärung von 1870 mit vorbereitet.

Dem Elan der Päpste, die ihrer Kurie nun Beine machen, die »Re-Evangelisierung« Europas unverzüglich in Angriff zu nehmen, steht eine weitverbreitete Lethargie der Gläubigen und weiter Teile des Klerus bis hinauf zur Ebene der Bischöfe gegenüber. Die Durchsetzung der Konzilsbeschlüsse ist ein sehr langsamer Prozeß gewesen – trotz gewaltiger Anstrengungen, die Papst, Kurie und besonders ihre zahllosen Helfer in den Ordensgemeinschaften an den Tag legten.

Ein besonderes Verdienst bei der Umsetzung der Konzilsbeschlüsse kommt der frisch gegründeten »Societas Jesu« (SJ), dem Jesuitenorden zu. Unter ihrem Einfluß werden Gehorsam, Disziplin und Lehre zu den Schlüsselbegriffen der nachtridentinischen Ära, während nach außen hin Begriffe wie Abwehr, Ausgrenzung und Abschottung zum Tragen kommen.

Das Glaubens-*Angebot* der mittelalterlichen Kirche muß – vorsichtig gesagt – jetzt einer Glaubens-*Systematik* weichen: Glaube und Bekenntnis werden streng reglementiert, nachdem das Trienter Konzil in seiner zunehmenden Frontstellung gegen reformatorische Ansprüche die notwendigen Vorarbeiten erbracht hat.

Das Papsttum setzt nun mit Hilfe der Kurie eine Maschinerie in Gang, die zwei Ziele anpeilt: die konsequente Abwehr der lutherischen Häresie und (parallel dazu) die theologisch, philosophisch und ideologisch gründliche und umfassende Ausbildung der dafür benötigten »Truppen« und Mannschaften.

Speerspitze des Papsttums

»Zunächst dürfte es zweifellos das wirksamste und wichtigste aller den Menschen zu Gebote stehenden Heilmittel sein, wenn die königliche Majestät sich nicht nur als katholisch, sondern auch als scharfer, unerbittlicher Gegner der Ketzereien bekennt und allen Irrtümern der Ketzer offen und nicht nur insgeheim den Krieg erklärt.

Daraus würde dann als zweitwichtigste Maßnahme folgen, daß die königliche Majestät in ihrem Kronrat keine Ketzer duldet und überhaupt nichts auf solche Menschen gibt, von denen man annehmen muß, daß ihre Ratschläge offen oder insgeheim darauf abzielen, daß sie die verderbliche Ketzerei, mit der sie sich befleckt haben, fördern und begünstigen.

Außerdem wäre es von größtem Nutzen, wenn man in der Verwaltung einer Provinz oder eines Ortes – besonders an höchster Stelle – sowie in irgendwelchen Ämtern oder Ständen von Rang niemanden belassen würde, der von der Ketzerei befallen ist ...«[5]

Unmißverständliche, harte Worte eines frommen Mannes. Sie stammen aus einem Brief, der, datiert vom 13. August 1554, seinen Weg an den Hof der Habsburger in Wien fand. Sein Absender ist kein geringerer als der Baske Ignatius von Loyola, im Erstberuf Soldat und Offizier in Diensten des spanischen Vize-Königs von Navarra, seit wenigen Jahren aber im Auftrag eines anderen Großen auf Europas geistlicher und politischer Bühne unterwegs: im Namen des Papstes.

Die Jesuiten, als neue Ordensgemeinschaft der Kirche von Ignatius gegründet und von Papst Paul III. (1534–1549) am 27. September 1540 offiziell anerkannt, hatten sich dem Papsttum als bedingungslose Helfer angedient und nun den Auftrag bekommen, weltweit den katholischen Glauben auszubreiten und schützen zu helfen; nicht nur in Europa, sondern auch und vor allem in den neu entdeckten Erdteilen. Ein weitblickender und folgenschwerer Auftrag, der allerdings nicht erstaunt, wenn man bedenkt, daß Paul III., entgegen den Auffassungen seiner Zeit – modern gesprochen – erstaunlich antirassistisch war und (1537) die Ansicht vertrat, daß auch die »farbigen Völker«, gemeint waren vornehmlich die Indianer, »echte Menschen« (*veri homines*) seien. Sie besäßen also dieselben bürgerlichen und religiösen Rechte und Pflichten wie die Europäer, wären folglich »des Glaubens und der Seelenrettung fähig« und hätten somit ein Anrecht auf die Taufe. Konsequent verbot er die Versklavung der Indianer, gleichgültig, ob sie bereits Christen waren oder nicht.

Was die Jesuiten aber nicht hindern sollte, all jene Europäer, Portugiesen und Spanier in der Mehrzahl, zu verdammen und zu verfolgen, die der europäischen Zivilisation abgeschworen und sich in der »Neuen Welt« dem einfachen Leben der indigenen Völker verschrieben hatten.

Sehr schnell entdeckten die Jesuiten ihre eigentliche Berufung. Mission, daß hieß für sie auch und vor allem Bildung und Erziehung – ganz entgegen der ursprünglichen Absicht ihres Gründers. Diese »Mission« wurde ein voller Erfolg: In der Mitte des 18. Jahrhunderts, knapp 20 Jahre vor der Aufhebung des Jesuitenordens arbeiteten mehr als 15 000 Jesuiten in über 800 Schulen und Seminaren als Erzieher und Lehrer. Die Jesuiten hatten Europa ein bis dahin unübertroffenes Erziehungssystem gegeben; mit ihren Bildungsanstalten, in denen sie systematisch, mit Hilfe eines festen Lehrplans und strikter Disziplin, auf breiter Basis die geistliche, intellektuelle und politische Elite Europas heranzog und auf ihre Führungsaufgaben in Staat und Kirche vorbereitete, wurden die Jesuiten zur eigentlichen Stütze der Kirche und trugen ganz erheblich zur Stärkung des katholischen Bekenntnisses bei.

So stiftete Papst Julius III. (1550–1555) auf Vorschlag des Ignatius das »Collegium Germanicum« (1552) zur Ausbildung von Priestermissionaren für die Re-Evangelisierung Deutschlands. Diese Missionare sollten die beste theologische und philosophische Ausbildung erhalten, um den Protestanten Paroli bieten und die Rückkehr des Katholizismus in Deutschland tatkräftig und kompetent vorbereiten und durchführen zu können.

Doch zurück zum erwähnten Schreiben des Ignatius. Der Adressat dieses Briefes war ebenfalls Jesuit, und zwar einer der ersten Stunde: Petrus Canisius. Ignatius hatte ihn 1549 als achtes Mitglied in die »Gesellschaft Jesu« (SJ) aufgenommen.

Canisius, ein gebürtiger Niederländer (1521 in Nijmegen geboren), lebte seit 1552 am Hof zu Wien – als Verwalter des Bistums Wiens und als enger Vertrauter König Ferdinands.

Der Brief seines Ordensoberen bringt für Canisius in unmißverständlicher Weise jene Maßnahmen zur Sprache, welche sich die römische Kurie bereits im Vorfeld der Einberufung des immer wieder geforderten Reformkonzils (ab 1545 nach Trient) zur Eindämmung der »Ketzerei« hatte einfallen lassen. Petrus Canisius wird mit diesen Vorgaben im Gepäck die treibende Kraft der Gegenreformation im deutschen Sprachraum, was ihm 1925 die Heiligsprechung durch Papst Pius XI. und die Ernennung zum »Lehrer« der Römischen Kirche einbrachte.

Eines ist nicht zu leugnen: Die argumentative Anziehungskraft der Vorkämpfer der reformatorischen Kirchenidee stellt, so sieht es Ignatius sehr klar, eine nicht zu unterschätzende Gefahr für die Kirche dar. Und man war sich dieser Gefahr sehr wohl bewußt; vor allem die Jesuiten, die in Paris ihre ersten wichtigen Erfahrungen im Umgang mit der akademischen Jugend Europas gemacht hatten, hoben warnend ihre Stimmen. Der Anfälligkeit der Jugend für die Ideen der lutherischen Reformation mußte umgehend ein Riegel vorgeschoben werden.

Der Hauptstoß ihres Vorgehens richtete sich in erster Linie gegen die intellektuelle Neugier der Heranwachsenden. Bücher und Schriften werden einer rigorosen Kontrolle unterworfen. Ignatius verwies namentlich auf Philipp Melanchthon, Luthers kongenialen Mitstreiter für die Sache der Reformation:

> »Ebenso sind nach unserer Meinung auch die Bücher von Ketzern, die selbst nicht ketzerisch sind, wie über Grammatik oder Rhetorik oder die Dialektik des Melanchthon, wegen der Ketzerei ihrer Verfasser gänzlich aus dem Verkehr zu ziehen. Denn es ist gefährlich, sie zu nennen und der Jugend zu empfehlen, da sich die Ketzer bei dieser durch solche Werke einschmeicheln, in denen Dinge zu lesen sind, die allerdings gelehrt sind und mit der ernsten Gefahr, um die es hier geht, wenig zu tun haben.«[6]

Da sich intellektuelle Bildung und Ausbildung auf Lernen und Lehren gleichermaßen stützt, forderte Ignatius die rigorose Entfernung von Professoren und Erziehern, die der »Ketzerei« verdächtigt werden, aus ihren Ämtern und eine sorgfältige Überprüfung des Lehrmaterials; ebenso sind öffentliche wie private Bibliotheken und Buchbestände zu durchforsten und die Druckereien und Verlage von der Inquisition zu über-

Ignatius von Loyola

prüfen. Denn bereits in der Mitte des 16. Jahrhunderts war Dank der weiterentwickelten und verfeinerten Drucktechnik ein bedeutender Handel mit Schriften und Büchern aller Art entstanden, die kontinuierlich den Markt überschwemmten. Und die Nachfrage dürfte groß gewesen sein, gemessen an der nicht unbedeutenden Zahl der Drucker und Verleger. Auch über diesen Wirtschaftszweig drohte der Kirche Gefahr, wenn man die Druckerzeugnisse unkontrolliert zirkulieren ließ. Mit dem modernen Medium Druck kannte man sich an der Kurie aus. Schon Papst Paul II. (1464–1471) hatte in seiner Amtszeit die ersten Druckerpressen in Rom aufstellen lassen. Konsequent fordert Ignatius nun:

> »Alle ketzerischen Bücher, die bei einer sorgfältigen Fahndung im Besitz von Buchhändlern oder Privatleuten gefunden werden, sollten entweder verbrannt oder ins Ausland befördert werden ... Überhaupt wäre es von größtem Nutzen, wenn unter Androhung schwerer Strafen verboten würde, daß ein Verleger eines der besagten Bücher drucken läßt ... Entsprechend darf es natürlich – bei Androhung der gleichen Strafen – auch keinem Händler oder sonst jemandem erlaubt sein, anderswo gedruckte Bücher dieser Art in den Herrschaftsbereich des Königs einzuführen.«[7]

Die von Ignatius vorgeschlagene inquisitorische Vorgehensweise zielt also auf einen bedeutenden Bereich des öffentlichen Lebens. Es ging darum, intellektuelle und administrative Barrieren zu errichten: Indem man das gesamte schulische und universitäre Leben einer rigorosen Kontrolle unterwarf, konnte man sicher sein, die Ausbildung der Heranwachsenden lückenlos zu beaufsichtigen und im Sinne der Kirche zu steuern. Dazu, so der Vorschlag aus Rom, solle man auch nicht zögern, wenn Anlaß dazu bestehe, selbst »dic Professoren und auch jene, denen die Verwaltung obliegt, ihrer Ämter« zu entheben. In gleicher Weise müsse man auch mit den Rektoren, Leitern und Dozenten privater Kollegien verfahren.

Diese Säuberungen in den Schaltzentralen des akademischen

Lebens bringen zudem einen nicht zu unterschätzenden, pädagogisch höchst willkommenen Nebeneffekt. Denn zugleich verloren die aus den Ämtern Gejagten auch ihre Einkünfte, waren also in ihrer leiblichen Existenz unmittelbar bedroht. Also kuschten die Rektoren und Professoren. Die Kurie war nämlich der Auffassung, das Übel nur bei der Wurzel packen zu können, wenn man den Ketzern die wirtschaftlichen Lebensgrundlagen entzog. Und sollten derartige Maßnahmen immer noch nicht den gewünschten Erfolg haben, war Rom auch bereit, zum letzten Mittel zu greifen:

> »Und wenn man einige Male durch Todesstrafe oder durch Konfiskation der Güter und Verbannung ein Exempel statuieren und damit deutlich machen würde, daß die Religionsfrage ernstgenommen wird, so wäre dieses Heilmittel um so wirksamer.«[8]

Die Kontrolle der Ausbildung und des intellektuellen Lebens ist eine Sache, eine nicht minder wichtige ist der Schutz von Glauben und Lehre auch innerhalb der Kirche. Dementsprechend konsequent nahm sich der Jesuitenchef die Prediger, Missionare und Seelsorger vor, kurz: alle, die professionell mit Glauben zu tun haben: Sollte die Kirche der Ketzerei in Deutschland nicht anders das Wasser abgraben können, dann sei es besser, auf Seelsorge ganz zu verzichten als diese von Leuten betreiben zu lassen, die der Sympathie für die Reformation verdächtigt werden oder, so Ignatius, innerlich bereits schon zur Reformation übergelaufen sind:

> »Man darf keine Priester und Beichtväter dulden, die im Ruf der Ketzerei stehen. Und wenn sie überführt sind, dann sollte man ihnen sogleich alle kirchlichen Einkünfte entziehen. Denn es ist besser, wenn eine Herde ohne Hirte ist, als wenn sie zum Hirten einen Wolf hat. Sie … (müssen) unserer Meinung nach von ihren Bischöfen aufs härteste bestraft werden, ihre Einkünfte verlieren und … von der Seelsorge [*cura animarum*] ausgeschlossen werden …«[9]

Die Bibel im Giftschrank

Wie sein großes Vorbild und Gönner, der Borgia-Papst Alexander VI. (1492–1503), noch ganz der Renaissance und ihrer Lebenswelt verpflichtet, war sich Alessandro Farnese, der als Paul III. im Jahr 1534 Papst wurde, offensichtlich bewußt, daß er die aus allen Teilen Europas angemahnte Reform der Kirche »an Haupt und Gliedern« – und die meisten Klagen beziehen sich zudem nur auf das »Haupt« der Kirche, also auf das Papsttum selbst – nicht weiter aufschieben kann. Er setzte erste Zeichen, indem er unter anderem den militärisch organisierten Jesuitenorden als neue religiöse Gemeinschaft der Kirche anerkennt und einige neue, reformorientierte Kardinäle ernennt: unter ihnen so bedeutende Männer wie der Venezianer Gasparo Contarini, ein Laie, Reginald Pole, der Cousin Heinrichs VIII. von England, oder John Fisher von Rochester, aber auch weniger intellektuelle, dafür aber um so brutalere wie der Adelige Gian Pietro Carafa aus Neapel. Carafa, der später als Paul IV. (1555–1559) den Papstthron besteigen wird, lehnte jeden Versuch einer Verständigung mit den Protestanten ab, während die Männer um Gasparo Contarini – man nannte sie auch die »Spirituali« – versuchten, in Gesprächen und theologischen Diskussionen, so etwa über die grundlegende Frage der »Rechtfertigung« (!), zur Aussöhnung mit den Lutheranern zu kommen.

Als diese Gespräche 1541 (im Rahmen des Reichstags zu Regensburg) scheiterten, schlug die große Stunde des Gian Pietro Carafa. Als Paul III., enttäuscht über die Arbeit der »Spirituali«, Carafa auffordert, jetzt solle er ein »Heilmittel gegen dieses (lutherische) Übel« finden, schlug dieser ihm die Wiedereinführung der Inquisition vor, um »den Irrtum … spurlos auszurotten«. Ein Jahr später (1542) ist sie in Rom installiert.

Bereits Gregor IX. hatte (1231), unbeschadet bischöflicher Jurisdiktionsgewalt und örtlicher Inquisitionsgerichte, die Inquisition direkt dem Papst unterstellt und die Dominikaner mit ihrer Durchführung beauftragt. Paul III. berief die in Vergessenheit geratene Inquisitionsbehörde neu und machte Kardinal Carafa zu einem ihrer sechs Großinquisitoren:

»Da durch das Tun des Feindes der Menschheit (gemeint ist der Teufel) die Seelen der Gläubigen Tag für Tag in wachsendem Maß durch Ketzereien verseucht werden, haben wir einige unserer geliebten Söhne beauftragt, sich der Sachen anzunehmen.«[10]

Die neue Behörde, die »Heilige römische und universale Inquisition«, wird zum obersten Tribunal der Kirche im Einsatz gegen Häretiker und Ketzer, die bei hartnäckiger Häresie (Abfall vom Glauben) sogar mit dem Feuertod rechnen müssen. Eine Strafe, die auf Kaiser Konstantin zurückgeht. Dieser hatte nämlich den für schwere und schwerste Vergehen immer noch üblichen »Tod am Kreuz« mit Rücksicht auf den Kreuzestod Christi verboten: als Hinrichtungsart für Häretiker empfahl er statt dessen den »Tod im Feuer«. Nachweislich wurde diese Todesart aber erst im Mittelalter (1022) nach einem entsprechenden Urteil der Inquisitionsbehörde gegenüber einem namenlosen »Häretiker« angewandt.

Das sollte sich nun ändern. Carafa stürzte sich mit Feuereifer in den Aufbau »seiner« Behörde. Unsummen, sogar aus seinem Privatvermögen, steckte er in den Bau von Gefängnissen und Gerichtsgebäuden für die Inquisitionstribunale. Er fieberte geradezu danach, endlich zuschlagen zu können. Doch er mußte auf die Entfaltung seiner eigentlichen Berufung noch warten. Erst im Jahre 1555, im Jahr des für die protestantische Reformation so bedeutsamen Reichstags zu Augsburg, wurde Kardinal Carafa als Nachfolger Marcellus' II. zum Papst gewählt. Endlich konnte sich der bereits 79jährige nun selbst von der Leine lassen und die Reform der katholischen Kirche in seinem Sinn anpacken: ohne die Beschlüsse des (wieder einmal ausgesetzten) Konzils (von Trient) abzuwarten und vor allem, ohne mit dem Kaiser Rücksprache zu nehmen. Er, Paul, ist Herr der Kirche, niemand sonst:

»Er lebte ganz im Machtbewußtsein und in den Machtansprüchen des mittelalterlichen Papsttums, ohne zu bedenken, daß solche Zeiten endgültig vergangen waren«[11],

skizziert der Historiker Georg Schwaiger den Regierungsstil des neuen Pontifex, der im übrigen starke Zweifel hatte, ob Kaiser Karl V. überhaupt noch katholisch war. Darum suchte er politisch auch in Frankreich seinen Partner (Heinrich II.), den Hauptfeind der habsburgischen Macht in Europa. Als Karl V. zugunsten seines Bruders Ferdinand auf die Kaiserkrone verzichtet (1556), verbot Paul IV. diesen Wechsel und erklärte die Abdankung wie die anschließende Wahl Ferdinands (I.) durch die Kurfürsten für ungültig: Die deutschen Kurfürsten – unter ihnen sind auch drei protestantische – hätten für diese Wahl, so der Papst in bewußter Verdrehung der Rechtslage, in Rom um die Genehmigung nachsuchen müssen. Doch die Kurfürsten ignorieren den Protest aus Rom. Der päpstliche Gesandte wird gar nicht erst zur Wahl und Kaiserproklamation zugelassen, nachdem sich Ferdinand ausdrücklich verpflichtet hatte, die Bestimmungen des Augsburger Religionsfriedens von 1555 einzuhalten.

Der Auftritt des päpstlichen Legaten wird übrigens – um den Ereignissen vorzugreifen – zum letzten Aufbäumen einer vermeintlich politischen Macht des Papstes, und für das Papsttum selbst wird er zum ersten Schritt hin zum unwiderruflichen Abschied von der Reichskirche. Das vermeintlich »geistliche Haupt« des Reiches ist nämlich in dem Augenblick überflüssig geworden, als die Einheit der westlichen Kirche zerbröckelt. »Hi Rom – Hi Wittenberg«, so hätte der Schlachtruf jetzt lauten können. Die Kirche der Reformation geht seit 1555 ihren eigenen, einen neuen, einen anderen Weg. Der Papst hatte als Oberhaupt des einen gemeinsamen Bekenntnisses ausgedient. Er behielt seine Stellung nur noch in einer Rumpfkirche, in der römischen, die mit der protestantischen nun in einen geistlichen und theologischen Wettstreit trat …

In Rom selbst errichtete der neue Papst ein wahres *Schreckensregiment* (Georg Schwaiger). Als ehemaliger Chef der Inquisition, des sogenannten »Heiligen Offiziums«, wie man bald die Inquisitionsbehörde nennen sollte, wußte der Carafa-Papst bestens mit diesem Instrument umzugehen. Es sollte sein ganz persönliches Mittel im Kampf um die schwindende Macht der Kirche und zur Durchsetzung der Reform werden, wie er, der Papst, sie sich vorstellte. Paul ließ die Inquisition selbst dann in

Aktion treten, wenn etwa die kirchlichen Fastengebote nicht beachtet wurden oder sittliche Vergehen nicht mehr zu tolerieren waren (systematisch wird jetzt Jagd auf die »Sodomiter« gemacht, auf die Homosexuellen (wenn man diesen Begriff hier überhaupt schon im modernen Sinn gebrauchen kann). Sie wurden ausnahmslos ins Feuer geschickt. Bestechlichkeit und Ämterkauf verfolgte die Inquisition ebenfalls mit äußerster Härte. Um günstige Zeugenaussagen zu bekommen, wurde die Folter systematisch angewandt.

Für Ignatius von Loyola ist, wie für viele andere in Europa, die Wahl Paul IV. eine Schreckensnachricht:

> »Alle Knochen im Leib haben mir gezittert, als ich von der Wahl Carafas Kenntnis bekam«[12],

schrieb er später. Der Gründer des Jesuitenordens war Jahre zuvor, in Paris, mit dem Kardinal Carafa aneinandergeraten. Carafa hatte Ignatius bereits damals einen Häretiker genannt – ein sehr gängiger Begriff im Wortschatz Paul IV., was die Sorge des Jesuiten eigentlich hätte relativieren müssen. Jetzt fürchtete der alte Haudegen, daß sich auf päpstliche Order hin die Inquisition mit ihm näher befassen könnte.

Zunächst aber sind die »Ebrei«, die Juden, an der Reihe. Der Papst ließ sie in Rom und im Kirchenstaat in »Ghettos« einmauern. Er verdächtigte sie, mit den protestantischen Ketzern zu paktieren. Zudem erneuerte und präzisierte er die Bestimmungen des 4. Laterankonzils von 1215, wonach die Juden durch ihre Kleidung kenntlich zu sein hätten: Er befahl ihnen, ab sofort gelbe Hüte zu tragen. So sollten sie in ihrer Kleidung noch stärker als bisher von den übrigen päpstlichen Untertanen im Kirchenstaat zu unterscheiden sein. Noch heute ist in Rom jene Mauer zu sehen, die der Inquisitionspapst um das römische Ghetto hochziehen ließ. Und einer seiner Nachfolger, Pius V., der ebenfalls aus dem Amt eines Großinquisitors ins Papstamt aufstieg, ließ bis auf wenige Ausnahmen (ausschließlich wegen merkantiler Rücksichtnahmen) dann alle Juden aus dem Kirchenstaat ausweisen.

Auch die Kunst gerät in die Fänge des Inquisitors auf dem Papstthron: Noch vor Michelangelos Tod hatte der Carafa-Papst die athletischen Aktfiguren des Künstlers in der Sixtinischen Kapelle im Vatikan von Daniele da Volterra übermalen lassen – in Form von Kleidungsstücken oder auch nur Tuchfetzen. Ganz Rom machte sich damals hinter vorgehaltener Hand über die »Hosen des Volterra« lustig; was nicht ungefährlich war, denn die Inquisition hörte fast alles. Darüber hinaus ließ Paul die Statuen aus der Sammlung der Villa Giulia fortschaffen und den Hof des Belvedere für die Öffentlichkeit sperren. Wären ihm Mitarbeiter der Kurie nicht in die Arme gefallen, hätte er auch noch alle antiken Monumente Roms zerstören lassen, weil sie von Heiden, also von Ketzern, geschaffen worden waren.

Auch für die ehemaligen Kollegen des Papstes, die Kardinäle, besonders für die »Spirituali« im Kardinalskollegium, brachen harte Zeiten an. Der Papst entzog Kardinal Reginald Pole, dem neuen Erzbischof von Canterbury (er wurde Nachfolger des berüchtigten Thomas Cranmer, der zuvor als Ketzer verbrannt worden war), das päpstliche Legat für England und forderte ihn ultimativ auf, umgehend nach Rom zurückzukehren, weil er ein Häretiker sei. Pole kam dieser Aufforderung wohlweislich nicht nach. Denn ihn hätte dasselbe Schicksal getroffen wie Kardinal Giovanni Morone, den Paul, wegen des Vorwurfs der Häresie, in der Engelsburg festsetzen ließ. Erst unter Pauls Nachfolger im Petrusamt, unter Pius IV., sollte der Kardinal wieder frei kommen und im Frühjahr 1563 Präsident der dritten Sitzungsperiode des Trienter Konzils werden.

Poles Rückruf kam zu einem Zeitpunkt, als mit der Thronbesteigung Marias (I.), der Tochter Katharinas von Aragon und Heinrichs VIII., gute Chancen bestanden, England für den Katholizismus zurückzugewinnen. Doch für derartige Argumente hatte Paul IV. kein Ohr. Sein Wille allein zählte, und diesem hatte sich auch die Politik unterzuordnen, was er in seinem Kampf gegen die (katholischen) spanischen Habsburger vor aller Welt demonstrierte – zum Schaden für die katholische Konfession. Denn als 1558 Marias Halbschwester, Elisabeth I., den englischen Thron besteigt, verlangte Paul IV., daß die Monarchin ihm, dem Papst, ihre Ansprüche auf den Thron beweisen soll. Zudem bestand er auf der Rückgabe der kirchlichen Besitzungen und Liegenschaften, die von ihrem Vater, Heinrich VIII., eingezogen und meistbietend verkauft worden waren. Elisabeth, die »Dienerin des Lasters« (so Pius V. über die Königin) überhörte die Forderungen aus Rom. Die Überlegung der Kurie, Elisabeth nun zu exkommunizieren, wurde aber dann fallengelassen. Diesen Schritt vollzog (1570) erst Pius V. Es sollte übrigens die letzte Exkommunikation in der Geschichte des Papsttums gegenüber einem regierenden Staatsoberhaupt sein.

Letztlich ist es auch dem Starrsinn dieses Papstes zu verdanken, daß England sich nach 1560 endgültig für die Reformation entschied und in Rom das Inselreich auf die Verlustliste ehemals katholischer Länder gesetzt wurde: So wie es schon unter Papst Julius III. mit Deutschland und wenig später als Ergebnis der Reformation Calvins auch mit den Niederlanden geschehen war.

Vollends unverständlich war für das ungläubig staunende Europa, daß sich das Papsttum mit Frankreich verbündete, um gegen Spanien, das doch die größte Stütze der katholischen Reformation war, in den Krieg zu ziehen. Aber der Carafa-Papst hat dem Habsburger Karl V. zeitlebens nicht den *Sacco di Roma* verziehen, als die den Söldner-Truppen des Kaisers schutzlos ausgelieferte Ewige Stadt (1527) von der in jeder Beziehung hungrigen Soldateska acht Tage und acht Nächte geplündert und gebrandschatzt worden war und ein in der Engelsburg eingeschlossener Papst (Clemens VII.) tatenlos zusehen mußte.

In einer beispiellosen Kampagne, die in ihrer Substanz sogar von der Filmproduktion aufgenommen wurde (von dem englischen Spielfilm *Fahrenheit 451* aus dem Jahre 1966, der eine Welt beschreibt, in der Bücher verboten sind), trieb Paul IV. die Inquisition zur gnadenlosen Jagd auf häretische Schriften und Bücher an.

Der erste Index verbotener Bücher war bereits 1549, knapp 100 Jahre nach der Erfindung des Buchdrucks, in Venedig veröffentlicht worden. Und das sogenannte »Imprimatur« (kann gedruckt werden), das *nihil obstat* (keine Einwände) für die

Veröffentlichung von Druckerzeugnissen, hatte bereits im Jahre 1515 das Fünfte Laterankonzil erfunden. Erstmals wurde das »Imprimatur« 1516 erteilt. Diese Erlaubnis wurde sichtbar in das Buch mit eingedruckt – als Bestätigung, daß der Inhalt des vorliegenden Buches von der kirchlichen Zensur geprüft und genehmigt worden war.

Zum ersten Mal in der Geschichte des Papsttums wird 1559 ein Verzeichnis ungläubiger und verderblicher Bücher aufgestellt, das Verzeichnis der verbotenen Bücher, der sogenannte *Index librorum prohibitorum*, für das ab 1571 sogar ein eigenes Ministerium (die Indexkongregation) an der Kurie zuständig sein wird.

Jedes greifbare Buch, jede auffindbare Schrift wurde untersucht. Dabei stützten sich die Inquisitoren unter anderem auch auf die Veröffentlichungen im Katalog der Frankfurter Buchmesse, was nicht selten zu skurrilen Situationen führte: Denn dieser Katalog enthielt immer auch Publikationen, die zwar angezeigt, aber nicht unbedingt erschienen waren, was dazu führte, daß sich Bücher auf dem Index wiederfanden, die niemals gedruckt worden waren.

Immer wieder jedoch fielen Bücher und Flugblätter durch das engmaschige Netz der Inquisitionsmaßstäbe. Vor allem dann, wenn die Bücher in einer Sprache verfaßt waren, welche die Zensoren nicht sprachen. So verfügte das Konzil von Trient – das im übrigen Wert darauf legte, daß der Index jeweils überarbeitet wurde –, daß die Übersetzung der lateinischen Bibelausgabe, der sogenannten Vulgata, als authentisch anzusehen sei, das heißt, daß diese Übersetzung in den Augen der Konzilsväter keine Glaubensirrtümer enthält. Eine logische Entscheidung, da bis auf wenige Ausnahmen sich die Konzilsteilnehmer nur aufs Latein verstanden, nicht jedoch auf die hebräische oder griechische Sprache. Mit fatalen Folgen. Denn diese Entscheidung des Konzils hat (für gut 400 Jahre!) die Beschäftigung mit dem hebräischen oder griechischen Urtext der Bibel in der katholischen Kirche um Jahrhunderte zurückgeworfen – bis in die Mitte des 20. Jahrhunderts hinein. Erst Pius XII. gab mitten im Zweiten Weltkrieg (1943) den katholischen Exegeten (Bibelauslegern) grünes Licht für die Verwendung der Literatur- und Textkritik. Der humanistische Grundsatz: »Zurück zu den Quellen« wurde aus Furcht vor der Ketzerei und zugunsten eines rein dogmatischen Sicherheitsdenkens fallengelassen.

Der griechischen Sprache mächtig war Erasmus von Rotterdam. Als sich dieser mit seinen Schriften auf dem Index wiederfand, protestierten die Jesuiten beim Papst. Denn in den neugegründeten kirchlichen Seminaren und Schulen gehörte das Grammatiklehrbuch des Erasmus zu den unersetzbaren Unterrichtsmaterialien. Der Protest richtete sich indirekt auch gegen Ignatius, den Gründer der Jesuiten, selbst; er hatte sich persönlich dafür stark gemacht, die Bücher von Häretikern samt und sonders aus dem Verkehr zu ziehen.

Das »Sprachenproblem« der Zensoren bekam auch Heinrich Heine zu spüren: Seine Werke waren die einzigen aus der Gruppe der von Fürst Metternich verfolgten deutschen Literaten und Schriftsteller (Das Junge Deutschland), die in einer »katholische Sprache«, in diesem Fall auch auf französisch erschienen waren – eine Sprache, in der man bei der Indexkongregation durchaus zu Hause war; hingegen sprach keiner der Zensoren die »Sprache der Barbaren«: deutsch.

Dennoch gelang es der Inquisition, rings um das (was noch davon übriggeblieben war) katholische Europa eine unsichtbare Mauer zu errichten. Und im Schutz dieser Mauer fuhren die Gralshüter der Wahrheit gegen die protestantische Ketzerei ihre schwersten Geschütze auf. Dazu gehörte an erster Stelle die Bibel, die Heilige Schrift. Sie zählte zu jenen Büchern, welche das Heilige Offizium nur im »Giftschrank« aufbewahrte. Vor allem wegen des immer perfekteren Buchdrucks und der sich häufenden Bibelübersetzungen in Landessprachen – allein in Deutschland gab es vor Luthers Bibelübersetzung schon insgesamt 18 ins Deutsche übersetzte vollständige Ausgaben der Heiligen Schrift – halten es die Inquisitoren für ratsam, das Buch der Kirche für das gemeine Volk unter Verschluß zu legen, um der Häresie keinen Vorschub zu leisten. In den Akten der römischen Indexkongregation sind peinlichst genau sämtliche Bannsprüche etwa gegen italienische Bibelübersetzungen festgehalten. Die Bibel war ein Buch für Theologen und Fachleute; sie dürfen die Heilige Schrift lesen, aber nur dann, wenn die Inquisition grünes Licht gab. Die Inquisitoren verstanden sich als die Lordsiegelbewahrer der von ihnen ausgelegten und gedeuteten Wahrheit. Der einfache Gläubige sei hingegen anzuleiten, man mußte ihn führen und korrigieren. Der Katholik hatte keinesfalls, wie es die protestantischen Ketzer taten, das Recht, selbst in der Bibel zu lesen. Für die Inquisitoren waren die Fehlinterpretationen des Gotteswortes nämlich die Wurzel aller Ketzerei schlechthin. Diese ließ sich nur durch strikten Gehorsam gegenüber den von der Kirche beauftragten Deutern der Wahrheit vermeiden. Für die Einfältigen und Ungebildeten (*simplices et idiotae*) ist die Bibel ein subversives Buch. Und vor diesem Buch mußte man die Gläubigen schützen.

Als 1607 der Gesandte Venedigs bei Papst Pius V. vorsprach, um für einige von der Inquisition gemaßregelte Theologen seiner Stadt ein gutes Wort einzulegen – mit dem Hinweis, diese hätten den Leuten doch nur die Heilige Schrift ausgelegt –, drohte der Papst vor Zorn zu platzen. Pius brüllte den Gesandten der allmächtigen Serenissima an: »Merkt Ihr denn nicht, welchen Schaden diese Lektüre der Bibel der katholischen Religion zufügt?«[13]

Pius V.

Als Paul IV. im August 1559 starb, trauerte nur seine von ihm so heißgeliebte Inquisitionsbehörde. Die Römer selbst, erleichtert über den Tod, rächten sich am Papst und seiner Familie. Ein wütender und wie von Fesseln befreiter Mob zog durch die Straßen Roms, zerstörte die Statue des Papstes, die am Kapitol aufgestellt war, und schleppte das geköpfte Standbild in den Tiber; man befreite die von der Inquisition festgesetzten Gefangenen aus ihren Kerkern, und zu guter Letzt verwüstete der Pöbel auch noch einen der drei Tagungsorte der Inquisitionsbehörde, das stadtrömische Dominikanerkloster bei der Kirche Santa Maria Sopra Minerva.

Der Tod des Papstes kam aber nicht völlig überraschend, wie immer wieder behauptet wird. Die Römer spürten offensichtlich das nahe Ende des Carafa-Papstes. Zu viele Päpste hatten sie schon kommen und sterben sehen. Auch dieser wohl unpopulärste Papst des Jahrhunderts konnte ihnen nicht unbemerkt entwischen. Und so ist in einem Bericht jener Tage zu lesen:

»Der Papst ist sehr krank, und sein Zustand hat sich verschlechtert. Er kann nicht mehr essen: er hat alle seine Zähne verloren, hat Fieberanfälle und Schüttelfrost und tausend Krankheiten, zumindest wird das von ordinären, bösartigen und niederträchtigen Leuten behauptet. Seine Verwandten schaffen in aller Eile die Wandteppiche und das Gold und das Silber aus dem Palazzo heraus. Das ist das untrügliche Zeichen dafür, daß er nicht mehr zu heilen ist.«[14]

Bis zum letzten Atemzug hatte es Paul IV. verstanden, das von der Konzilsmehrheit 1552 für zwei Jahre unterbrochene Konzil auf gar keinen Fall wieder einzuberufen. Bei Paul IV. lagen die Gründe ähnlich offen zutage wie bei seinen Vorgängern: Clemens VII. hatte panische Angst vor einem Konzil, weil er vor dem Hintergrund der lutherischen Reformation in Deutschland ein Wiederaufleben des Konziliarismusgedankens fürchtete. Niemals mehr – so seine Überlegung mit Blick auf die Ereignisse rund um die Konzilien von Konstanz (1414–1418) und Basel (1431–1449) – sollte und durfte sich ein Papst dem Mehrheitswillen eines Konzils unterwerfen. Selbst den Forderungen Kaiser

Karls V. nach einem Konzil widerstand der Medici-Papst. Ja, es ist nicht übertrieben zu behaupten: Clemens hatte mehr Angst vor einem Konzil als vor der Kirchenrevolution in Deutschland. Also verschleppte er das Konzil nach allen Regeln diplomatischer Kunst, wobei ihn Franz I. von Frankreich offen unterstützte. Für Frankreich war die Reformation ein Geschenk des Himmels: schwächte sie doch den Einfluß des Kaisers, weil er permanent mit den deutschen Problemen befaßt wurde. Ein Konzil, das hingegen die Einheit der Kirche wiederherstellen könnte, hätte auch den Kaiser gestärkt und die Stellung Frankreichs geschwächt: das Grundprinzip kommunizierender Röhren.

»Seit die Päpste die Konzilien zu fürchten begannen, bleibt die Kirche ohne Konzilien, und sie wird es bleiben zum Unheil und Verderben der Religion«[15],

schrieb 1530 ahnungsvoll der spanische Dominikaner Francisco de Vitoria im fernen Salamanca. Und dann war da noch eine zweite Sorge der römischen Kurie: Auf einer Allgemeinen Kirchenversammlung müßten alle Stände und Gliederungen der Kirche vertreten sein, also auch die kontestatorischen Kräfte aus Deutschland, die »Reformatoren«. Zum Konzil von Vienne (1311–1312) hatte Papst Clemens V. die Teilnehmer noch handverlesen eingeladen. Das war nun, 250 Jahre später, kaum mehr möglich, angesichts der starken politischen Einflußnahmen auf das Konzil. Würden diese sich den Beschlüssen des Konzils, wenn sie nicht zu ihren Gunsten ausfallen sollten, unterwerfen wollen? Zudem forderte der Kaiser zur Rettung der Einheit von Kirche und Reich vordringlich eine Reform der Institutionen der Kirche, also auch des Hauptes, nicht nur der Glieder. Dagegen sperrten sich Papst und Kurie vehement: Alles, nur das nicht! Denn sie erkannten sehr wohl, daß sich automatisch wieder die Frage nach der Autorität in der Kirche stellen werde, nach dem göttlichen Recht der Hierarchie, nach dem Papstamt selbst.

Doch wie stark war der Widerstand der Kurie gegen die Reform? Seit 250 Jahren, seit der Bischof von Mende, Guillaume Durant, auf dem genannten Konzil von Vienne seine umfangreiche Denkschrift über die Reform der Kirche an Haupt und Gliedern vorgelegt hatte – in der er bereits alle Klagen der nachfolgenden Jahrhunderte über die verkommene, geldgierige, faule und gottlose Kirche aufgelistet hatte –, war der Ruf nach einer Reform nicht mehr zur Ruhe gekommen. So würde sich die Kirche, darüber waren sich die Reformer an der Kurie einig, irgendwann zu einem scharfen Schnitt durchringen müssen – koste es, was es wolle. Doch erst Luther und seine Kritik brachten den Wagen der Reformen ins Rollen, langsam und schwerfällig, aber dann immer unaufhaltsamer.

Die Protestanten sind hellwach, die Katholiken schlafen

Gegen den Widerstand seiner Berater war Papst Paul III. entschlossen, die Stadt Trient zum Tagungsort des Konzils zu machen; sein Hauptargument war dabei, auch den Protestanten die Teilnahme am Konzil zu ermöglichen. Diese hatten sich nämlich geweigert, in einer italienischen Stadt zu tagen, aus Sorge, daß dort der Einfluß des Papstes zu mächtig sein könnte. Trient hingegen gehörte noch zum Reich. Die Stadt unterstand dem Kaiser, nicht dem Papst, lag aber im Grenzgebiet zu Italien. Die Geste verfehlte ihre Wirkung; die Protestanten waren nicht gewillt, sich in irgendeiner Weise spitzfindigen Diskussionen mit den »Papalisten« auszuliefern, es sei denn, die von ihnen vorgeschlagen Themen allein stünden auf der Tagesordnung des Konzils, Themen, die vornehmlich die Reform der Kirche am »Haupt« zum Inhalt haben sollten. Die Sorgen und Vorbehalte der Protestanten waren nicht unberechtigt, hatte doch Paul III. ganz genaue Vorstellungen von dem, was das Konzil leisten sollte: »Die Ausrottung der Pest der lutherischen Häresie«, nicht mehr und nicht weniger. Auch verlangten die protestantischen Stände, daß sich der Papst dem Konzil und den Konzilsbeschlüssen unterwerfen müsse.

Aufgeschreckt durch die Kampfschrift Luthers (*Wider das Papsttum zu Rom, vom Teufel gestiftet*) wollte man in Rom von einer Reform der kirchlichen Institutionen, wie sie auch Kaiser Karl V. immer wieder gefordert hatte, erst recht nichts wissen. Zu groß war an der Kurie die Furcht, daß Konzil könnte das Papsttums selbst in Frage stellen. Bereits Kardinal Thomas Cajetan, der sich 1518 in Augsburg eingehend von Luther über dessen theologischen Ansatz zur Erneuerung der Kirche unterrichten ließ, hatte damals prophetisch festgestellt: das, was Luther da entwickelt habe »heißt eine neue Kirche bauen!«

Die weitsichtigen Kräfte in der Kirche waren sich einig, daß eine grundlegende Reform in Angriff genommen werden mußte, sollte sich die reformatorische Bewegung nicht weiter ausbreiten und – so das Fernziel – die Einheit der einen Kirche Christi wieder hergestellt werden.

Und so hatte das Konzil von Trient, das sich über fünf Pontifikate erstreckte (1545–1563), zwei Hauptaufgaben zu bewältigen: zum einen die Verbesserung der Regierung und Organisation der kirchlichen Arbeit (Reform), zum anderen die Durchsicht, Prüfung und Festlegung der kirchlichen Lehre (Doktrin) gegenüber den von den Reformatoren entwickelten theologischen wie organisatorischen Neuerungen.

Aber das Konzil, das im Dezember 1545 die Arbeit aufnahm, tat sich schwer, Tritt zu fassen und die gestellten Erwartungen zu erfüllen. Die Kurie wünschte als erstes die Lehre behandelt zu sehen, die Bischöfe bestanden darauf, parallel dazu auch die Reformen der Kirche zu diskutieren, aus Sorge darüber, der Papst könnte nach Klärung der Lehrfragen das Konzil nach Hause schicken, ohne die Reform der Kirche anzugehen, deren Ausbleiben ja der Auslöser für die Reformation in Deutschland gewesen war.

Man einigte sich darauf, Lehre und Reform streng gleichwertig und parallel zu behandeln. Denn noch immer hatte Europa die Aufforderung an Hadrian VI. im Ohr: »*Purga Romam, purgatur mundus*« (Miste den römischen Saustall aus, dann wird auch die ganze Welt sauber!). Mit Blick auf die Lehre einigte man sich, die theologischen Streitigkeiten der unterschiedlichen Schulen (der Dominikaner, Augustiner, Franziskaner und dann auch die der Jesuiten) möglichst außen vor zu lassen und nur das allen Schulen gemeinsame zu diskutieren und als katholisch zu definieren, um nicht die theologische Kommunikation mit der Reformation abzubrechen. Gerade diesen Balanceakt zu halten, gelang im Verlauf des Konzils aber dann immer weniger. Denn die rasanten politischen Veränderungen bewirkten zahlreiche, sinnlose Unterbrechungen der Konzilsarbeit. Mit der Folge, daß die in der ersten Sitzungsperiode noch offengehaltenen Brücken nach und nach hochgezogen wurden und das Konzil einen stramm antireformatorischen Kurs einschlug.

In der ersten Sitzungsperiode (1545–1547) diskutierten die wenigen anwesenden Konzilsväter – nur knapp 30 und fast nur Spanier und Italiener nahmen am 13. Dezember 1545 die Arbeit auf; für die Reichskirche ist nur der Ortsbischof von Trient, Fürstbischof Kardinal Christoforo Madruzzo stimmberechtigt – als erstes über die Quellen der Offenbarung. Sie legen fest, daß Schrift (Bibel) und Tradition als zwei gleichwertige Quellen anzusehen sind.

Obwohl in diesem Zusammenhang durchaus darüber zu reden wäre, vermieden es die Konzilsväter sorgfältig, über die Rolle des kirchlichen Lehramts zu diskutieren, um nicht unnötig einen Streit zwischen den Anhängern eines starken Papsttums und den Anhängern der konziliaren Idee vom Zaun zu brechen. Eruptionsartig brach dieser Streit wenig später dann aber doch in den Diskussionen über das Bischofsamt und seine Position im gesamtkirchlichen Gefüge auf.

Ganz im Sinne des Brückenschlags wandte sich das Konzil auch der (von Luther aufgeworfenen) Frage nach der Rechtfertigung (des durch und durch verderbten Menschen) vor Gott zu, um darauf eine »katholische« Antwort zu geben. Das Rechtfertigungsdekret (*De iustificatione*) – vom Konzil im Januar 1547 einstimmig verabschiedet – wurde neben dem Eucharistiedekret zur zentralen Lehrentscheidung der Trienter Kirchenversammlung, die in der Auseinandersetzung zwischen Katholizismus und Protestantismus die theologische Diskussion bis an die Schwelle des Dritten Jahrtausends (1999) beschäftigen sollte. Während Luther die Rechtfertigung ohne jede Mitwirkung des Menschen versteht, ist für das Konzil »die Mitwirkung des von der Gnade angerührten Menschen« für seine Rechtfertigung notwendig. Um vor Gott bestehen zu können, genügt nicht »allein der Glaube«; vielmehr muß der Glaube des Menschen in Werken der Liebe zum Ausdruck kommen.

Des weiteren schrieb das Konzil die Zahl der Sakramente auf sieben fest: detailliert schafft man nur zwei Sakramente zu behandeln, das der Firmung und der Taufe.

Im Zusammenhang mit der Diskussion über die Erbsünde – man wiederholt in Trient im wesentlichen die Aussagen der Synoden von Karthago (418) und Orange (529) – stellte der spanische Kardinal Pedro Pacheco den Antrag, die »Unbefleckte Empfängnis« der Gottesmutter Maria zur verbindlichen Glaubenslehre der Kirche zu erheben, was das Konzil jedoch wohlweislich ablehnte. Dreihundert Jahre später (1854) vollzieht dann Papst Pius IX. diesen Schritt.

Zum offenen Streit kam es aber in der Frage der Residenzpflicht.

Es war nämlich allgemeiner Brauch, daß man zwischen den (persönlich zu erfüllenden) Amtspflichten und der Nutznießung der mit der Amtsstelle verbundenen Einkünfte trennte. Es gab Bischöfe, Kardinäle und Pfarrer, die das ihnen übertragene Bistum oder Pfarrterritorium nie gesehen haben. Die Bischöfe überließen Seelsorge und Abwicklung der laufenden Geschäfte weitgehend ihren Auxiliarbischöfen (den Weihbischöfen) und Bischofsvikaren und strichen nur die Einkünfte aus ihren Pfründen ein, die sie dann irgendwo in Europa ausgaben: vorzugsweise in Venedig, Rom oder auch in Paris.

Grundsätzlich bestand nun Einigkeit darüber, daß sich Pfarrer und Bischöfe um ihre Bistümer und Pfarrstellen kümmern sollen. Gestritten wurde aber darüber, ob der Bischof kraft Weihe und Beauftragung der Hirte seines Bistums oder ob er nur ein (austauschbarer) Kirchenfunktionär sei, den der Papst einsetzt und auch wieder abberuft. Ein Teil der Konzilsväter sieht den Bischof in der unmittelbaren Nachfolge der Apostel (und der von ihnen – so die Tradition – begründeten Kirchen). Somit ist die bischöfliche Vollmacht von Gott verliehen (ist also ein *ius divinum*) und nicht vom Papst. Die Gegenposition vertraten vor allem die

Bischöfe und Prälaten aus Italien und die von der Kurie. Sie wollten, das an der gängigen Praxis nicht gerüttelt wird, weil sie um ihre eigenen Positionen fürchteten. Vor allem wollten sie verhindern, daß die absolute Gewalt des Papstes über die Kirche geschmälert würde. Man einigte sich schließlich darauf, die Residenzpflicht nur einzuschärfen und die Frage nach der göttlichen Vollmacht der Bischofsgewalt auszuklammern. Ein Fehler, der die dritte Konzilsperiode (1562–1563) dann in handfeste kirchenpolitische Turbulenzen stürzen wird.

Die dritte Sitzungsperiode des Konzils, von Papst Pius IV. wiederum nach Trient einberufen, geriet weniger zur Auseinandersetzung mit der Reformation als zum Machtkampf zwischen der episkopal-konziliaren und der monarchisch-unfehlbaren Kirchenkonzeption. Diesmal ist das Konzil gut besucht. Diesmal sind auch die Franzosen gekommen; die Deutschen hingegen blieben erneut zu Hause, weil sie weiterhin befürchten müssen, nach Abschluß des Konzils ihren Bischofssitz »reformiert« vorzufinden, und daß man ihnen ihren Bischofsstuhl vor die Tür gesetzt haben könnte.

Auch die protestantische Seite blieb wiederum dem Konzil fern. Es hatte für sie keinerlei Bedeutung mehr. Denn die religiösen Streitigkeiten waren beigelegt; jeder Reichsfürst – katholisch oder nicht – kann nun (reichsrechtlich verbürgt) selbst entscheiden, welches Bekenntnis in seinem Territorium Gültigkeit haben sollte. Und auch die katholischen Stände sind an einer Änderung des erreichten Zustands nicht sonderlich interessiert. Was den päpstlichen Legaten Giovanni Commendone, als er im Auftrag der Kurie Deutschland bereist, um für eine Teilnahme der Deutschen am Konzil zu werben, erstaunt notieren ließ:

> »Die Protestanten sind hellwach, die Katholiken schlafen; man gewinnt den Eindruck, daß sie, und nicht die Protestanten, auf den Glauben ohne Werke setzen: so wenig kümmern sie sich darum, den Zusammenbruch der katholischen Religion in Deutschland zu verhindern.«[16]

Zudem sind die deutschen Bischöfe und Prälaten, anders als ihre Kollegen aus dem Mittelmeerraum, weder theologisch noch philosophisch hinreichend qualifiziert, noch besaßen sie die sakramentalen Voraussetzungen für eine Teilnahme am Konzil: Vielen Bischöfen im Reich fehlte eine tiefergehende theologische Bildung, viele sind »Laien«, sind nicht einmal geweiht.

Insgesamt rund 120 abstimmungsberechtigte Bischöfe und Prälaten eröffnen das Konzil (als es schloß, waren es rund 200).

Die Sitzungsperiode – sie dauert genau 12 Monate – verlief stürmisch, und sie endete nicht weniger stürmisch. Der Grund liegt sowohl in den politischen Veränderungen gegenüber der ersten Sitzungsperiode: Spanien war (nun unter Philipp II.) zur einflußreichsten Macht Europas aufgestiegen, und im Reich hatte der Augsburger Religionsfriede inzwischen neue Fakten geschaffen. Auch Frankreich sprach sich nun für das Konzil aus, weil sich der Calvinismus inzwischen in Frankreich breit gemacht hatte. So wurde das Konzil, mit Ausnahme der wenigen teilnehmenden französischen Bischöfe, im ganzen ein »Heimspiel« für die spanischen und italienischen Delegierten, also für die des Papstes und die des Hofes zu Madrid.

Spanien hatte einer Wiederaufnahme des Konzils unter der Bedingung zugestimmt, daß dieses als Fortsetzung (*continuatio*) der beiden ersten Sitzungsperioden akzeptiert werde. Kaiser Ferdinand und Reich wünschten hingegen auf Grund der veränderten Lage in Deutschland ein völlig neues Konzil: Die protestantische Reformation hatte nämlich inzwischen stark an Boden gewonnen, was der Kaiser bei den Beratungen mit berücksichtigt wissen wollte. Drei (katholische) Mächte stehen nun dem Papsttum gegenüber: die Habsburger (Wien), die Franzosen (Paris) und die Spanier (Madrid), eine Konstellation, die erst durch die Französische Revolution und Napoleon zerschlagen wird.

Dennoch berief Pius IV. das Konzil ein, das in einer Atmosphäre von erheblicher Nervosität startete: Unverhohlen machten die Befürworter eines zentralistischen Kirchenregiments Front gegen die kleine, aber dennoch entschlossene Schar der Anhänger der alten Konziliarismusidee. Dieser Gegensatz spaltete selbst das dreiköpfige Konzilspräsidium. Erneut kam die Frage nach dem *ius divinum* zur Sprache. Das Dekret der ersten Sitzungsperiode (1547) über die Residenzpflicht war, so hatte sich zwischenzeitlich gezeigt, wirkungslos geblieben. Nervös machte die Delegierten auch die Forderung des Kaisers, es sollten auch in der römischen Kirche der Gottesdienst in der Landessprache abgehalten, die Priesterehe eingeführt und der Laienkelch zugelassen werden – Forderungen, die Kaiser Ferdinand aber wieder fallen ließ.

Seit der ersten Sitzungsperiode hatten sich die Argumente pro und contra Residenzpflicht und die damit in Zusammenhang gebrachte Frage nach der Stellung der Bischöfe nicht grundsätzlich geändert. Weiterhin beharrte ein Teil der Konzilsväter darauf, daß die bischöfliche Vollmacht von Gott verliehen sei; ihre Gegner argumentierten, nur der Papst, als Statthalter Christi und Nachfolger des Apostelfürsten, könne den Bischöfen ihre Vollmacht übertragen, niemand anders. Und im Umkehrschluß folgerten sie, daß der Papst selbstverständlich diese Vollmacht auch wieder entziehen könne. Also könne es gar kein *ius divinum* geben. Die Frage nach der Residenzpflicht und der bischöflichen Vollmacht – von Gott oder vom Papst gegeben – spaltete das Konzil.

Schützenhilfe erhielten die »Ultramontanen« (die Befürworter eines monarchischen Papsttums) von den theologisch und philosophisch gut ausgebildeten und argumentativ starken Jesuiten, die als Berater das Konzil fest im Griff hatten. Daß die Jesuiten sich für die Sichtweise eines starken Papsttums einsetzten, hatte handfeste machtpolitische Gründe. Zwischen Papst, Kurie und Konzilspräsidium war es nämlich ausgemachte Sache, die binnenkirchliche Gewalt auf Grund der nachteiligen Erfahrungen, welche Kurie und Papst mit den konziliaren Ideen gemacht hatten, in den Händen des Papsttums zu konzentrieren.

Die Jesuiten argumentierten hierbei auch mit dem (umstrittenen) sogenannten »Unionsdekret« des Konzils von Florenz, vom Juli 1439. In diesem Dekret, mit welchem die bestehende Trennung zwischen der »Ostkirche« und der »Westkirche« überwunden werden sollte (was dann doch scheiterte, weil Konstantinopel 1453 den Türken in die Hände fiel), ist nämlich die Rede davon, daß

> »der Heilige Apostolische Stuhl und der Bischof von Rom den Primat über den ganzen Erdkreis hat, daß der Bischof von Rom Nachfolger des heiligen Apostelfürsten Petrus, wahrer Stellvertreter Christi, Haupt der ganzen Kirche und Vater und Lehrer aller Christen ist, daß ihm, im heiligen Petrus, die volle Gewalt, die ganze Kirche zu weiden, zu leiten und zu lenken, von unserem Herrn Jesus Christus übertragen (worden sei).«[17]

Hinter diese Formulierung wollten die Anhänger der unbedingten päpstlichen Gewalt über die Kirche nicht zurückgehen. Dennoch: Der Streit in der Vollmachtsfrage eskalierte derart, daß die Kardinallegaten befürchten mußten, daß ein Teil der Bischöfe ihrerseits die Frage nach der (bislang ja nur vom Papsttum immer wieder behaupteten) Legitimation des Papstes als Stellvertreter Christi aufwerfen könnten.

Nachdem der Papst zwischenzeitlich jede weitere Diskussion in dieser Frage untersagt hatte, brachte das Konzilspräsidium schließlich doch noch einen Kompromiß zustande. In den Dekreten über das Weihesakrament wurde jegliche Frage nach dem Wesen der Kirche ausgeklammert, also auch die Frage nach der Stellung des Papstes.

Dennoch konnte die Partei des Papstes den Sieg davontragen, und zwar einen für die Zukunft des Papsttums entscheidenden. Das Konzil verfügte nämlich eine Generalklausel; sie besagt, daß alle Abstimmungen und Beschlüsse nur unter dem Vorbehalt der päpstlichen Zustimmung gefaßt worden sind und daß – allein schon wegen so mancher noch offener Fragen – ihre Durchführung und Umsetzung dem Papst und seiner Kurie überlassen wird.

Vergebens hatten die »Episkopalen« unter den Konzilsvätern dafür geworben, zu diesem Zweck ein ständiges Konzil einzurichten, vergleichbar etwa dem immerwährenden Reichstag, um die noch ausstehenden Reformen der Willkür des Papstes zu entziehen. Ihre Sorge war, der Papst könnte aus politischen

Rücksichtnahmen die auf den Weg gebrachten Reformen nur halbherzig oder gar nicht weiterverfolgen. Vor allem jedoch fürchteten sie, daß den Bischöfen die Kirchengewalt nun endgültig entzogen und sie zu Befehlsempfängern und Vollzugsbeamten von Papst und Kurie degradiert werden.

Daß nur der Papst (wie auf dem Trienter Konzil zwar gefordert, aber nicht endgültig geklärt) die Bischöfe einsetzt und auch wieder entläßt, erfuhr die kirchliche Öffentlichkeit vor nicht allzu langer Zeit, und zwar sehr spektakulär, am 13. Januar 1995. An diesem Tag schickte der damalige vatikanische »Minister für die Bischöfe«, Kardinal Bernadin Gantin, den Bischof von Evreux (Frankreich), Jacques Gaillot, im wahrsten Sinn des Wortes in die »Wüste«. Seine Aufgabe als Bischof von Evreux, so erklärte Gantin dem nach Rom zitierten Gaillot, sei beendet, das Bischofsamt ab sofort »unbesetzt«; Gaillot werde als neues Bistum die Diözese Partenia zugewiesen, ein Bistum aus der Frühzeit der Kirche, das aber bereits im 5. Jahrhundert im Sand der Sahara versunken ist …

Als das Konzil schloss, war das ins Auge gefaßte Reformprogramm noch nicht einmal halbwegs abgearbeitet. Nur wenige, wenngleich wichtige, richtungentscheidende Beschlüsse zur Reform »an Haupt und Gliedern« und zur »Lehre« (Doktrin) hatten die Konzilsväter fassen können, die als Gegengewicht zu den protestantischen Forderungen und Erwartungen an eine Kirchenreform im römischen Sinn geklärt wurden:

Die Reform der Bistümer und Pfarreien blieb im Ansatz stecken; die Priesterehe wurde in der lateinischen Kirche nicht eingeführt. Latein blieb weiter die Sprache der römischen Liturgie. Das Eherecht war nun grundlegend reformiert: Ehen konnten künftig nicht mehr »formlos« oder »insgeheim« (klandestine Ehen), sondern nur noch vor dem Pfarrer und zwei Zeugen gültig geschlossen werden. Kategorisch verbot das Konzil die Gewährung eines Ablasses gegen Bezahlung. Das Eucharistiedekret von 1551 (zweite Sitzungsperiode), in dem – gegen die Auffassung, Christus sei nur beim Empfang des Abendmahls gegenwärtig – die auf Grund der Wesensverwandlung (Transsubstantiation) »wirkliche Gegenwart« des Leibes und Blutes Christi unter den Substanzen von Brot und Wein betont und zur »verbindlichen Glaubenslehre« der römischen Kirche gemacht wurde, ergänzte das Konzil nun noch durch den Gedanken vom »Opfercharakter der Messe«.

Daß die Sakramente der Kirche nicht nur zum Nutzen der Gläubigen, sondern auch als Argument in der Auseinandersetzung mit der Reformation eingesetzt werden konnten, belegte die ergänzende Bestimmung des Konzils, daß die wirkliche Gegenwart des Herrn im Brot von jedem Gläubigen nicht nur persönlich zu verehren sei, sondern daß die gesamte Kirche am Festtag »Corpus Christi« (Fronleichnam, der von Urban IV. 1264 für die Kirche vorgeschrieben worden war) diese Gegenwart in Form feierlicher Prozessionen öffentlich auf den Straßen und Plätzen zu bekennen habe, damit, so das Konzil, die Wahrheit siegreich über Lüge und Häresie triumphiere und »ihre Gegner im Angesicht solchen Glanzes und solcher Freude der Kirche, entweder innerlich gebrochen verstummen oder voll Scham und Reue zur Einsicht kommen« (DS 1643/1644).

Festgeschrieben wurde vom Konzil auch das »Weihepriestertum« und das »Purgatorium« (Fegefeuer) als wirklich existierend. Zum Weihepriestertum führte das Konzil weiter aus, daß es sich nicht nur in der Predigtvollmacht erschöpfe (gegen die Protestanten), sondern daß der Priester vor allem die Vollmacht habe, zu konsekrieren und die Sünden zu vergeben. Und, weit wichtiger, daß es eine gottgewollte Ordnung, eine Abstufung, eine Hierarchie des Weihepriestertums gebe: aus Bischöfen, Priestern und Diakonen. Wiederum blieb wegen unüberbrückbarer Meinungsverschiedenheiten unter den Konzilsvätern die Stellung des Papstes in dieser Ordnung unberücksichtigt. Mit Blick auf die Reformdekrete ist noch die Verpflichtung der Bischöfe hervorzuheben, mit Knabenkonvikten eine bessere Vorbildung des (künftigen) Klerus zu erreichen, sowie der Auftrag an die Kurie, ein neues Meßbuch zu erstellen (was Pius V. besorgen ließ und das, mit der darin begründeten Liturgie, für über 400 Jahre in der Römischen Kirche Gültigkeit haben sollte).

Gemäß der vom Konzil beschlossenen Generalklausel wurden alle Dekrete nach Rom gegeben, um die Billigung des Papstes zu bekommen. Das Konzil hatte endgültig die Tür zur Verständigung mit den Protestanten zugeschlagen. Pius IV. erteilte seine Zustimmung am 26. Januar 1564 und verfügte, daß die Reformbeschlüsse zum 1. Mai 1564 in Kraft zu treten haben. Zudem berief er ein eigenes Ministerium zur Auslegung der Konzilsbeschlüsse ein, womit sich Rom eine starke Position bei der Durchführung der Konzilsbestimmungen sicherte. Damit blieb die Universalgewalt des Papstes dokumentiert und bewahrt.

»Also sind und bleiben wir ewiglich geschieden und widereinander«

Die beiden Ereignisse, auf die sich dieser Ausspruch Martin Luthers bezieht, sind einmal der Reichstag zu Augsburg im Jahre 1555, mit der hier beschlossenen reichsrechtlichen Anerkennung der Existenz des Protestantismus – ausgeschlossen blieben Zwinglianer, Calvinisten und die sogenannten Schwärmerbewegungen wie die Wiedertäufer –, sowie das Konzil von Trient (1545–1563), die nach offizieller Zählung 19. Allgemeine Kirchenversammlung.

Während das Konzil von Trient infolge der politischen Entwicklungen und der kurialen Winkelzüge immer wieder seine Reformarbeit unterbrechen mußte, war die protestantische Seite nördlich der Alpen nicht untätig geblieben. Unter dem Schutz und bisweilen auch mit offener Unterstützung durch die Territorialfürsten konnte die Reformation in Deutschland Schritt für Schritt an Boden gewinnen. Die erste wichtige territoriale »Eroberung« ist Württemberg im Südwesten Deutschlands, Pommern im Nordosten, dann folgt Mecklenburg. Über die zahlreichen Handelsverbindungen und unter Mithilfe von Kaufleuten und Handeltreibenden, aber auch durch Söldner und Marketender gelangten die reformatorischen Ideen auch bis weit in den Norden und nach Osteuropa; fast flächendeckend (Dänemark, Schweden, Norwegen) verbreiteten sie sich über den Kontinent.

Auf dem Reichstag zu Augsburg erreichten die auf der Grundlage der *Confessio Augustana*, des Augsburger Bekenntnisses von 1530 (verfaßt in der Hauptsache von Philipp Melanchthon), stehenden »protestantischen« Reichsstände, vorbereitet durch die Vereinbarungen des Passauer Vertrages von 1552, die reichsrechtliche Anerkennung ihrer Reform durch den Kaiser.

Es ist jedoch nicht mehr Karl V., der in Augsburg mit den selbstbewußten Reichsständen verhandelte und als Verteidiger der alten Kirche auftrat. Der Kaiser ließ sich auf dem Reichstag durch seinen jüngeren Bruder Ferdinand vertreten, dem er ein Jahr später Krone und Reich überließ, um sich nach Spanien zurückzuziehen, das er seinem Sohn Philipp übergab. Ferdinand, den die Kurfürsten – auch die drei protestantischen – gegen den Widerstand des Papstes zum Nachfolger Karls erhoben, kam den Forderungen der Protestanten nach Duldung ihrer Glaubensüberzeugungen geschmeidiger entgegen als sein älterer Bruder.

Karl konnte und wollte sich mit der wohl nicht mehr aus der Welt zu schaffenden Tatsache der Glaubensspaltung im Reich abfinden; denn der ebenso skrupellose wie ehrgeizige Kurfürst Moritz von Sachsen hatte, erfolgreich in der »Fürstenrevolution« gegen Karl, dem militärisch gedemütigten Kaiser in Passau die Pistole auf die Brust gesetzt und ihm die Zusage abgerungen, all jenen Ständen im Reich, die sich zur Augsburger Konfession bekennen, die uneingeschränkte Religionsfreiheit zu gewähren.

Als es nun in Augsburg damit ernst wird, streckte Karl die Waffen.

Zwar hat er vorsorglich noch gegen alles und jedes, wodurch »unsere wahre, alte christlich und katholische Religion auch nur im geringsten beleidigt, verletzt und beschwert werde«, sein Veto eingelegt.[18]

Aber Karl wollte nicht mehr kämpfen. Was sich da anbahnte, entsprach nicht mehr seinem institutionellen Verständnis vom universellen Kaisertum, dem eine universelle Kirche mit dem Papst an der Spitze gegenübersteht: die beiden »Schwerter« (das weltliche und das geistliche) des Reiches.

In einem Brief an Ferdinand begründete er deshalb seinen Rückzug aus dem Amt des Kaisers ausdrücklich mit dem Scheitern seiner Religionspolitik: »seulement pour le respect de la religion, auquel j'ai mes scrupules«. Die religiöse Einheit im Reich habe er nicht wiederherstellen können; und zu anderen Lösungen (Spaltung der einen Kirche) könne er, so Karl, seine Zustimmung nicht geben: Über Karls Idee vom universellen Kaisertum sind die Zeiten inzwischen hinweggegangen und damit auch über seine Idee von der universellen Kirche.

So überließ er Ferdinand die Lösung der unüberbrückbar scheinenden Religionsstreitigkeiten im Reich.

Auf der Grundlage des Passauer Vertrages und des Bekenntnisses von 1530 vereinbarten die Reichsstände mit Ferdinand ein Stillhalteabkommen (den Landfrieden), dem Ferdinand – nachdem er einige »Sicherungen« eingebaut hatte, so etwa für den Fall eines Übertritts der geistlichen Reichsstände zur Reformation – zustimmt. Auch konnte sich Ferdinand mit einigen charakteristischen Neuerungen, wie etwa der Priesterehe oder dem Laienkelch durchaus anfreunden (er intervenierte in dieser Sache ja auch 1562 beim Trienter Konzil), wenn es dazu beitrug, an der »Bekenntnisfront« im Reich für Ruhe zu sorgen.

Aber auch Ferdinands Entgegenkommen konnte die Spaltung der Kirche nicht verhindern: Sie wurde vielmehr mit dem Reichstagsabschied am 25. September 1555 besiegelt, wenngleich die Vereinbarungen des Religionsfriedens ausdrücklich unter dem Vorbehalt »vorläufig« zustandekamen.

Die römische Kurie war zu Beginn der Verhandlungen noch mit verschiedenen Legaten in Augsburg vertreten. Als aber die Nachricht vom Tod Julius' III. (das hieß »Konklave«) eintraf, verließen alle römischen Beobachter und Bevollmächtigten die Reichsstadt und reisten zur Papstwahl ab, so daß bei den entscheidenden Verhandlungen das Papsttum und die römische Kirche nicht mehr anwesend waren.

Der Augsburger Religionsfriede sah im einzelnen vor:

1. Neben den »Altgläubigen« (die römischen Katholiken) haben allein jene Stände, die sich zur Augsburgischen Konfession von 1530 bekennen, die Anerkennung und den Schutz des Reiches.

Das hieß: Die protestantischen Stände sind nach dem geltenden Reichsrecht nicht mehr Häretiker, die – so die Verpflichtung des Reiches – eigentlich verfolgt und bestraft werden müßten. Alle anderen Bekenntnisse, wie etwa die Calvinisten, unterstehen weiter dem mittelalterlichen Ketzerrecht. Und das hieß: blutige Verfolgung.

Im Gegenzug müssen die »Altgläubigen« wie die protestantischen Stände sich verpflichten, nicht gegeneinander anzutreten – weder kriegerisch noch missionarisch: Jede Gewaltanwendung zur Durchsetzung konfessioneller Ziele wurde verboten.

> »Wir setzen fest, wir ordnen an, wir wollen und gebieten, das künftig niemand, um keinerlei Ursachen willen, den anderen befehden, bekriegen und berauben soll. Und damit solcher Landfriede auch in bezug auf die Religionsspaltung desto beständiger aufgerichtet und gehalten werde, sollen die kaiserliche Majestät, auch die Kurfürsten, Fürsten und Stände des Heiligen Reiches, keinen Stand des Reiches der Augsburgischen Konfession ... gewaltsam ... oder sonst gegen sein Gewissen, Wissen und Wollen von dieser Augsburgischen Konfession, Religion, Glaube, Kirchengebräuche, Ordnungen und Zeremonien in andere Wege drängen, sondern bei solcher Religion friedlich bleiben lassen.«[19]

2. Der »gewährte« Religionsfriede bedeutete einschränkend aber, daß die Untertanen des Reiches nur zwischen dem protestantischen oder dem altkatholischen Bekenntnis der römischen Kirchen wählen konnten. Religionsfreiheit im modernen Sinn kennt der Augsburger Religionsfrieden nicht. Die Freiheit, sich auch dem reformierten calvinistischen Bekenntnis anzuschließen, bekamen die Reichsstände erst 1648, als der Friedensschluß von Münster und Osnabrück, der den Dreißigjährigen Krieg beendete, auch den Calvinismus als gleichberechtigtes Bekenntnis sanktionierte und der Augsburger Religionsfriede seine völkerrechtliche Anerkennung erhielt.

Die neue Formel: *cuius regio eius religio* bekräftigte die Bestimmungen des Religionsfriedens von 1555.

3. Alle Reichsstände erhielten das *ius reformandi.* Es besagt, daß die Territorialfürsten, auch die katholischen, ihren Untertanen die Konfession aufzwingen können. Der Reichstag verfuhr hier getreu der alten Reichsideologie: ein Herrscher – eine Religion (*ubi unus dominus, ibi una sit religio*). Nur daß jetzt nicht mehr der Kaiser im Mittelpunkt stand, sondern die Landesfürsten. Die Untertanen, die sich dem Diktat des Landesherrn nicht beugen wollten, konnten auswandern (*beneficium emigrationis*), mußten aber zuvor Hab und Gut verkaufen. Was König Ferdinand jedoch für die habsburgischen Länder verweigerte.

> »Wo aber unsere Untertanen, der alten Religion oder der Augsburgischen Konfession anhängig, wegen dieser ihrer Religion mit Weib und Kindern an andere Orte ziehen und sich niederlassen wollten, denen soll solcher Ab- und Zuzug, auch Verkauf ihrer Habe und Güter gegen sehr billigen Abtrag der Leibeigenschaft und Nachsteuer, wie es von alters her gehalten worden ist, unverhindert zugelassen und bewilligt sein.«[20]

4. Das *ius reformandum* ist, so wurde allen Beteiligten bei den Verhandlungen auf dem Reichstag sehr schnell klar, eine gefährliche Waffe: Da man allen Reichsständen dieses Recht zuerkennen mußte, bestand die Gefahr des Ausverkaufs der geistlichen Territorien. So setzten die Katholiken den »geistlichen Vorbehalt« (das *reservatum ecclesiasticum*) durch. Danach verloren die zum Protestantismus übergetretenen geistlichen Fürsten (Bischöfe, aber auch Äbte, wie das Beispiel des Deutschen Ordens zeigen sollte) ihre geistlichen Würden und die damit verbundenen Besitzungen und Einkünfte:

> »Wo ein Erzbischof, Bischof, Prälat oder ein anderer geistlichen Standes von unserer alten Religion abtreten würde, hat derselbe sein Erzbistum, Bistum, Prälatur und andere Benefizien alsbald zu verlassen, jedoch ohne Nachteil seiner Ehren; auch soll es den Kapiteln – und denen es nach allgemeinem Recht oder entsprechend dem kirchlichen und stiftlichen Gewohnheitsrecht zusteht – möglich sein, eine Person, die der alten Religion zugehört,

zu wählen. Da aber manche Stände, einige Stifte, Klöster und andere geistliche Güter eingezogen und dieselben zu Kirchen, Schulen, zu mildtätigen und anderen Zwecken verwendet haben, sollen auch solche eingezogenen Güter, die denjenigen, die Reichsstände sind, nicht gehören, und deren Besitz die Geistlichen zur Zeit des Passauer Vertrags oder seither nicht gehabt haben, in diesen Friedensstand mit begriffen und einbezogen sein.«[21]

Weiter folgte aus dem *ius reformandum,* daß für die protestantischen Gebiete im Reich die geistliche Jurisdiktion der altgläubigen Bischöfe und Prälaten sowie die Strafrechtsbestimmungen wegen Ketzerei ausgesetzt wurden.

Die Suspendierung der bischöflichen Gewalt hatte zur Folge, daß diese nun auf die nicht geistlichen Landesherren überging. Ein konsequenter Schritt, denn »oberste geistliche Autorität ist, wer jederzeit von seinem Reformationsrecht (*ius reformandum*) Gebrauch machen kann« (Zippelius).[22]

So wurde der Landesherr, wenn er die Reformation in seinem Territorium einführte, Haupt und Hirte der neuen Kirche. Er war, auch im reichsrechtlichen Sinn, ihr oberster Gesetzgeber und Seelsorger. Das bedeutete für die Zukunft die Schaffung von »Landeskirchen«, die konsequent den Landesherrn als obersten Bischof seiner Kirche erforderlich machten. In den meisten Fällen beauftragte der Fürst mit der Leitung dieser Landeskirche ein sogenanntes »Geistliches Ministerium«, also eine Art Kirchen- oder Kultusministerium mit einem Juristen an der Spitze.

Für das Kirchengut selbst wurden die Besitzverhältnisse, wie sie bei der Abfassung des Passauer Vertrags bestanden haben, festgeschrieben.

Der Religionsfriede selbst galt nur vorläufig. Er sollte bis zu einem endgültigen Vergleich der Religionen Geltung haben. Sollte diese Einigung aber nicht zustandekommen, weder auf einem Allgemeinen Konzil noch auf einer Nationalsynode oder auf einem Reichstag, so sollte dieser nun geschaffene Religionsfriede als »beständiger, beharrlicher, unbedingter, für und für währender Friede« Bestand haben. Eine Vereinbarung, die aber erst knapp hundert Jahre später durch die völkerrechtlich bindenden Bestimmungen des Westfälischen Friedens eingelöst wurden.

Aber schon jetzt, 1555, war die religiöse Spaltung im Reich endgültig und das rechtliche Nebeneinander zweier christlicher Konfessionen und vor allem das System der Landeskirchen unwiderruflich zementiert worden.

Die Bestimmungen von 1555 hatten aber noch weitreichendere Folgen: Sie begünstigten die Ausbildung von modernen »Flächenstaaten«, in denen Konfession und politischer Wille eine Einheit bilden. Da der Landesherr über die jeweilige Konfession bestimmte, schuf er damit zugleich eine konfessionelle Jurisdiktionseinheit, die deckungsgleich mit den Grenzen des politischen Territoriums war.

Das Reich hingegen war faktisch nur noch ein Bund von Territorialstaaten. Diese Tatsache wurde durch den Verzicht Karls V. auf die Kaiserwürde im darauffolgenden Jahr, am 15. September 1556, noch unterstrichen: Das Reich hatte sich selbst seiner Auflösung – sie erfolgte dann 1806 – ausgeliefert.

Kampf der Bekenntnisse

Der Augsburger Religionsfriede besiegelte die konfessionelle Spaltung Deutschlands. Die territoriale Verbreitung der Reformation im Reich entsprach, bis auf wenige »Rückeroberungen« für die Römische Kirche, in ihren Grundzügen der Verbreitung im heutigen deutschen Sprachraum.

Die römische Kurie nahm diese Ereignisse zunächst einmal als Faktum hin, obwohl sie doch herbe territoriale und somit auch geistliche Verluste in Europa zu beklagen hatte, vom Verlust der politischen Einflußnahme einmal abgesehen.

Doch Rom protestierte nicht, die Kurie verhielt sich merkwürdig ruhig, ja fast passiv gegenüber den fundamentalen Umwälzungen, die sich mit dem Reichstagsabschied nun für Deutschland abzeichneten.

Ihr Blick auf und in die Kirche geschieht von Rom aus, und allein schon aus dieser geographischen Perspektive bot sich für die Kurie ein anderes, ein italienisch geformtes Kirchenbild, anders etwa, als wenn die Kurie in Köln, also im Heiligen Römischen Reich, zu Hause gewesen wäre.

Papst Paul III. war da noch ganz anders zu Werke gegangen, als es für seine Nachfolger jetzt ratsam schien. Als auf dem Reichstag zu Speyer 1544 Karl V. den Lutheranern anbot, »wegen der streitigen Religion« für den kommenden Herbst oder Winter einen Reichstag einzuberufen, der eine »christliche Reformation« vorlegen soll, und er weiter zusicherte, daß bis dahin in den strittigen Religionsfragen niemand Gewalt und Zwang ausüben dürfe und er sogar zustimmte, daß die inzwischen teilweise schon eingezogenen Kirchengüter den derzeitigen Besitzern rechtmäßig zuerkannt bleiben sollten, warf der Farnese-Papst dem Kaiser vor, er überschreite seine Kompetenzen und mische sich in die (Vor-)Rechte des Heiligen Stuhls ein. Karl solle vielmehr die Zugeständnisse an die Protestanten zurücknehmen und endlich den Weg für das Konzil freimachen.

Ein Protest, den der Kaiser mit Schweigen überging: Karl schenkte den Reformabsichten des Papsttums offensichtlich keinen Glauben mehr, nachdem Clemens VII. zuvor seinen Ehrgeiz daran gesetzt hatte, das von allen Seiten, auch von den Lutheranern, immer wieder geforderte Konzil hinauszuzögern und schließlich – er fürchtete um sein Amt – ganz zu torpedieren. Eine Taktik, die sich für Papsttum und Kirche, aber letztlich auch für Kaiser und Reich als katastrophal erweisen sollte. Der Augsburger Religionsfriede spielte zu diesen Ereignissen und Veränderungen gleichsam die Ouvertüre.

Aber auch Paul III., der Nachfolger Clemens' VII., hatte – die protestantische Reformation begann bereits Wurzeln zu schlagen – noch nicht den Weitblick und die nötige Kraft, der religiösen »Kontestation« in Deutschland Einhalt zu gebieten.

Kardinal von Unterrocks Gnaden

»Le tout Rome«, die vornehmsten Familien Roms, waren in den päpstlichen Palast »bei Sankt Peter« geladen: 150 Adlige mit ihren Frauen, dazu alle Beamten der Tibermetropole und der Senator sowie die Gesandten der europäischen Höfe. Sie alle sollten Zeuge eines so zuvor noch nicht gekannten Ereignisses sein: Der Spanier Rodrigo de Borja y Borja, seit knapp einem Jahr (1492) als Alexander VI. Nachfolger von Innozenz VIII. im Petrusamt, verheiratete an diesem 12. Juni 1493 seine Tochter Lucrezia.

Der vom Papst persönlich ausgesuchte Ehemann ist nicht irgendwer; es ist Giovanni Sforza, der »Sohn des Herrn von Pesaro«. Eine gute Partie.

Lucrezia ist das einzige Mädchen unter jenen vier Kindern, welche die Römerin Vanozza de Catanei dem Rodrigo Borja geboren hatte, vor Jahren, als er noch, 35 Jahre lang, als Vizekanzler des Hl. Stuhls amtierte. Ein einflußreicher und vor allem lukrativer Posten. Denn der Kardinaldiakon Borja galt bei seiner Wahl zum Papst als der zweitreichste Purpurträger seiner Zeit.

Bei der Unterzeichnung des Ehekontrakts vor den beiden bestellten Notaren, Coronato Planca und Camillo Beneimbene, sind nur wenige Gäste zugelassen: Zuschauen durfte nur der »inner circle« der päpstlichen Familie, die engsten Verwandten und Freunde. Es war eine eher nüchterne Zeremonie, der die elf anwesenden Kardinäle zumindest optisch einen gewissen Glanz verliehen. Übrigens wurde diese so pompös geschlossene Ehe vier Jahre später (1497) aufgelöst – wegen angeblicher Impotenz des Ehemanns …

Dann wurde gefeiert. Der Papst hatte »150 silberne Schalen mit Konfekt« auffahren lassen. Diese wurden, so notierte ein Rom-Chronist jener Tage, zur Freude der Gäste in den Schoß der anwesenden Frauen ausgeleert – »vor allem in die der Schönen«. Und dann konnte sich jeder Gast wie bei einem kalten Buffet selbst bedienen: »Und das (alles) zur Ehre und zum Lobe des allmächtigen Gottes und der Römischen Kirche.«

Am Abend wurde dann im engsten Kreis weitergefeiert. Unter

den wenigen Gästen, einige Kardinäle und wie immer ein Pulk Frauen, ist auch »La bella Giulia«, die schöne Julia Farnese, die Schwester des Kardinals Alessandro Farnese, Sproß einer ehemals berühmt-berüchtigten Condottiere-Familie. Dieser hatte um seiner Karriere willen und mit dem Segen seiner Mutter die schöne Giulia, auf die Alexander schon als Kardinal ein Auge geworfen hatte, bedenkenlos dem über 40 Jahre älteren Borgia-Papst als Geliebte ins Bett geschickt, nicht ohne sie zuvor standesgemäß mit Orsino Orsini, dem »Sohn des Herrn von Basanello«, verheiratet zu haben.

Als Giulia dann zusammen mit ihrer Schwiegermutter, Adriana de Mila, eine spanische Verwandte des Papstes und ihrer Schwägerin Lucrezia, den Papstpalast »bei Sankt Peter« bezog, gossen Rom und das übrige Italien ihren beißenden Spott über die schöne Giulia aus: Sie sei nun die »Braut Christi«. Und für den jungen Farnese bürgerte sich der ebenso griffige wie hintersinnige Spitzname *il cardinale della gonella* ein: Er sei ein Kardinal »von Unterrocks Gnaden«.

Denn zum Dank für das Geschenk einer derart bezaubernden Mätresse hatte der Papst unmittelbar nach seiner Amtseinführung dem jungen Farnese das Schatzamt der römischen Kirche übertragen und ihn (Alessandro war 25 Jahre alt) im Konsistorium vom 20. September 1493 zum Kardinaldiakon ernannt, gemeinsam mit Giuliano Cesarini, dem Schwager seiner Tochter Girolama, und mit Alexanders Sohn, dem 18jährigen Cesare Borgia, dem der Papst ein Jahr zuvor schon den erzbischöflichen Stuhl von Valencia zugeschanzt hatte.

Der Aufstieg des Kardinals Alessandro Farnese auf den Sprossen der kirchlichen Hierarchieleiter war von nun an nicht mehr aufzuhalten, wenngleich sein päpstlicher Gönner und Steigbügelhalter bereits am 18. August des Jahres 1503 starb; der plötzliche Tod seines Freundes und Gönners warf den jungen Farnese zunächst einmal um Jahre zurück, ihn, der sich nicht genierte, seine Ambitionen auf das Papstamt durchaus auch öffentlich zuzugeben. Doch erst beim sechsten Anlauf klappte es. Schon nach dem Tod Leo X., aber noch mehr nach dem Ableben Hadrians VI. hatte sich Kardinal Farnese begründete Hoffnun-

Paul III.

gen auf den Papstthron machen können. Doch der Favorit von Kaiser Karl V., Giulio de Medici, Vizekanzler und Berater seines Vetters Leo X., ging 1523 als Clemens VII. aus dem zweimonatigen Konklave hervor. Der wieder einmal leer ausgegangene Farnese machte keinen Hehl aus seiner Enttäuschung über die Wahl des Medici-Sprößlings: Giulio, dieser Bastard, habe ihm zwölf Jahre des Papsttums entrissen, soll er geklagt haben.

Endlich – nach vierzig Jahren Kardinalat und im Alter von 67 Jahren – schlug die Stunde des Alessandro Farnese: Als Paul III. bestieg er 1534 den Papstthron.

Nach dem Mißgriff mit Clemens VII. erwartete Rom, der neue Papst werde eine Art zweiter Hadrian VI. sein. Dieser hatte nach seiner überraschenden Wahl im Jahre 1522 als erste Maßnahme eine umfassende Kirchen- und Kurienreform eingeleitet, war gegen das Schachern mit Pfründen und Ämtern vorgegangen, hatte den Nepotismus auszuhebeln versucht und den Klerus disziplinieren wollen. All diese Pläne scheiterten am verborgenen oder offenen Widerstand der Kurie und der hohen Prälaten. Die Pfarrer ließen sich schon gar nichts sagen. Die neue Strenge reizte zu Widerspruch: Schmähschriften und übelste Pamphlete attackierten den neuen Papst. Und dann war da ja auch noch die Reformation des Augustiner-Eremiten Luther, die mehr und mehr Unruhe in die Kirche brachte. So blieb das ins Auge gefaßte Reformwerk bereits im Ansatz stecken. Hadrian starb nur ein Jahr nach seinem Amtsantritt.

Der Farnese-Papst war der älteste unter den Kardinälen; er konnte auf eine lange Laufbahn als Diplomat zurückblicken und verstand sich zu Beginn seines Amtsantritts ausnehmend gut mit den beiden mächtigsten Herren der Welt, mit Kaiser Karl V. und König Franz I. von Frankreich. Wie Alexander ist er Vater mehrerer Kinder, die er allesamt fürstlich ausstattete und mit Territorien versorgte, die – er ist der Papst! – dem Kirchenstaat gehören. Gleichzeitig versuchte er, seine Kinder in die beiden führenden europäischen Herrscherhäuser einheiraten zu lassen, was ihm nach langen Bemühungen schließlich auch gelang: Neffe Ottavio Farnese bekam Margarethe, die Tochter des Kaisers, zur Frau und Orazio Farnese eine Tochter Heinrichs II. von Frankreich. Sohn Pierluigi erhielt das Herzogtum Parma und zeitweise auch das von Piacenza. Eine Maßnahme, die nach dem Tod Pierluigis zu einer handfesten Familienfehde zwischen dem Papst und seinem Neffen Ottavio führen sollte und zeitweise sogar auf einen europäischen Krieg zusteuerte. Zwei seiner Enkel, nicht einmal 20 Jahre alt, bekamen wie selbstverständlich den Purpur: Alessandro Farnese junior und Guido Ascanio Sforza.

Rom profitierte von dem neuen Glanz: Die verordnete Strenge früherer Tage war vorbei. Man konnte wieder Karneval feiern und die von den Römern so geliebten Maskenbälle, die ebenfalls verboten gewesen waren. Der Papst selbst gab auf den Straßen und Plätzen Roms Stierkämpfe; er ließ Pferderennen veranstalten. Mit Hilfe des Kirchenschatzes konnte jetzt auch der Bau des Palazzo Farnese abgeschlossen werden (heute die Botschaft Frankreichs). Er wurde Wohnsitz für seine Familie.

Die Vorgänge im Reich nördlich der Alpen ließen Paul nicht ganz so indifferent wie zunächst vermutet wurde. Nachdem er die ersten Schritte zur materiellen und dynastischen Versorgung seiner Familie getan hatte, versuchte er sich über Konferenzen und Konsultationen, zu denen er auch seinen Nuntius in Wien,

Tommaso Campeggio, hinzuzog, ein Bild von der verworrenen Lage in Deutschland zu machen. Obwohl er von den Querelen und theologischen Streitigkeiten in Deutschland wenig verstand, verstand er jedoch sehr gut, daß dieser Brandherd der Kirche – und damit in erster Linie ihm, dem Papst selbst – gefährlich werden könnte. Unbewußt weitsichtig ließ er den verschiedenen Reformansätzen an der Kurie und im Kardinalskollegium Raum: Nach derart viel Niedergang wurde nun doch der Wille erkennbar, das Ruder herumzureißen. Auf Vorschlag des Venezianers Gasparo Contarini, eines Laien, berief Paul viele Neue in den *senatus divinus*, den göttlichen Senat der Kirche: das Kollegium der Kardinäle. Eine Reihe von ihnen werden einmal Kirchengeschichte schreiben – tragische oder ehrenvolle: Neben Contarini selbst der Engländer John Fisher, Bischof von Rochester; dann Hieronymus Aleander, der 1521 das Wormser Edikt für Kaiser Karl V. entworfen hatte und der später Direktor der Bibliothek im Vatikan wurde; der Scharfmacher aus Neapel, Gian Pietro Carafa, der spätere Papst Paul IV., und sein Gegenspieler Giovanni Morone, den der Inquisitionspapst Carafa später wegen Häresieverdachts in der Engelsburg festsetzen läßt; Marcello Cervini (Marcellus II.) sowie Reginald Pole, der Vetter König Heinrichs VIII. von England.

Um die notwendigen Reformen in der Kirche, nach denen inzwischen jedermann rief, auf den Weg zu bringen: Dazu ist auch Paul III. offensichtlich doch nicht der richtige Mann.

Er hatte zwar die neuen Kardinäle mit einer Untersuchung über die Ursachen der Misere der Römischen Kirche beauftragt; doch als diese 1537 vorlag (*consilium de emendanda ecclesia*), weigerte sich der Papst, sie überhaupt anzunehmen, geschweige denn daraus die notwendigen Konsequenzen zu ziehen. Was nicht verwunderlich ist, denn für das Gutachten waren die übersteigerte Papaltheorie und die himmelschreiende Habsucht der Kurie (Verkauf von geistlichen Privilegien, Anhäufung von Pfründen usw.) die Hauptübel für die kirchlichen Mißstände. Beklagt wurden zudem das niedrige Bildungsniveau der Pfarrgeistlichen, häretische und heidnische Lehren an den Universitäten, die mangelnde Ausbildung in den Klöstern, vor allem in den Frauenklöstern. Die Kardinalskommission schlug daher vor, die Orden bis auf wenige Ausnahmen allesamt aufzuheben. Die Kurie war entsetzt. Reformen? Gut, aber dann, bitte schön, nur an den »Gliedern« der Kirche, nicht aber am »Haupt«. Papst und Kurie legten sich quer. Sie waren nicht bereit, Vorschläge umzusetzen, die ihnen zum Nachteil gereichen könnten. Außerdem hieße das konkret auch, auf üppige Einnahmen verzichten zu müssen. Und so schien das Schicksal dieses Papiers, kaum daß es vorlag, schon besiegelt zu sein. Nicht ganz. Denn bevor das Papier im Archiv verschwand, bekam Luther eine Abschrift in die Hände; er übersetzte das Gutachten ins Deutsche und ließ es mit einem sarkastischen Vorwort veröffentlichen.

Das Unglück nimmt seinen Lauf

Papst Julius III. (1550–1555) wie auch Marcellus II. (1555) hatten bereits vor dem Augsburger Reichstag die Parole ausgegeben, sich aus den religiösen Auseinandersetzungen in Deutschland herauszuhalten: Die Sache der Kirche, so ihre Einschätzung, sei hier ohnehin schon verloren. Beide Päpste waren in der Beurteilung der kirchlichen wie politischen Verhältnisse durchaus Realisten. Als Präsidenten der ersten Session des Trienter Konzils hatten sie den ersten Reformversuchen der Kirche mit ihren Stempel aufgedrückt: Sie wußten um die Lage der Kirche in Deutschland, und sie kannten die Anziehungskraft der reformatorischen Ideen, die an Glaubwürdigkeit gewannen, je wortgewaltiger sie unters Volk gebracht wurden.

Im März 1555 starb Julius III., von dem Ranke sagt, er habe »an den großen Geschäften der Kirche und des Staates nur so viel Anteil (genommen), als nun schlechterdings unvermeidlich war«. Die Verwirklichung der Reformpläne für die römische Kirche hatte der Papst dem mächtig anwachsenden Jesuitenorden überlassen, der damit zu einer der Hauptstützen päpstlicher Politik auch für die Zukunft wird. So hatte Julius auf Vorschlag der Jesuiten das »Collegium Germanicum« gegründet, in dem jene Priester-Elite herangebildet werden sollte, die ausersehen war, Deutschland für den »alten Glauben« zurückzugewinnen. Julius war aber, und darüber täuschte auch seine Teilnahme am Konzil nicht hinweg, im Herzen ein Renaissancepapst geblieben – wie viele seiner Vorgänger auch. Die Zeitgenossen beschreiben ihn – ganz ähnlich wie Paul III. – als »vergnügungssüchtig«; Julius liebte prunkvolle Feste, er veranstaltete Jagdgesellschaften, gab große Gelage. Vernarrt war er ins Theater, und er scheute sich nicht, auch, wie vermerkt wird, an »gewagten Schaustellungen« als Zuschauer teilzunehmen. Den Skandal schlechthin erlebte Rom, als Julius sich in einen Straßenjungen aus Parma verguckte, der Innocenzo hieß, der aber alles andere als »innocente« gewesen sein muß. Trotz seiner »offenkundigen sittlichen Verkommenheit« holte Julius sich diesen Jungen in den Papstpalast, adoptierte ihn »als seinen Bruder«, machte ihn (der Papst ein Vorläufer von Popstar Michael Jackson?) zum Wärter seines Affen und ernannte ihn – und hier lag der eigentliche Skandal für Rom – auch noch zum Kardinal.

Aber der »eiserne Besen« steht bereits vor der Tür: Wieder gibt es einen Umschwung, eine Zäsur mit Folgen.

Denn der ketzersuchende Neapolitaner Gian Pietro Carafa, eroberte den Papstthron (1555–1559). Carafa war unter Paul III. einer der sechs Großinquisitoren, die der seit 1542 wieder zum Leben erweckten »Römischen Inquisition« vorstanden.

Aber auch jetzt machte die Kurie – abgesehen von einigen brieflich bei König Ferdinand vorgebrachten Klagen – keinerlei Anstalten, gegen die Bestimmungen des Augsburger Religionsfriedens und ihre Folgen förmlichen Protest einzulegen oder auch rechtliche Gegenschritte einzuleiten. Man nahm Rücksicht auf die altgläubigen Stände und die geistlichen Fürsten im Reich. Sie hatten nämlich Rom signalisiert, daß sie an einer Veränderung des Status quo derzeit nicht sonderlich interessiert seien. Man habe die Sorge, so ihr Argument, erneut in anhaltende kriegerische Auseinandersetzungen verwickelt zu werden und in deren Fahrwasser noch weitere Einbußen der ohnehin schwachen Machtpositionen im Reich hinnehmen zu müssen.

Eine Haltung, die, wie bereits dargelegt, sich auf dem Konzil von Trient verhängnisvoll auswirkte. Anstatt an den Konzilsberatungen teilzunehmen und Einfluß zu nehmen, blieben die deutschen Bischöfe und Prälaten zu Hause – aus Sorge, ihre Ämter und Länder nach ihrer Rückkehr vom Konzil »reformiert« vorzufinden – und überließen die Beratungen und Entscheidungen den Spaniern und Italienern, also der romanischen Sprach- und Kulturwelt.

Und für die steht der Carafa-Papst. Nach dem nur 22 Tage dauernden »Zwischenspiel« von Marcello Cervini, der wie Julius III. ebenfalls Präsident der ersten Trienter Konzilssession gewesen und der als Marcellus II. zum Papst gewählt worden war und dem Palästrina seine musikalisch und kompositionstechnisch noch bis heute in keiner Weise angestaubte »Missa Papae Marcelli« gewidmet hat, geht aus dem Konklave ein erklärter Gegner der Habsburger, der 79 Jahre alte Dekan des Kardinalskollegiums und Leiter der päpstlichen Inquisitionsbehörde, Gian Pietro Carafa, als neuer Papst hervor: Er nennt sich Paul IV.

Von einer Wiederaufnahme des suspendierten Konzils will er nichts wissen. Die Kirchenreform wurde zur Chefsache: Paul nahm sich ihrer persönlich an. Das Mittel, seine Sicht von Reform durchzudrücken, wurde die Inquisition, seine Inquisi-

Paul IV.

tion, der er unbegrenzte Vollmachten gab, die Häresie auszulöschen – und zwar für immer. Das Heer freiwilliger Helfer, wie der Jesuitenorden, stand schon Gewehr bei Fuß …

Ausblick

Mit dem Augsburger Religionsfrieden und – zieht man die Linien weiter – mit der 1648 auch völkerrechtlich anerkannten endgültigen Aufspaltung der einen christlichen Kirche in drei unterschiedliche Bekenntnisse war die Römische Kirche auf dem alten Kontinent Europa ein Bekenntnis unter anderen geworden: Sie verlor weitgehend ihren alten Einfluß und ihre Stellung. In vielen Teilen des Reiches hatte sich die Reformation zum führenden Bekenntnis aufschwingen können, unterstützt und begünstigt durch die Fürsten.

Fast alle großen, das heißt die wirtschaftlich aufstrebenden Städte im Reich führten die Reformation ein. Bis auf Köln. Hier war Erzbischof Gebhard Truchseß von Waldburg zum Protestantismus übergetreten, um die Gräfin Agnes von Mansfeld, eine Kanonissin, heiraten zu können. Nach den Bestimmungen des Augsburger Religionsfriedens hätte er auf seine geistlichen Würden verzichten müssen, was der Erzbischof jedoch verweigerte. Das Domkapitel spielte aber nicht mit und ließ den Erzbischof fallen, und auch der Rat der Stadt erklärte kurz und bündig, man bleibe in Köln katholisch! Damit stand der Erzbischof allein auf weiter Flur; der Papst setzte ihn ab. Die Protestanten kamen zwar ihrem prominenten Neuzugang mit einem Heer zu Hilfe, doch die Bayern griffen siegreich ein, und Ernst von Bayern, der jüngste Sohn Albrechts V. wurde zum neuen Erzbischof ernannt. Köln blieb katholisch – bis heute.

Einer der konsequent und generalstabsmäßig das *ius reformandum* beanspruchte, war Kurfürst Friedrich III. von der Pfalz (1559–1576). Er machte reinen Tisch und ließ alte, gewachsene Kirchenstrukturen systematisch zerschlagen; die Klöster – obwohl sie unter dem Bestandschutz des Augsburger Religionsfriedens standen – wurden aufgelöst oder zwangsreformiert, die Messe wurde unter reformatorischen Gesichtspunkten neu geordnet und von allen katholischen Elementen gesäubert. Bilderstürmer rasten durch Kirchen und Kapellen. Damit nicht genug: Nach seinem Übertritt zum reformierten Bekenntnis griff Friedrich ein zweites Mal zum Kirchenbesen: Kruzifixe, Kerzen und Meßgewänder wurden aus den Kirchen verbannt.

Die Schulen kamen unter die Aufsicht des Staates, als Lehrer wurden reformierte Theologen angestellt. Um nicht Gefahr zu laufen, gegen die Bestimmungen des Augsburger Reichstags zu verstoßen, also den vom Reichstag gezogenen Rahmen des religiösen Friedens nicht zu sprengen, übernahm Friedrich (als Calvinist) nicht den Genfer Katechismus Calvins; er gab einen eigenen in Auftrag: Es wird der sogenannte »Heidelberger Katechismus«.

Die Bestimmungen des Reichstags von 1555 hatten aber noch andere weitreichendere Folgen: Sie begünstigten die Ausbildung von (modernen) »Flächenstaaten«, in denen Konfession und politischer Wille eine Einheit bilden.

Im Absolutismus wird es gut 150 Jahre später heißen: »Ein König ist Kaiser seines Reiches!« Also nicht mehr nur der Kaiser. Und noch später: »Die Stadt ist sich selbst Kaiser«: Die Stadt, der Rat, die Stände und Bürger nahmen ihre Angelegenheiten selbst in die Hand.

Vorbereitet wurde diese neue Sichtweise bereits auf dem Augsburger Reichstag von 1555: Das *ius reformandum* ersetzte – mit Blick auf die Konfession – zunächst den Kaiser durch die neuen Könige, die Landesherren, durch die Stadträte und die Bürgervertretungen. Daraus entwickelte sich die noch heute gültige allgemeine Sichtweise, daß die freien Bürger und Untertanen die Herren und Gebieter ihres eigenen politisch-gesellschaftlichen, kulturellen, wirtschaftlichen und religiösen Lebens sind. Die »Staatsbedeutung« von Religion wurde stufenweise zurückgefahren (über das Staatskirchentum und die totale Negation durch die Französische Revolution) und zur Privatsache erklärt. Im 19. Jahrhundert kam es jedoch wieder zu einem ungeheuren Aufschwung, gepaart mit einer Devotionsbewegung, welche das Papsttum zurückbrachte in den ideologischen Dunstkreis der hochmittelalterlichen Vorstellungen vom »Gott-Papst«. Der Papst wurde zum »Papst-König«, zum *il papa re,* eine Vorstellung, die zwar mit dem Zusammenbruch des Kirchenstaats ihre greifbare Bodenhaftung verliert, jedoch in den Köpfen vieler bis heute – man denke an die geradezu hysterisch anmutenden Szenen, die sich während mancher öffentlicher Papstaudienzen ergeben – zu einer festen Größe geworden ist.

Für das moderne soziologische Denken und seine Ausstrahlung in die Gesellschaft war der Augsburger Reichstag die Initialzündung: Damals begann die Moderne.

Das Reich war faktisch nur noch ein (lockerer?) Bund von Territorialstaaten, die nach dem Staats-Absolutismus und der Französischen Revolution in die Auseinandersetzungen zwischen Monarchie und Volkssouveränität (den demokratisch-parlamentarischen Bewegungen) des 19. Jahrhunderts geraten und schließlich 1918 der Republik und ihrem neuen föderativen System Platz machen.

Als 1648 die Neuordnung Europas beschlossen wurde, ist an eine Rückkehr zur alten Glaubenseinheit und damit zu der »einen, wahren und heiligen Kirche« nicht mehr zu denken. Das rechtliche Nebeneinander von nun drei christlichen Konfessionen und das System der Landeskirchen ist damit unumkehrbar zementiert.

Andererseits wirkten die kirchlichen Verhältnisse und Gewohnheiten des Mittelalters noch lange nach den beiden konfessionellen Reformationsereignissen fort. Als im Auftrag des katholischen Bischofs Franz von Wartenberg, der Jesuit Albert Lucenius 1625 das Hochstift Osnabrück bereist und nach dem Rechten schaut, konnte er sich von diesen Nachwirkungen ein Bild machen: Pfarrei um Pfarrei, Kloster um Kloster hatte er besucht, und ist erschüttert, wie wenig »Katholisches« er im Sinne des Konzils von Trient vorfindet:

»Visitation der Pfarrei Gehrde (15 Mai). Die Pfarrkirche ist der seligen Jungfrau Maria geweiht … In der Kirche ist der Hauptaltar mit beiden anderen im Stil des Landes schmutzig. Im seitlichen Tabernakel die Monstranz mit dem Allerheiligsten; zwei

Kelche, nur wenige wertlose Paramente. Das Taufbecken nicht verschlossen… Das Volk ist unwissend. Am letzten Osterfest waren es 324 Kommunizierende, wie der Pastor berichtete.

Zu vermerken ist ein Mißbrauch: In Bersenbrück und anderen Kirchspielen wird an den Bittagen bei der Prozession ein Bild der jungfräulichen Gottesmutter zusammen mit einer Fahne durch die einzelnen Häuser getragen. Eine Frau trägt das Bild der jungfräulichen Gottesmutter, ein Mann trägt die Fahne voran und geht (im jeweiligen Haus) einmal um den Herd herum. Dann wird die kleine lkone oder das Bild der Gottesmutter auf dem Ehebett, das Kreuz oder die Fahne auf dem (Küchen-)Tisch niedergelegt. Dieser Aberglaube besteht seit vielen Jahren; man glaubt, daß dadurch das Jahr glücklich und das Ehebett freundlich und ohne Zank und Streit sein werde. Ich habe dies überall verboten, aber für die folgenden Jahre wird es erforderlich sein, daß das schriftlich geschieht.«[23]

Propaganda für das Papsttum

»St. Ignatio ist die zweite und größere, eigentlich monumentale Kirche der römischen Jesuiten, und damit auch des römischen Barock. St. Ignatio wiederholt die große Bauidee von Il Gesú. Das heißt, der Saalbau, der auf Hochaltar, Kanzel und Orgelbühne bezogen ist, mit denen der Jesuitenorden … eine neue, selbstsichere, reiche, farbige Verkirchlichung des Kirchenbaus gegenüber der angenehmen weltlich ruhigen Renaissance herbeigeführt hat.«[24]

Nach Auffassung der modernen Geschichtswissenschaft ist die Kirche zum Hl. Ignatius in Rom der Prototyp des monumentalen Barockstils, der auch heute noch die Touristen und Besucher der Ewigen Stadt in seinen Bann zieht.

Die Jesuiten, von den Päpsten vor allen anderen Ordensgemeinschaften mit der Durchführung der Gegenreformation in besonderer Weise beauftragt, erkannten – die wenigen monumentalen Reste des antiken Roms vor Augen – sehr schnell, daß die neue Art zu bauen für die päpstliche Propaganda in der Auseinandersetzung mit der protestantischen Reformation geradezu ein Geschenk des Himmels war.

Der missionarische Eifer der Jesuiten hatte zwei Stoßrichtungen: Erneuerung und Ausbau des kirchlichen Schulwesens war die eine, verstärkte Predigtarbeit und Förderung von Gottesdienstbesuchen und Sakramentenempfang die andere. Um beide Stoßrichtungen im wahrsten Wortsinn zu untermauern, griffen die Jesuiten auf die Architektur und die plastische Kunst zurück: Die unbestreitbare Großartigkeit des barocken Stils verwandelte sich unter den Händen der Jesuiten und der in Rom arbeitenden Künstler – wie Michelangelo, Bernini und Borromini – zu einer Waffe von ungeheurer Schärfe, deren sich die Kirche auch heute noch virtuos zu bedienen versteht. Mit ihrer Hilfe suchte man das Einzigartige und Unverwechselbare der Römischen Kirche herauszustellen sowie die Krone dieser Kirche, das Papsttum, zu verherrlichen.

Rom wurde umgekrempelt. So grundlegend, daß die Römer beispielsweise bei Papst Sixtus V. (1585–1590) vorstellig wurden, weil dieser in seiner Verachtung für die Antike (Sixtus: »häßliche Antiquitäten!«) den glücklicherweise nicht bis zur letzten Konsequenz durchgeführten Befehl gegeben hatte, die verbliebenen Zeugnisse des republikanischen und kaiserlichen Roms zu zerstören oder zu Baumaterial aufzubereiten. Was nur schwer zu zerstören war, sollte wenigstens nutzbringend verwendet werden. So war etwa daran gedacht, das Flavische Amphitheater, das Kolosseum, mit einem Dach zu versehen und zu einer riesigen Wollspinnerei umzubauen.

Felice Peretti (Sixtus V.), ehemals Schweinehirt in den Marken, wurde zum eigentlichen Schöpfer des barocken Roms. Um aber Rom ein neues Gesicht geben zu können, brauchte der Papst, der übrigens ein guter Organisator war, Geld, sehr viel Geld. Er bediente sich der alten, ewig jungen Praxis: Er erhöhte die Steuern und Abgaben und die Zahl der käuflichen Ämter in Kurie und Kirchenstaat. Als Sixtus 1590 starb, hinterließ er seinem Nachfolger zwar ein prall gefülltes Schatzhaus mit über 5 Millionen Silberskudi, aber auch eine gewaltige Baustelle namens Rom, deren größte die von St. Peter war: 800 Bauarbeiter schufteten Tag und Nacht, um die gewaltige Kuppel noch zu Lebzeiten des Papstes fertigzustellen. Doch die Kuppel, das eigentliche Wahrzeichen päpstlicher Macht und kirchlicher Größe, wurde erst 1593, drei Jahre nach dem Tod Sixtus V., vollendet.

Neben der von St. Peter war Rom mit einer Vielzahl von Baustellen überzogen: Gebaut wurde am neuen Papstpalast im Vatikan, an der Erweiterung der Vatikanischen Bibliothek, am neuen Lateranpalast, an der Fertigstellung der Treppe an der Piazza di Spagna usw.

Durch das Häusergewirr Roms ließ Sixtus breite, gerade Straßen schlagen. Sie sollten die großen Basiliken und Hauptkirchen der Stadt untereinander verbinden, um den Pilgern den Besuch der Heiligtümer zu erleichtern. Und die von Sixtus geschaffene lange Achse (teilweise Via Sistina genannt) verbindet noch heute die Kirche S. Maria Maggiore mit der Kirche SS. Trinità dei Monti …

Vor allem Kirchen wurden gebaut: prachtvolle Kirchen, welche die Besucher beeindrucken sollten. Überhaupt wurde das Staunen zum Leitmotiv für das vom Papst der Stadt verordnete »Lifting«.

Ganz im Sinne der gegenreformatorischen Ideologie waren die neuen Kirchen nicht mehr nur einfache, zweckbestimmte Bethäuser. Sie wurden zu Theatern, in denen das »Heilige Spiel« zur Ehre Gottes und seiner Heiligen aufgeführt werden sollte. Dafür machte die Barock-Architektur Anleihen bei der Oper. Wenn die Liturgie Schauspiel werden sollte, mußte dafür auch im entsprechenden Rahmen das adäquate Gebäude errichtet werden, mit Foyer, Bühne, Zuschauerraum, den Garderoben für die Akteure (die Sakristei) und die Emporen für die Musiker usw. Die Kirchen mutierten zur *Aula Dei*, zur Halle Gottes. Ihr Innenraum bekam vielfach den Charakter einer großartigen Prachtstraße (mit Balkonen, Fenstern und Nischen als Gestaltungselementen), die den Gläubigen zwingend auf den Altarraum und seine Dekorationen hinführte. Der Gläubige sollte überwältigt werden durch die sichtbare Großartigkeit des (katholischen) Glaubens.

Die Jesuitenkirche Il Gesù wurde zum großen Vorbild für den Kirchenbau im barocken Rom. Ihr Einfluß war derart prägend, daß auch außerhalb des Kirchenraums der neue Stil Gestalt annahm. Den ersten Versuch startete man, indem man – bisweilen genügten wenige »Umbauten« (Piazza Navona) – öffentliche Plätze entsprechend gestaltete.

Ein wenig bekanntes Beispiel ist der Platz vor der Kirche San Ignazio, der zweiten großen Jesuitenkirche in Rom. Er ist wie das Spiegelbild der Kirche: ein Theater unter freiem Himmel, ausgestattet mit Bühne und Zuschauerraum, ein »Ensemble von fünf Palästen, drei in Kurven zurückgezogen, die der Kirche gegenüberstehen, zwei an den Seiten hochgezogen, vierstöckig, wie ja überhaupt alle diese Bauten des 17. Jahrhunderts für unsere Verhältnisse außergewöhnlich groß und haltbar sind. Beide dieser Paläste sind an den Ecken durch Kurvenstücke mit den anderen Palästen verbunden – das heißt, ein komplettes Theaterensemble vor der barocken Kirche«, so beschreibt der Italienspezialist Rudolf Lill dieses von den meisten Touristen kaum beachtete Prunkstück des römischen Barocks, zu dem er die ideologische Begründung gleich mitliefert: »Es steckt … dahinter die selbstsichere Inszenierung des wieder erstarkten katholi-

Der Platz vor San Ignazio

schen Kults in seiner römisch-päpstlichen Ausprägung, für die der Jesuitenorden ja eine der stärksten Kräfte gewesen ist.«[25]

Gianlorenzo Bernini griff diese Idee auf und trieb sie auf die Spitze, indem er die gewaltige Platzanlage vor der Peterskirche in einen riesigen Theatersaal verwandelte: Die Bühnenwand bildet – ganz wie im römischen Amphitheater – Bruno Madernas pompöse Fassade von St. Peter, die beiden halbgeöffneten »Arme« der Kolonnaden umfassen den Zuschauerraum, der die gläubigen Massen, die zum Hirten der Christenheit pilgern, empfangen und aufnehmen soll …

Zensur der nackten Haut

Das ist die eine Seite des Barock. Es gibt aber auch eine andere, eine zensierte, eine verbotene. So wie die Römische Inquisition die Autoren, ihre Bücher und Veröffentlichungen, ihre Ideen und Vorstellungen mit dem Bann belegte, verfolgte sie auch die Malerei und die Bildhauerkunst. Neben Bücherverbrennungen gab es auch den Bildersturm, gab es die Jagd auf »entartete«, nicht bekenntniskonforme Kunst.

Bereits 1582 machte der Erzbischof von Bologna, Kardinal Gabriele Paleotti, sich in seinem *Discorso sulle immagini sacre e profane* Gedanken darüber, ob man die Kriterien für den Bücherindex nicht auch auf die bildenden Künste anwenden könnte.

Als 1695 der *Index der verbotenen Bücher* für die gesamte römische Kirche vorgeschrieben wurde, machte Paleotti, unterstützt von Kardinal Robert Bellarmin beim Papst einen Vorstoß zugunsten eines Bilderindexes. Ihr Argument: Das Auge sei nicht nur der Spiegel der Seele, es sei vielmehr auch die Tür, durch die das Böse in die Seele eindringe. Es sei charakteristisch für das Auge, daß es ansehe, beobachte, zuschaue und betrachte. Daher sollten, so ihr Vorschlag, alle bildlichen Darstellungen daraufhin überprüft werden, ob sie Anlaß zur Sünde gäben. Auf jeden Fall müßten umgehend alle bildlichen Darstellungen, die zu einem lasterhaften Leben verführten, den Blicken der Öffentlichkeit entzogen werden. Der Papst tat sich schwer, mit Rücksicht auf

Clemens VIII.

seine Kardinäle und ihr anerkanntes Mäzenatentum, seinem rührigen Erzbischof eine positiv-zustimmende Antwort zu geben. Zum Glück für die Kunst starb Paleotti: Mit ihm wurde auch sein ehrgeiziges Projekt begraben.

Der Papst selbst, Clemens VIII. (1592–1605), hatte jedoch Gefallen an dem Projekt gefunden. Höchst persönlich machte sich der Aldobrandini-Papst auf den Weg durch Roms Kirchen und bestimmte, welche Kunstwerke, weil unverfänglich, bleiben durften, welche ganz oder teilweise übermalt oder welche ganz verschwinden mußten.

Darin sollte Clemens nur noch von Innozenz X. (1644–1655) übertroffen werden, der – »wohlwissend, daß an ihm keine Spur von Schönheit zu entdecken war« (Hibbert) – viel Geld dafür ausgab, die Nacktheit der im Vatikan und in Rom ausgestellten Bilder zu übermalen und Skulpturen, deren Nacktheit er als obszön empfand, mit bronzenen Feigenblättern und Tuniken bedecken zu lassen.

Öffentlich durften Bilder nur noch ausgestellt werden, wenn sie der moralischen und religiösen Erbauung dienten.

Ganz im Sinne der Gegenreformation kümmerte sich Clemens VIII. auch um die moralische Aufrüstung seiner Untertanen.

Als erste waren von Clemens' Plänen die Dirnen Roms betroffen. Als eine seiner ersten Maßnahmen nach seiner Wahl zum Papst suchte Clemens das käufliche Gewerbe aus dem Borgo, das ist jenes römische Stadtviertel, das an den Vatikanbezirk (die Leostadt) grenzt, zu verbannen. Er erklärte den Borgo zum Sperrgebiet. Roms Kurtisanen zogen sich in den *Ortaccio* zurück, in die Wein- und Gemüsegärten außerhalb der Stadtmauer. Bereits unter Pius V. gab es Pläne, den Ortaccio zum Rotlichtviertel von Rom zu machen. Doch Pius scheiterte, ebenso Sixtus V.; Clemens blieb hart: Innerhalb von zehn Tagen sollten die Dirnen umgesiedelt sein oder die Stadt verlassen haben, und den Pensionswirten und Zimmervermietern wurde verboten, Frauen »jeder Art und gleich welchen Standes« zu beherbergen.

Empörung machte sich Luft. Und als sich dann noch herausstellte, daß selbst der »Nepote« des Papstes, Kardinal Pietro Aldobrandini, zu den eifrigsten Kunden der Kurtisanen gehörte, zog der Papst die Notbremse. Er war selbst ins Gerede gekommen. Denn das Geld für die Eskapaden seines Neffen stammte aus der päpstlichen Schatztruhe, was die Römer, bekannt für ihren Spott, dichten ließ: »*Petrum pro Petro a Clemente spoliatum*« (Petrus wird für Pietro von Clemens ausgeraubt). Dafür rächte sich der Papst an den Geistlichen: Sie hatten sich, wie die Dirnen, öffentlich so zu kleiden, daß man sie auf den ersten Blick ausmachen und eventuelle Annäherungsversuche sofort denunzieren konnte. Als auch das nichts fruchtete, ordnete Clemens 1601 an, daß auch die Purpurträger auf der Straße ihren roten Ornat zu tragen hätten …

Zwei Jahre zuvor hatte Clemens auch das übliche Nacktbaden verboten: Unter Androhung von Gefängnis und Stockschlägen sollte es niemand mehr wagen, sich nackt auszuziehen und »ohne Unterhosen oder die Schamteile zu bedecken im Fluß (Tiber) zu baden«.

Selbst Heilige ließen sich von dem neuen Trend anstecken: Camillo de Lellis, Gründer der »Väter vom guten Tode« schrieb 1593, daß doch »alle … mit Leinenhosen und Hemd bedeckt schlafen, denn ich bedachte in diesen Tagen, daß junge Leute mit … der schändlichen Neigung zum Fleisch zu uns kommen, die große Gefahr laufen zu stürzen, da sie frisch im Geiste sind …«: Der Gründer des Pflegeordens der Kamillianer als Erfinder des Schlafanzugs.

Fort mit der Niedertracht

Der Apostel einer neuen Zeit: Voltaire

»Lewin, ein ebenso fauler wie intelligenter Judaistik-Student, war sich sicher, ausgerechnet an Hand der Tora beweisen zu können, daß es keinen Gott gibt. Immer, wenn er sich schrecklich langweilte, malte er sich aus, wie er eines Tages in Jeruschalajim eine Atheisten-Jeschiwa gründen würde, wo er und seine Schüler mit demselben Eifer und der gleichen Achtung vor dem Tora-Wort wie die frommsten aller Frommen Gott den Garaus machen würden.

›Endlich mal wieder eine gute Idee da unten‹, hörte er eines Tages, als er sich mal wieder seinen blasphemischen Phantasien hingab, jemanden von sehr weit oben mit einer tiefen Stimme sagen. Lewin tat so, als habe er nichts gehört; aber er war hinterher noch tagelang wütend: es gab Gott also nicht nur, er war außerdem auch noch der gehäßigste Kerl weit und breit.« (FAZ, Nr. 17, 28. 4. 2002, S. 26)

Ihre helle Freude hätten die Denker und Philosophen im »Jahrhundert der Lichter«, dem Siècle des Lumières (der Aufklärung) an dieser modernen Rabbinergeschichte gehabt.

Aber sie hätte auch Kopfschütteln hervorgerufen. Denn »Gott den Garaus machen«, das wäre auch mit dem Zeitalter der Aufklärung nicht zu machen gewesen.

Sicher gab es erklärte Atheisten (Gottesleugner), wie beispielsweise Denis Diderot, der Schöpfer der berühmten *Enzyklopädie*, jenes in knapp 20 Jahren entstandene Werk, das 17 Bände umfaßt und die Summe des damaligen Wissen und Erkennens wie in einer »Summe«, wie in einem gewaltigen Kompendium zusammenfassen und darstellen wollte. Diderot wollte die Welt begreifen, nicht den Schöpfer dieser Welt, den es für ihn sowieso nicht geben konnte angesichts der gewaltigen Fülle an Wissen und

Erkenntnis, das er mit Hilfe anderer großer Geister zusammengetragen hatte; das war menschliches Wissen, nicht göttliches.

War das Reden über »Gott ist tot« dem 20. Jahrhundert vorbehalten, steht für das Zeitalter der Aufklärung die »Existenz (eines) Gottes«, die Existenz »moralischer Gesetze« und eine Ordnung der Welt, die in ihrer Summe auf einen göttlichen Schöpfer hinweist, außer Frage, von wenigen »Gottesleugnern« einmal abgesehen.

Für zwei der wichtigsten Wegbereiter der Aufklärung, für René Descartes (1696–1650) etwa, der im »Zweifel« den einzigen Zugang zu einer verläßlichen Wissenschaft sieht, oder auch für John Locke (1632–1704), der im Gebrauch der »Vernunft« den einzigen Zugang zur Wahrheit zu sehen meint, ist die Existenz Gottes mindestens ebenso gewiß wie irgendein Satz der Geometrie.

Ihre Fragen und Einwände richten sich nicht gegen Gott; sie richten sich vielmehr gegen den intoleranten und nicht selten auch aggressiven Ausschließlichkeitsanspruch des Christentums. Der Behauptung des Christentums, es allein sei im Besitz der geoffenbarten Wahrheit, hält etwa Locke entgegen, daß dann aber auch die Offenbarung mit der Vernunft ebenso übereinstimmen müsse wie mit der »rationalen Metaphysik« und mit dem »rationalen Sittengesetz«. Da der Gebrauch der Vernunft allen Menschen gleichermaßen aufgetragen sei, könne das Christentum für sich keine Einzigartigkeit beanspruchen. Was gut und was böse ist, könne auch ein Heide erkennen, wenn er seiner sittlichen Erkenntnis gemäß lebe und handle. Daß sich mehr als 250 Jahre später dann die Römische Kirche schweren Herzens und gegen erhebliche Widerstände in den eigenen Reihen zu der Feststellung durchringt, daß auch nichtchristliche Religionen die Möglichkeit der wahren Gotteserkenntnis besitzen, hat bereits im 17. Jahrhundert John Locke mit seinen Gedanken vorbereitet.

Die Aufklärung glaubt an die Existenz Gottes: nicht im Sinne einer gefühlsbetonten mystifizierenden Erbauungsliteratur unserer Tage, die lauthals verkündet: »Gott existiert. Ich bin ihm begegnet«, sondern vielmehr in dem Sinne, daß sie, in ihrer Kritik am Christentum und ihrer institutionellen Ausformung, der Kirche (Religionskritik heißt in jenen Tagen immer auch Kirchenkritik), im Grunde alles unternimmt, den einen »allmächtigen Gott«, daß eine höchste Wesen, vor dem Zugriff der Kirche zu retten. Zur Wehr setzt man sich nicht gegen den oder den einen Gott, sondern gegen ein ganz bestimmtes »Bild« (auch vom Menschen!), das die Römische und auch die Protestantische Kirche vermittelt und verteidigt. Die Aufklärer unterscheiden sehr wohl zwischen den Religionen und den »Gralshütern« dieser Religionen.

Die »positiven Religionen«, das sind die Offenbarungsreligionen Christentum, Judentum und Islam, sind für die Aufklärer nur ein Segment, ein Ausschnitt, eine historisch bedingte »Vereinzelung« der allgemeinen vorgegebenen Naturreligion, mehr nicht. Es spricht für die Ernsthaftigkeit der Aufklärung, daß sie darauf bedacht ist, ihre Ablehnung der Religionen nicht in Form polternder Polemik öffentlich zu machen. Vielmehr sucht sie, etwa gegenüber dem Christentum, ihre Kritik mit Hilfe »wissenschaftlicher« Belege zu untermauern.

So ist die kritische Beschäftigung mit den »Heiligen Schriften«, die sogenannte »Bibelkritik«, in der Zeit der Aufklärung entstanden: Sie wollte und will immer noch, mit Hilfe inzwischen allgemein anerkannter historisch-kritischer Methoden, Wahres vom Falschen, Echtes vom Unechten unterscheiden. Eine Wissenschaft, die für unsere Zeit selbstverständlich geworden ist, weil sie, die Bibelkritik, die Voraussetzung für eine sachgemäße Exegese (Bibelauslegung) ist. Übrigens hatte diese Bibelkritik einen bis heute nachhaltig wirkenden Nebeneffekt: Mit der Bibelkritik entdeckte man plötzlich in den Schriften der Bibel das Doppelpaar Natur und Schöpfung und das Paar Jesus von Nazareth und Christus (den Kyrios, den Herrn); und man fragte sich, wie denn Sprache und Inhalt der kirchlichen Lehre auszusehen hätten, wenn die christlichen Religionsgemeinschaften das in Worte fassen müßten, was nun als die »schlichte, vernünftige Lehre ihres verständlichen Herrn« aufgetaucht war!

Für die Kirchen war diese kritische Wissenschaft höchst gefährlich, weil sie – ohne Rücksicht auf dogmatische und lehramtliche

Verbote – die Bibel gleichsam wie auf dem Seziertisch auseinandernahm und jeglicher »frommen Patina« entkleidete.

Zu den Pionieren der Bibelkritik gehört (lange vor Hermann Samuel Reimarus und Gotthold Ephraim Lessing) ein Katholik und Abbé, der französische Oratorianer Richard Simon (1638–1722), Spezialist für semitische Sprachen; Spinoza war sein Lehrer. In seiner *Histoire critique du Vieux Testament* aus dem Jahre 1678 weist er nach, daß weder Moses die ihm zugeschriebenen »Fünf Bücher Moses« noch die »Göttliche Inspiration« den Pentateuch verfaßt haben können. Umgehend geriet er in die Schußlinie der Inquisition und zog sich den Widerstand des Bischofs von Meaux zu, des allmächtigen Jacques Bossuet, des Erziehers des französischen Kronprinzen. Bossuet sorgte dafür, daß Simon – unter dem zustimmenden Beifall der Protestanten (!) – auf dem Index landete und aus dem Oratorium ausgeschlossen wurde, was Simon aber nicht hinderte, weiter zu forschen und noch seine *Kritik der Texte des Neuen Testaments* (1689) und eine Übersicht der »unterschiedlichen Ausgaben des Neuen Testaments« (1690) nachzuschieben.

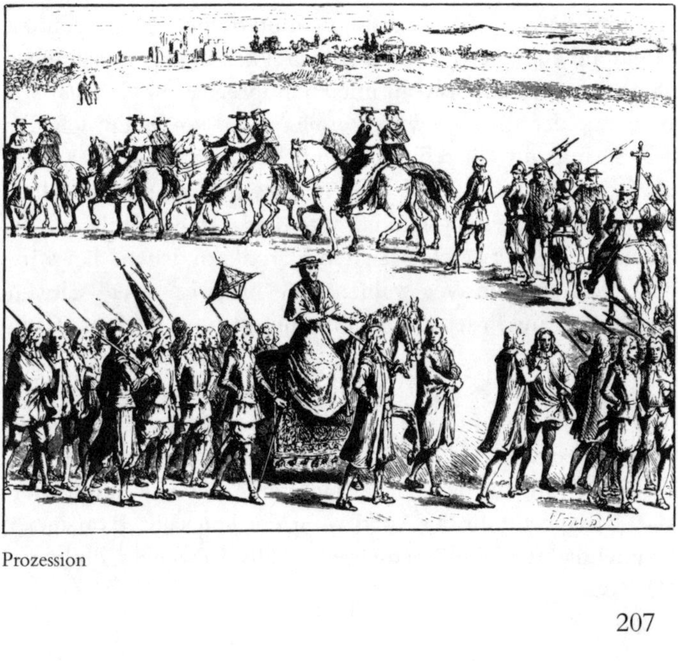

Prozession

Den Motor der Aufklärung treiben zwei Worte an: *Sapere aude,* »Wage zu wissen«! Man könnte auch zeitgemäß sagen: Bilde dich, wage nachzudenken, wage zu hinterfragen, nimm nicht alles, was man dir vorsetzt, unbesehen als gegeben hin – gleich dem Motto: »Das ist so!«

Sapere aude: Diese beiden Wörter des Dichters Horaz griff Immanuel Kant (1724–1804) erstmals auf, um das »Zeitalter des Lichts«, der Lichter (*des Lumières*) zu kennzeichnen: Wage es, mittels einer gut begründeten Philosophie zu denken; wage es, mittels deines Gewissens, für dich selbst zu urteilen und die Konsequenzen zu ziehen. Aufgeklärt zu sein, das hieß, daß man sich nicht mehr zufrieden gab mit einer unterwürfigen Annahme kirchlicher Lehren und kirchlich diktierter Moral, wie sie in der Regel von denen verlangt wird, die in den Kirchendienst, etwa ins Priesteramt, drängten oder die zu den »treuen« Gläubigen gehören wollten.

Aufgeklärt zu sein, das bedeutete, jene von den Kirchen vertretenen und verteidigten Glaubenssätze, die sämtliche Reformationen überstanden hatten oder die auf Grund binnenkirchlicher Reformen neu hinzugekommen oder auch nur präzisiert worden waren, zu hinterfragen. Dazu gehörte Mut. Und nur jene, die von der Richtigkeit ihrer Anschauungen überzeugt sind, die sowohl mit Hilfe ihrer Vernunft (*ratio*) wie auch mit der ihres Gewissens (*conscientia*) operieren, schaffen den Sprung aus der religiös-kirchlichen Abhängigkeit. Katholiken wie Protestanten saßen in dieser Hinsicht im selben Boot; und auf beiden Seiten drohte die religiöse Intoleranz der Kirchen den »Abweichlern«, den Häretikern, jenen, die wörtlich einen anderen Weg wählen (griechisch *haireomai*) schwere Strafen an: auf Erden die Exkommunikation, im Jenseits die Hölle.

So verwundert es nicht, daß sich auf breiter Front der Widerstand gegen die Institution Kirche und ihre Ansprüche an das Individuum wie an Gesellschaft und Staat formierte: »Ecrasez l'infâme«, fort mit der Niedertracht; mit diesem Kampfruf erklärt das Sprachrohr der Aufklärung, der Journalist, Romancier, Dramendichter, Komödienschreiber, Historiker und Philosoph

Voltaire (François-Marie Arouet: 1694–1778) den Kirchen und ihrer moralischen Doppelbödigkeit den Krieg:

»Wissen Sie, daß Abbé ›Vater‹ bedeutet?

Wenn Sie Vater werden, erweisen Sie dem Staat einen Dienst. Sie tun dann zweifellos das beste Werk, dessen ein Mensch fähig ist, denn es wird durch Sie ein denkendes Wesen zur Welt kommen. Darin liegt etwas Göttliches.

Wenn Sie aber nur deshalb Abbé sind, weil man Ihnen eine Tonsur geschnitten hat, weil Sie ein Krägelchen und einen kurzen Mantel tragen und mit einer bescheidenen Pfründe rechnen, dann sind Sie nicht wert, Abbé genannt zu werden.«[1]

Intoleranz war für Voltaire das schlimmste aller Verbrechen, weil der Mensch, so Voltaire, damit Gott vereinnahme, um Menschen, die verschiedener Ansicht sind, zu unterdrücken. Leidenschaftliche Kritik goß er über das Auftreten einer anmaßenden Geistlichkeit aus, die, unter Berufung auf ihre sakramentale Weihe und hinter dem Schutzschild des »heiligen Standes«, mit doppelzüngiger Bigotterie jede Form von Ethik und Moral für sich persönlich außer Kraft setzte, jedem Gläubigen aber, der sich die Haltung der Geistlichkeit zum Vorbild nahm und entsprechend dachte und lebte, harte Strafen androhte. Moral war für Voltaire Teil der menschlichen Vernunft, die dem Menschen von Natur aus mitgegeben ist.

»Nun höre ich aber die Herren Abbés in Italien, Deutschland, Flandern und Burgund (sagen): ›Warum sollen wir nicht Güter und Ehren anhäufen? Warum sollen wir keine Fürsten sein? Die Bischöfe sind es doch auch. Sie waren ursprünglich arm wie wir, dann haben sie sich bereichert und sind emporgestiegen. Einer von ihnen hat sich über die Könige gestellt. Wir wollen ihnen nacheifern, so gut wir nur können!‹

Recht so, meine Herren, erobert euch die Erde, denn sie gehört dem Starken oder dem Geschickten, der sich ihrer bemächtigt. Ihr habt euch die Zeiten der Unwissenheit, des Aberglaubens, des Wahnsinns zunutze gemacht, um uns unser Hab und Gut zu rauben und uns mit Füßen zu treten, um euch auf Kosten der Unglücklichen zu mästen. Zittert vor dem anbrechenden Tag der Vernunft!«[2]

Voltaires publizistischer Kampf, hartnäckig, geistreich und kraftvoll zugleich, besonders sein Kampf gegen die Römische Kirche, gegen ihre aggressive Intoleranz und ihre apologetischen Grundlagen, gaben der Aufklärung ihren unverwechselbaren radikalen und generell auch kirchenfeindlichen Charakter – vor allem in Frankreich.

Andererseits hielt der Jesuitenschüler Voltaire (erzogen im Collège Louis-le-Grand!) nichts von einem erklärten Atheismus wie ihn etwa Diderot, den er sonst sehr schätzte, predigte. Voltaires Ausspruch: »Wenn es Gott nicht gäbe, müsse man ihn erfinden«, ist durchaus ernst gemeint. Und im hohen Alter noch ließ er auf seinem Gut in Ferney eine Kapelle bauen, nachdem man im Dorf die Pfarrkirche abgerissen hatte. Voltaires Denken war unauflöslich, so könnte man sagen, mit dem Christentum verbunden.

Aus der Religion bezog er seine »kritische Kraft«; zudem war gerade er es, der – gegen überkommene Sichtweisen – eine neue religiöse Sensibilität und eine neue Art der Beziehung von Mensch zu Gott offenlegte. In Voltaires Denken bündelten sich alle »Kräfte der Auflösung«, die sich im Zeitalter der Renaissance erstmals zeigten und die dann über die Gegenreformation, den Mystizismus im Zeitalter der Jesuiten und über den Jansenismus der absolutistischen Zeit im Säkulum der Aufklärung Gestalt annahmen. Die Religion der Aufklärung heißt *Deismus*, ein religiöses System, das sich aus der Natur herleitet, sich gegen jede positive Religion stellt und das folgerichtig eine Offenbarung etwa im Sinne des Christentums ablehnt. Voltaire hatte die deistische Vorstellungswelt in England kennengelernt, und er wird dem Deismus bis ans Lebensende die Treue halten, in einer fast orthodoxen Haltung, die, ähnlich der christlichen Religion, keine andere Erkenntnis neben sich duldet.

Vor diesem Hintergrund vollzog sich sein Kampf gegen die Kirche und ihre lehrhaften Begründungen. Folgerichtig ging er dabei auch, im Sinne der Bibelkritik seines Landsmanns Richard Simon und Spinozas, gegen das »Schrift-Fundament der christlichen Religion« vor. Dabei ging es ihm vor allem darum, der Bibel nicht nur das ihr von der Kirche gegebene Prädikat »heilig« (weil geoffenbart und daher wahr) zu nehmen: Voltaire wollte vor allem die Absurdität und die Inkoherenz der biblischen Schriften herausstellen, um auf diese Weise der jüdisch-christlichen Hypothek, die auf der Gesellschaft lastete, den Garaus zu machen. Die jüdisch-christliche Botschaft und ihr Anspruch an Staat und Gesellschaft war für Voltaire der Tiefstpunkt menschlicher Vernunft: Begriffe wie »Auserwählung« oder auch »Gemeinschaft mit Gott« oder »persönliche Begegnung« mit diesem waren für ihn »bar jeder Vernunft«. Und der Gipfel des menschlichen Hochmuts war für ihn der Glaube an die Inkarnation Gottes.

So zerstörte Voltaire als erstes die Einheit der in den biblischen Schriften auftauchenden Botschaften und ihre Auslegung durch die christliche Religion, das heißt durch die Kirche. Er versuchte ihr die ideologisch-dogmatische Grundlage zu entziehen. Seine Kritik machte selbst vor Jesus von Nazareth nicht halt: Der habe versagt, so Voltaire in seinem *Dictionnaire philosophique*, seine Prophezeiungen und Visionen seien nicht eingetreten. Zudem habe die Kirche ihm ihre Dogmen, ihre Lehrsätze untergeschoben, um diese gegen jede Kritik abzusichern und immun zu machen. Genüßlich attackierte Voltaire im Namen der Vernunft und der Moral die Theologen der Früh-Epoche der Kirche und ihre »absurden Erfindungen« (etwa die der Ur- oder Erbsünde, des *peccatum originale*, durch Augustinus), und er versuchte zu beweisen, daß das Christentum, wie die Kirche behauptet, sich eben nicht kontinuierlich und logisch-zwingend aus seinem Ursprung heraus entwickelt habe, sondern, daß der Weg der christlichen Religion ein Weg mit immer neuen Bruchstellen ist, die eine Kontinuität einfach nicht herstellen lassen. Dem Gott der Kirche, dem »Gott der Wahrheit und der Reinheit«, stellte Voltaire den alttestamentarischen Gott der Morde und der Massaker, der Verbrechen und der rachsüchtigen Leidenschaften gegenüber und resümierte sarkastisch, daß die Bibel ja doch wohl nur primitive Literatur sein könne. Voltaire erfand im

Grunde kaum Neues, nichts, was nicht schon Spinoza oder Simon entwickelt und wissenschaftlich untermauert hätten. Voltaire ist der Interpret dieser »Aufklärung«, das Förderband der neuen Ideen in die Gesellschaft hinein. Voltaire hat, so faßt es Pierre Rétat zusammen, sich »die Bibel und die christliche Geschichte zur Wahlheimat erkoren; sie geben ihm Nahrung, und sie unterwirft er einer fieberhaften Untersuchung, um sie zu erniedrigen und zu Fall zu bringen«.

Wobei man bedenken muß, daß Voltaire mit seiner beißenden Kritik tief eingebunden ist in das religiöse Denken seiner Zeit; und dieses ist seit der Reformation ganz auf »Apologie«, auf Verteidigung von Glauben und Kirche hin ausgerichtet. Voltaire aber ist in denselben Quellen zu Hause wie die Apologeten: Er kennt ihre Argumente, er beherrscht dieselbe Rethorik wie sie; daher versteht es Voltaire auch wie kein zweiter, mit virtuoser Ironie die Argumente der Apologeten aufzuspießen und auf die darin enthaltenen »Dummheiten« hin abzuhorchen. Andererseits ergibt sich aus seinen Schriften, daß auch Voltaire sich in gewisser Weise als Missionar, als Apostel versteht, der Menschen für seine Anschauungen im Namen des deistisch verstandenen Gottes gewinnen will. Und er versucht – seine Wirkung auf weite Kreise der Bevölkerung in Europa und nicht nur in Frankreich ist unbestritten, was ihm Haß und Bewunderung gleichermaßen eingetragen hat –, seine deistischen Überzeugungen sogar in die Strukturen der Römischen Kirche in Frankreich einzubringen, vor allem den Grundsatz der Toleranz.

»Fort mit der Niedertracht!« Dieser Kampfruf wird die intellektuelle Welt Europas tiefgreifend spalten. Die antirevolutionäre Reaktion zu Beginn des 19. Jahrhunderts, verkörpert in Joseph de Maistre, sieht in Voltaire den schlimmsten Teufel, den Diabolos, der alles durcheinanderbringt. Auch Victor Hugo ist in seinen jungen Jahren dieser Ansicht, Chateaubriand sowieso. Für andere ist »der Alte von Ferney« ein zweiter Luther: für Stendhal (Henri Beyle) etwa oder für Pierre Jean de Béranger, den Dichter antiklerikaler Satiren …

Der Grund für Voltaires unnachgiebigen »Radikalismus« liegt auch in der engen Verbindung der gallikanischen Kirche mit dem französischen Staat: Die Kirche hat an den unhaltbaren politischen und sozialen Zuständen im Frankreich vor der Revolution erheblichen Anteil.

Jeder Widerspruch gegen das politische Regime betrifft somit auch die Kirche. Besonders verhängnisvoll ist die sprichwörtliche und unerhörte Intoleranz der französischen Geistlichkeit.

Die Aufklärung bewirkt, daß die Kirche ihren geistlichen Einfluß über weite Teile der gebildeten Laien verliert. Der Verlust dieses Einflusses kam aber nicht über Nacht. Die Wurzeln der Aufklärung reichen bis ins Mittelalter zurück, bis ins 13. Jahrhundert; schon damals versuchten sich einzelne wenige Bereiche des kulturellen-öffentlichen Lebens von der Vorherrschaft der Kirche zu befreien. Die Renaissance mit ihrer Rückbesinnung auf das antike Erbe Europas beschleunigte diesen Prozeß, den allerdings dann die konfessionellen Bewegungen und religiösen Auseinandersetzungen des 16. Jahrhundert abbremsten. Dennoch lebte er sowohl im Humanismus fort wie auch in der vom Humanismus angestoßenen Auseinandersetzung und Beschäftigung mit der Natur und ihren Gesetzmäßigkeiten. Diese neuen Naturwissenschaften fanden wiederum ihr Echo in einer allgemein gesellschaftlichen Grundstimmung, die mehr und mehr gegen eine von den Kirchen bestimmte und dominierte Kultur aufbegehrte. Hinzu kamen die Entdeckungen in Übersee, in der »Neuen Welt«. Diese überraschende Erweiterung des geographischen und räumlichen Horizonts fand ihr verstärktes Echo dann wiederum in den Entdeckungen der Naturwissenschaften.

Die Aufklärung gewann auch gerade von dieser Seite ihre Bestätigung und ihren Rückhalt, ja, sie sah sich sogar nachhaltig gefördert. Und all diese Entwicklungen fokussierten sich gleichsam im Denken Voltaires, der diese Entwicklungen in ihren Ergebnissen gedanklich bündelte, aufbereitete und in unnachahmlicher Weise verbreitete und popularisierte. In letzter Konsequenz mündet diese theoretische Aufklärung dann in die praktische: in die Französische Revolution von 1789. Sie wird gleichsam zur Versuchsküche, in der die Ideen und Rezepte der Aufklärung zur Anwendung kommen.

Da die Ideen der Aufklärung aber niemals wirklich die unteren und einfachen Schichten der Gesellschaft erreichten, und diese somit auch nicht im Sinne der Aufklärung umgeformt werden konnten, ist es nicht verwunderlich, daß auch die Revolution, die mit zu den größten Ereignissen zählt, die Europa seit den Tagen der Antike gekannt hat, im Volk keine Wurzeln schlagen konnte. An einer jahrhundertelang malträtierten und geschundenen Gesellschaftsschicht perlen die revolutionären Ereignisse ab wie an einer Wachsschicht. Das Ergebnis ist eine ungestillte Sehnsucht nach Ruhe und Frieden. Am Horizont erscheinen nun verheißungsvoll die Ordnung und Stabilität versprechenden Strahlen der Restauration.

Der Ultramontanismus hat einen Namen: Joseph de Maistre

Jenseits der Alpen ...

Die Verherrlichung des Papsttums fand, nach den für die römische Kirche lebensbedrohenden Wirren der Französischen Revolution von 1789, ihren wohl bedeutendsten Fürsprecher in Joseph de Maistre.

Der Diplomat, Staatsmann, Philosoph und Schriftsteller de Maistre entstammt dem Beamtenadel aus Savoyen. Geboren und aufgewachsen ist er in Chambéry, unweit von Ferney, wo Voltaire, dessen Ideen de Maistre unbarmherzig bekämpfen wird, seine letzten Lebensjahre verbrachte. Infolge der Revolutionswirren und, weil er im Frankreich der Revolution um sein Leben fürchten muß, verließ der Vicomte 1793 Frankreich und wählte Lausanne in der benachbarten Eidgenossenschaft zum Wohnort.

Vor dort aus beobachtete er die Vorgänge in Frankreich. Und er hatte Zeit, sich Gedanken zu machen, Pläne zu schmieden, Vorstellungen zu entwerfen. Er wird, durch und durch religiös geprägt, Schriftsteller, missionarischer Schriftsteller.

Drei Jahre später veröffentlichte Joseph de Maistre seine *Considérations sur la France* (Nachdenken über Frankreich, 1796), ein Werk, in dem er mit dem Zeitalter der Aufklärung und ihrem neuen vermeintlichen Humanismus abrechnet. Die Revolution und der Untergang der alten Ordnung hat ihn in seinen Ansichten bestärkt: Die Republik hat als Staatsform versagt, die Regierung der Volksvertreter, die im Namen des Souveräns »Volk« die Macht ausübt, die Gesetze erläßt und über Krieg und Frieden, über Leben und Tod bestimmt, ist nicht die Staatsform, die für Stabilität, Wohlstand, Freiheit und Ordnung sorgt. Denn ebenso wie die wissenschaftliche Welt hat für de Maistre auch die politische ihre (Spiel-)Regeln und Gesetze. Und diese sind einzuhalten, fordert er, soll das Gebäude von Staat und Gesellschaft nicht einstürzen. Konsequent und vorbehaltlos bekennt sich de Maistre in seinen *Considérations* daher zur Regierungsform der Monarchie – für den Staat wie auch für die Kirche.

Fast visionär sieht er ein neues, alles veränderndes Zeitalter heraufziehen, das aus den Trümmern der Aufklärung, die sichtbar und im Blut vieler Hunderttausender Menschen in Frankreich und in den von der Revolution heimgesuchten Ländern Europas schmählich gescheitert war, erwachsen werde. Auch die Renaissance der römischen Kirche sagt er voraus. Da mit dem Zusammenbruch des »Ancien Régime« keine Pfründe mit lukrativen Einkünften mehr locken, wird der geistliche Stand, so de Maistre, unberufenerweise nicht weiter mehr jene anziehen, die bislang nur kamen, um sich die Taschen vollzustopfen. Für die Kirche wie für die Staaten und Völker werde, so de Maistre, ein ausgesprochen glorreiches Zeitalter anbrechen.

Nur Gott und die Abstammung, die selbstverständlich »adelig« ist, können in Staat und Gesellschaft Macht übertragen. Nur von Gott und von der adeligen Geburt her leitet sich diese Macht ab. Und nur Gott und der Abstammung gegenüber ist diese Macht auch Rechenschaft schuldig – niemandem sonst.

Widerstand gegen diese gottgewollte Obrigkeit, selbst wenn diese Obrigkeit willkürlich auftreten sollte, ist nicht statthaft und als Sünde auszuschließen. Schließlich habe man ja in der Revolution und unter dem diktatorischen Caesarentum Napoleons erleben müssen, daß »die Anstrengungen der Völker zur Schaffung oder Vermehrung ihrer Freiheit fast immer damit geendigt haben, sie in Fesseln zu schlagen«, schrieb de Maistre.

Der »Souveränität« der absoluten weltlichen Herrschaft, des Fürsten, entspricht die »Unfehlbarkeit der absoluten geistlichen Herrschaft«, des Papstes.

In seinem Buch *Über den Papst* (Du Pape) aus dem Jahre 1819 bündelt de Maistre seine Überlegungen zur Idee der absoluten Monarchie und führt mit Blick auf das Papsttum aus: Da den weltlichen Herrschern die Verheißung der Gerechtigkeit nicht gegeben worden ist, sondern nur dem Papst als dem *vicarius*, dem »Stellvertreter Christi«, ist es die Aufgabe des Papsttums, die

Stelle eines Mittler zwischen den Fürsten und ihren Untertanen einzunehmen. Daraus folgt, daß, im Vergleich mit den Fürsten und ihrer Stellung in der Welt, dem Papst allein, und nur ihm, die Vorrangstellung vor allen anderen Mächten – in Staat und Kirche gleichermaßen – gebührt, niemandem sonst.

Das Papsttum, das jenseits der Alpen zu Hause ist, jenseits der Berge (*ultra montes*), ist für den Maistre die alles beherrschende und beeinflussende Grundlage einer politisch-konservativen Gesellschaftsordnung. Sie fordert de Maistre ein und propagiert sie:

»Es gibt weder eine öffentliche Moral noch einen nationalen Charakter ohne Religion; es gibt in Europa keine Religion ohne Christentum; es gibt keinen Katholizismus ohne Papst, keinen Papst ohne den ihm zukommenden unbedingten Vorrang.«[1]

Diese Überlegungen sind wie notwendiges, selbstverständliches Wasser auf die Mühlen der päpstlichen Unfehlbarkeitsbefürworter. Die Gottgleichheit des Mannes auf dem Papstthron, die in der Reformation, in der Aufklärung, in der Großen Revolution und als »akzeptierte Wirklichkeit« unter dem Diktat Napoleons endgültig verworfen worden war – so wie 150 Jahre später, nach dem Zweiten Weltkrieg auf Druck der US-Amerikaner (General Douglas MacArthur), die Herrscher Japans ihrer Gottgleichheit in einer erzwungenen Radioansprache des Tenno (Himmelsherrscher) öffentlich abschwören mußten – findet über Nacht wieder Glauben bei dem Großteil einer desillusionierten Generation, die der Guillotine entkommen war.

Da die protestantische Reformation, so ist de Maistre überzeugt, die Quelle der revolutionären Ideen ist, kann nur die geistliche Autorität des Papsttums der Revolution Einhalt gebieten. Nur die Kirche unter dem unfehlbaren Papst ist der Garant für Freiheit und Gerechtigkeit. Konsequent und dementsprechend scharf verurteilt de Maistre die konziliare Idee: Diese sei entgegen der Ansicht ihrer Befürworter keineswegs in der Lage, die so dringend notwendige geistige Freiheit zu verwirklichen; die konziliare Idee diene letztlich doch nur dazu, die

Macht der Bischöfe, also die der weltlichen Herrscher zu stärken. Denn der Konziliarismus sei »aus dem Geist der Empörung« geboren, aus einem Geist, der nicht aufhöre, »das Konzil gegen den Papst anzurufen, um danach gegen das Konzil loszufahren, sobald es wie der Papst gesprochen« habe.

Damit geht de Maistre weit über eine effektheischende billige Polemik hinaus: Was er vorlegt ist vielmehr ein Programm.

Der Ultramontanismus, wie man dieses geschichtsmächtige Programm künftig nennen wird, war geboren. Und nicht Theologen hatten ihn entwickelt, sondern Schriftsteller, Staatsphilosophen, Denker wie Chateaubriand, Victor de Bonald und natürlich vor allem Joseph de Maistre.

Dieses Programm fand zunächst vor allem in Frankreich Gehör und Zustimmung. Eifrigster Verteidiger des Papsttums wird hier Félicité de La Mennais, ein traditionalistischer Philosoph und Sozialreformer, der nicht müde wird, dem kurialen Zentralismus das Wort zu reden. Der Abbé aus der Bretagne wird zum Liebling der ultramontanen Bewegung in Europa. Als er 1824 nach Rom pilgert, empfing ihn Papst Leo XII. überschwenglich. Der Pontifex lobte den Abbé in den höchsten Tönen und hing sich sogar ein Bild des treuen Vasallen über sein Bett. Er versprach, ihn im nächsten Konsistorium zum Kardinal zu erheben.

In Frankreich trifft der ultramontane Gedanke zudem auf eine aufkeimende, volkstümliche Anhänglichkeit und Verehrung für den Papst. Das Schicksal Pius' VII. hatte in der französischen Landbevölkerung einen nachhaltigen Eindruck hinterlassen. So wie es die Revolution und Kaiser Napoleon getan hatten, konnte, ja durfte man mit dem Papst nicht umspringen.

Immer noch lebten die Menschen in Europa, trotz Aufklärung und Revolution, in der alten, tief verwurzelten Vorstellung von einer patriarchalischen und ständischen Gliederung der Gesellschaft, die man als von Gott gegeben ansah und für alle Zeiten zementiert.

Gerade weil de Maistres Schrift so klar argumentierte und so unzweideutig und unmißverständlich Stellung bezog, war ihre Wirkung verblüffend. Zum einen stärkte sie die katholische

Gläubigkeit und damit auch die Überzeugung, daß nur in *und* durch die Römische Kirche der allein seligmachende und heilbringende Weg der Menschheit gefunden werden könne.

Und für diese Kirche steht der Papst, dem die Menschen eine grenzenlose Verehrung entgegenbringen. In übersteigerten Hymnen wird er besungen, was bisweilen zu theologischen Absurditäten führt, wenn etwa einer der führenden Unfehlbarkeitsaktivisten des Jahrhunderts, Gaspard Mermillod, im Nebenberuf Auxiliarbischof (Weihbischof) in Genf, sich dazu hinreißen läßt, den Papst als die »Inkarnation« von Jesus Christus zu verstehen. In einer Predigt versicherte er seinen Zuhörern allen Ernstes, es gebe »eine dreifache Inkarnation (Menschwerdung) des Sohnes Gottes«: einmal »im Schoße der Jungfrau Maria«, dann »in der Eucharistie« und drittens »im Greis im Vatikan«. Von hier ist es nur noch ein kleiner und konsequenter Schritt hin zur Dogmatisierung des »unfehlbaren Papstes« …

Auf nach Rom!

Indem Joseph de Maistre die mittelalterlichen papalistischen Vorstellungen eines Gregor VII. oder auch eines Urban VIII. von der uneingeschränkten Superiorität des Papsttums für seine Zeit wiederentdeckte, hat er – als zunächst unbeachtete Nebenwirkung – eine merkwürdige, bislang so nicht gekannte Bewegung ausgelöst, die bis heute besteht.

Ergossen sich die Pilgerströme früherer Jahrhunderte nach Rom, um mit dem Besuch der Begräbnisstätten der Apostelfürsten Petrus und Paulus Heil für Leib und Seele und Vergebung für angehäufte Schuld zu bekommen, fuhr man jetzt in der Absicht nach Rom, den Papst zu sehen, ihn reden zu hören und mit ihm selbst zu reden, sich von ihm Trost und Unterweisung zu holen:

»Es zieht die ganze Welt daher,
von Süd und Nord ein Völkermeer,
zur Hauptstadt, die sich Gott erkürt,
und die der Stuhl des Meisters ziert.«[1]

So nimmt ein in der Rhetorik des 19. Jahrhunderts verfaßtes Gedicht die Stimmung dieser neuen Bewegung (Auf nach Rom!) auf.

Der lebendige, der redende und der auf die Menschen zugehende Papst ist den Pilgern jetzt wichtig; nicht mehr nur die Gräber der beiden Apostelfürsten Petrus und Paulus, die Verehrung der Heiligen oder die der wundertätigen Reliquien.

Die alte Romidee wird zur Papstidee und schließlich als Höhepunkt zur Papst-Devotion.

Das Papsttum macht sich diese neue Anhänglichkeit umgehend mit einem spektakulären Ereignis zunutze. Im Jahre 1800 hatte das Jubeljahr der römischen Kirche, das sogenannte Heilige Jahr, wegen der politischen Umstände ausfallen müssen.

Jetzt, 25 Jahre später, wird es nachgeholt: unter Leo XII. (1823–1829). Es war das 20. »Heilige Jahr« seit der ersten Ausrufung durch Bonifaz VIII. im Jahre 1300.

Als der Papst mit seinem Plan für das *anno santo* herausrückt, formierte sich in der Kurie, vor allem im Staatssekretariat, ein unerwarteter Widerstand. Die Berater des Papstes befürchten, daß politische Verschwörer, als Pilger getarnt, die Römer und die Provinzen zum Aufruhr gegen den Papst und das Kleriker-Regime anstacheln könnten. Die aufgeschreckten europäischen Mächte haben die Sorge, daß die nach Italien einbrechenden Pilgermassen in den verschiedenen italienischen Kleinstaaten schwere politische Konflikte, ja sogar die befürchtete Revolution heraufbeschwören könnten.

Doch der Papst bleibt hart. Er will dieses Jubeljahr. Und als der Aufruf ergeht, strömen die Pilger zu Tausenden nach Rom. Und der Papst ist mitten unter ihnen: Er kümmert sich, wiederum entgegen erhebliche Widerstände aus der Kurie und seitens der europäischen Höfe, die das unschicklich finden, wenn möglich selbst um die Wallfahrer. Barfüßig und laut vorbetend führt er die zahlreichen Prozessionen durch Rom an; er sitzt mitten unter den Pilgern, um Bußpredigten zu hören – so etwa auf der Piazza Navona – und hat jeden Tag zwölf Pilger (stellvertretend für die 12 Apostel) in seinem Palast zu Gast, die er persönlich bei Tisch bedient. Der Karneval und andere Vergnügungen sind verboten. Überall herrscht religiöser Ernst. Rom quillt über von Pilgern. Papst Leo macht Krankenbesuche in den verschiedenen Hospitälern Roms und wäscht am Karfreitag höchstpersönlich vielen Pilgern im Hospiz der Heiligen Dreifaltigkeit die Füße. Am Sonntag nach Ostern besucht er zu Fuß gemeinsam mit den Kardinälen die vier großen Basiliken der Stadt: Über 50 000 Pilger nehmen an der Fronleichnamsprozession teil.

Der Königin beider Sizilien, Maria Christina, der Tochter der Königin von Savoyen, verleiht der Papst den Titel »Verehrungswürdige« (*venerabile*), weil sie sich durch religiösen Eifer und großherzige Spenden hervortat. Zudem besucht die Königin barfuß (!) die Hauptkirchen Roms, das Gesicht, so die Chronik, von einem großen Schleier verhüllt, »um nicht erkannt zu werden«.

Die Erzbruderschaft der Heiligen Dreifaltigkeit, die sich nur um die armen Jubel-Wallfahrer kümmert, beherbergte insgesamt 94 157 Pilger und gab 273 050 Mahlzeiten aus. Insgesamt sollen, so eine Zählung, fast 300 000 Pilger das Heilige Jahr in Rom verbracht haben.

Bereits Mitte des 17. Jahrhunderts, nach dem Dreißigjährigen Krieg (1618–1648) war die Stadt Rom Ziel der Touristen. Damals hauptsächlich wegen des anerkannt hohen Ranges ihres gesellschaftlichen und kulturellen Lebens. Doch entgegen der Klientel des 19. Jahrhunderts waren damals die Rombesucher sehr viel vornehmer: Könige und Königinnen, aber auch Wissenschaftler und Künstler. Der prominenteste Gast war sicherlich die exzentrische Königin von Schweden, Christine, die Tochter Gustav-Adolfs, jenes Fürsten aus dem Hause Wasa, der aufgrund seiner militärischen Unterstützung für die protestantische Sache im Dreißigjährigen Krieg zum Schrecken Deutschlands geworden ist. Die zum Katholizismus übergetretene Königin der Schweden wählte Rom gleichsam als ihren Alterssitz; aus Polen kam die Königin Maria Casimira, und aus England kamen die letzten Stuarts. Die Ehre, im Petersdom beigesetzt zu werden, wurde neben den Stuarts nur wenigen Laien gewährt.

Auch die schwedische Königin durfte in den Grotten von St. Peter begraben werden. Eine logische Konsequenz. Denn für das Papsttum und die Gegenreformation war eine vom Protestantismus zum Katholizismus übergetretene, also eine konvertierte Monarchin wie ein Geschenk des Himmels.

Papst Alexander VII. und die Kurie unternahmen damals alles, um diese Konversion propagandistisch gewinnbringend auszuschlachten: Christine wurde aller Welt als lebender Beweis vorgeführt, daß das katholische Bekenntnis doch das bessere, das wertvollere, das eigentliche Bekenntnis sei, weil nur dieses Bekenntnis in der apostolischen Tradition stehe. Es sollte sich bei den Gläubigen jenes überzeugende Gefühl festsetzen, das noch im Jahre 2002 der katholische Bischof von Speyer, Anton Schlembach, anläßlich der Feiern zu seinem 70. Geburtstag so beschrieb:

> »Das Christentum (in der katholischen Version) ist wahr, das Christentum ist gut, das Christentum ist schön, es gibt nichts Besseres!«[3]

An der wachsenden Zuneigung der Katholiken für ihren Papst fanden auch die Nachfolger Leos XII. großes Gefallen. Weniger Gregor XVI., dafür um so stärker Pius IX. (1846–1878), »Pio Nono«, wie der Mastai-Feretti-Papst von der Bevölkerung Roms und im Kirchenstaat familiär-kumpelhaft genannt wurde. Pius gab sich in den ersten Jahren seines Pontifikats sehr leutselig, war – verglichen mit seinem unmittelbaren Vorgänger – geradezu verdächtig liberal. Pius will ein Papst zum Anfassen sein. Daher suchte er fast zwanghaft den Kontakt zu den Römern. Als der Gute Hirte mischte er sich unter die Gläubigen seines Bistums: Er trat als Seelsorger, als Prediger, als Beichtvater und als Seelentröster in Rom auf. Er ließ sich sogar in einer Kutsche durch die Stadt fahren, wie Italiens ehemaliger Ministerpräsident Giulio Andreotti nach den Erinnerungen seiner Tante Marianina zu berichten weiß:

> »Ich bin hier in der Nähe (der Via Giulia) im Haus einer alten Tante zur Welt gekommen. Sie wurde 1854 geboren und hatte noch 16 Jahre lang im damals noch existierenden Kirchenstaat

gelebt. Und diese Tante, Marianina, hat mir immer wieder Geschichten aus dieser Zeit erzählt. Zum Beispiel, daß Papst Pius IX. häufig nachmittags eine Ausfahrt in einer offenen Kutsche unternahm: Er fuhr dann immer die Via Giulia hinauf; unterwegs ließ er den Wagen dann anhalten, um mit den Leuten zu sprechen. Man kann sich heute so etwas gar nicht mehr vorstellen: Der Papst saß in der offenen Kutsche und plauderte mit den Leuten auf der Straße; den einen oder anderen mag er im Laufe der Zeit sogar mit Namen gekannt haben. Und natürlich gab es auch Leute, die dort auf ihn warteten, um dem Papst irgendwelche Bittgesuche in die Hand zu drücken. Es war also eine ganz familiäre Atmosphäre. Trotzdem sprach meine Tante immer ganz nostalgisch vom ›Papst-König‹ (il Papa Re), wie er ja damals noch genannt wurde: Er hatte ja ein eigenes Königreich. 1870 waren dann diese nachmittäglichen Kutschfahrten in der Via Giulia plötzlich vorbei. Denn der Papst hatte jetzt seinen Kirchenstaat verloren, und er hat dann für lange Zeit den Vatikan nicht mehr verlassen.

Übrigens wußte ich auch von meiner Tante, daß der historische Tag, an dem Rom von den Italienern eingenommen wurde, der 20. September 1870, der in den Geschichtsbüchern immer so beschrieben wird, als ob damals in Rom alles auf dem Kopf gestanden hätte, in Wirklichkeit gar nicht so dramatisch verlaufen ist. Meine Tante erinnerte sich sogar, daß an diesem Tag noch die Post des Kirchenstaates funktionierte, was ja noch nicht einmal heute jeden Tag der Fall ist.

Und 1970, zum 100. Jahrestag der Einigung Italiens, mußte ich dann zusammen mit Giuseppe Saragat, der damals Staatspräsident war, eine Rede vorbereiten.

Und da erinnerte ich mich an das, was mir meine Tante erzählt hatte. Ich begann also in den Archiven nachzuforschen – und tatsächlich: Ich habe noch Briefe mit dem Poststempel vom 20. September 1870 gefunden. Also, das war der Beleg, daß trotz der dramatischen Ereignisse an jenem Tag das alltägliche Leben in Rom ganz normal weiterging …«[4]

Auf dem Weg in den Zentralismus

Als de Maistres Schrift *Über das Papsttum* (Du Pape) 1819 erscheint, hat der Wiener Kongreß die Neuordnung Europas weitgehend abgeschlossen und die Weichen für die Restauration gestellt. Das Papsttum hatte die Wirren der Revolution und die Repressionen durch Napoleon unbeschadet überstanden, war sogar moralisch gestärkt daraus hervorgegangen; es fand sich nach rund 150 Jahren (seit dem Westfälischen Frieden von 1648) erstmals als akzeptierter und anerkannter Partner der europäischen Staaten wieder. Trotz erheblicher Widerstände erreichte Pius VII. die fast vollständige (Avignon verblieb bei Frankreich, ebenso das Comtat Venaissin) Rückgabe der kirchlichen Territorien und von der neuen französischen Regierung die Auslieferung der von Napoleon nach Paris verbrachten päpstlichen Bibliotheken und der Kunstsammlungen der Vatikanischen Museen. Die Rückgabe des weltlichen Besitzes an den Papst geschah aber nicht aus konfessionellen Rücksichten, sondern einzig und allein unter politischen Gesichtspunkten. Denn es waren die drei nichtkatholischen Mächte England, Rußland und Schweden, die sich für die Rückgabe des Kirchenstaats an das Papsttum stark gemacht hatten.

Daß das Papsttum rasch wieder Tritt fassen konnte und auf dem Wiener Kongreß von den Großmächten in das Bündnis der europäischen Fürsten aufgenommen wurde, verdankte es nicht nur seiner weltlichen Macht, sondern seltsamerweise auch jenem Konkordat, das Napoleon 1801 mit dem Papst ausgehandelt hatte. Das Konkordat installierte in Frankreich zwar wieder eine Landeskirche nach gallikanischem Vorbild und gab – mehr noch als den Herrschern des Ancien Régime – Napoleon eine totale Verfügungsgewalt über Priester und Bischöfe. Gleichzeitig anerkannte der Erste Konsul mit dieser Vereinbarung aber auch die Stellung des Papstes als Chef der katholischen Weltkirche, eine Stellung, welche die Revolution zuvor dem Papst abgesprochen hatte.

Diese quasi völkerrechtliche Anerkennung der Stellung des Papstes gab ihm nun eine bis dahin in der gesamten Kirche so nicht gekannte Handlungsfähigkeit zurück und zog den seit 1648 für die Kirche heruntergelassenen Vorhang zur internationalen diplomatischen Bühne wieder hoch. Der Papst konnte erstmals in der Geschichte eines Landes seine bislang nur theoretische Autorität auch praktisch voll wirksam werden lassen, indem er – gemäß dem Wunsch Napoleons – fast den gesamten Episkopat Frankreichs zum Rücktritt zwang, die Bistumslandschaft straff und übersichtlich ordnete und neue Bischöfe ernannte.

Die zurückgekehrten Bourbonen hatten das Napoleon-Konkordat abschaffen wollen, indem sie das Konkordat von 1516 aus der Schublade zogen. Doch die Krone scheiterte am Widerstand der Stände in den beiden neugebildeten *Kammern.* So blieb das Napoleon-Konkordat von 1801 bis zum Trennungsgesetz von 1905 weiter in Kraft.

Auf den Geschmack gekommen, erweiterte das Papsttum den Spielraum für seine Handlungsfähigkeit ganz konsequent. Es benutzte dazu »bilaterale Vereinbarungen« (Konkordate), die zwischen Rom und den Monarchen Europas ausgehandelt werden. Bereits auf dem Wiener Kongreß hatte Staatssekretär Consalvi diesbezüglich erste Absprachen mit mehreren Regierungen getroffen. Mit den deutschen Staaten werden ebenfalls Konkordate (1817/1821) geschlossen; diese formen im wesentlichen die noch heute gültige Grundstruktur der kirchlichen Landschaft in Deutschland: die Neuerrichtung von Bistümern, ihre Zuordnung zu den Kirchenprovinzen (Metropolitansitzen) sowie die Gesamtheit der Bistümer.

Während nach langem Streit mit Rom die Domkapitel in den Gebieten der ehemaligen Rheinbundstaaten jetzt nach Listen ihren Bischof wählen konnten (wobei der Landesherr nicht genehme Namen streichen kann), bekam Bayern das ausschließliche Nominationsrecht für die Bischöfe zugesprochen, die zudem einen Treue- und Gehorsamseid zu leisten hatten; Bayern behält dieses Recht bis 1918. Dann holte sich die Kurie (Nuntius Pacelli) das Nominationsrecht zurück.

Des Papstes panische Angst vor einer Neuauflage des Konziliarismus verdankt übrigens das Erzbistum Freiburg seine Existenz. Um nicht Gefahr zu laufen, den in weite Kreise hineinwirkenden, einflußreichen Konstanzer Koadjutor Ignaz Heinrich von Wessenberg – der zielstrebig im Geist des Febronius auf eine deutsche Nationalkirche mit einem Primas an der Spitze hinarbeitete, die in nur sehr lockerer Abhängigkeit von Rom stehen sollte – auf dem Bischofsstuhl von Konstanz zu sehen, läßt Rom das allerdings ziemlich abgewirtschaftete, seit dem 7. Jahrhundert bestehende Bistum am Bodensee kurzerhand untergehen. Im Einverständnis mit dem Großherzog von Baden wird das neue Erzbistum Freiburg gegründet – mit einem Rom und der Landesregierung genehmen Erzbischof an der Spitze. Vorbei sind die Zeiten, als noch ein hoher württembergischer Beamter ganz im Sinne der Aufklärung frotzeln konnte: »Wir brauchen nur einen Salber; das übrige können wir selbst machen!«

Consalvis Konkordatspolitik verhandelte, und das war ein wirkliches Novum, auch nicht mehr *nur* mit katholischen Staaten, sondern mit allen Regierungen Europas – sehr zum Leidwesen der »Ultras« in der römischen Kurie, denen es aber dann nach dem Tod Pius'VII. letztendlich gelang, Consalvi zu entmachten. Dabei übersahen diese Kreise, daß gerade diese Konkordatspolitik erheblich mit dazu beigetragen hatte, das Prestige des Papsttums zu erhöhen: Der Papst vertritt die Kirche und niemand sonst. Der Vicarius-Christi-Gedanke, der den Papst als Statthalter Gottes herausstellt, erfuhr gerade auch über die Diplomatie eine nicht zu unterschätzende Stärkung. Selbst mit den reformierten Niederlanden wurde, allerdings erst 1872 ein Konkordat geschlossen.

Doch Eiferer sehen gewöhnlich nicht über ihren Tellerrand hinaus, und sie denken schon gar nicht in langen Zeiträumen.

Unmittelbar nach seiner Wahl entließ Leo XII. (Annibale della Genga), der mit Hilfe der konservativen Partei der »Zelanti«, der »Eiferer«, für die Sache der Kirche auf den Papstthron gekommen war, den welterfahrenen Diplomaten Consalvi und holte sich den »hochkonservativen« Kardinal Giulio-Maria della Somaglia, den letzten noch im 18. Jahrhundert kreierten Kardinal der Kirche, als neuen Staatssekretär. Er wird später nur noch übertroffen werden von dem »reaktionären« Kardinal Luigi Lambruschini, dem Staatssekretär Gregors XVI.

Die Entlassung Consalvis, die eine Kehrtwende in der päpstlichen Politik einleitete, war übrigens auch ein persönlicher Racheakt des Papstes. Consalvi hatte nämlich seinerseits den Kardinal della Genga, den späteren Leo XII., aus dem diplomatischen Dienst entlassen, weil es diesem als Nuntius in Paris 1814 nicht gelungen war, von Frankreich die Rückerstattung der – 1791 annektierten und im Vertrag von Tolentino (1797) bestätigten – päpstlichen Besitzung Avignon und das Comtat Venaissin zu erreichen.

Dennoch war Leo klug genug, Consalvi nicht ganz von der Kirchenpolitik fernzuhalten. Um die diplomatischen Erfahrungen des Exstaatssekretärs weiter nutzen zu können, übertrug Leo ihm die Leitung der Missionskongregation (*Propaganda Fide*). Consalvi starb jedoch schon ein Jahr später (1824).

Auf die von Berührungsängsten erstaunlich freie Politik des geschmeidigen Consalvi griff, widerstrebend und gegen seine persönlichsten Überzeugungen, gut 25 Jahre später Gregor XVI. zurück. Der Kamaldulensermönch und überzeugte Legitimist im Petrusamt scheute sich nicht – wenn es dem Papsttum nutzen könnte – auch über seinen eigenen Schatten und seine eigenen Grundsätze zu springen: In der Bulle *Sollicitudo Ecclesiarum* vom 7. August 1831 erklärte Gregor, der Hl. Stuhl werde im Falle von Umsturz oder Revolution immer mit den Regierungen verhandeln, die *de facto* im Besitz der Macht seien: ein noch heute für die vatikanische Diplomatie gültiger Grundsatz.

Von hier zieht sich über Bismarck, Mussolini und Hitler die Linie direkt hin zur berühmt-berüchtigten, weil vor allem in der Bundesrepublik heftig umstritten, Ostpolitik des Vatikans, die mit den Namen Gianbattista Montini (Paul VI.) und dem seines Beraters und Staatssekretärs, Agostino Casaroli, in die Geschichtsbücher eingegangen ist. Fußend auf diesem Grundsatz hatten beide seit Ende des Konzils (1965) bis zum Tode Pauls VI. (1978) in vielen und immer wieder von Rückschlägen bestimmten Verhandlungen versucht, mit den atheistisch-kommunistischen Regimen Mittel-, Ost- und Südosteuropas einen einigermaßen erträglichen *modus vivendi* für Leben und Arbeiten der römischen Kirche und der mit ihnen verbundenen (den unierten) Kirchen auszuhandeln. Wer sich dieser Politik widersetzte, wurde von Casaroli kaltgestellt, wie der ungarische Primas und Erzbischof von Esztergom, Jószef Mindszenty, den Paul VI. im Dezember 1973 in den Ruhestand schickte …

Bei allem, blitzartig immer wieder aufleuchtendem Realismus der päpstlichen Politik war die diplomatische Grundausrichtung – ganz ähnlich wie in den Jahrzehnten der Gegenreformation – aber auf Abwehr programmiert.

Im ersten Rundschreiben nach seiner Wahl stellte Leo XII., klar, daß nunmehr die Zeit der Toleranz beendet sei. Wer glaube, so der Papst, daß der Mensch sich ohne Nachteil für sein Seelenheil einer x-beliebigen Religion zuwenden könne, der sei im schwersten Irrtum. Und er verurteilte die im Zuge der Reformation auch im katholischen Raum, wenn auch sehr spärlich, entstandenen Bibelgesellschaften. Diese hatten es sich zur Aufgabe gemacht, durch entsprechende Bibelübersetzungen in die Landessprachen, das Lesen der Heiligen Schriften auch den Laien zugänglich zu machen. Für die Päpste eine Horrorvision. Wie bereits Ignatius von Loyola befürchteten auch sie, das Bibellesen durch Laien ohne nötige theologische Bildung könnte »infolge falschen Verständnisses« Häretiker heranbilden. Alle Päpste des 19. Jahrhunderts bis einschließlich Pius IX. haben gegen die Bibelgesellschaften polemisiert und verboten, Bibeln in Volkssprachen ohne erläuternde Anmerkungen zu drucken und zu verbreiten. Ein Verbot, das noch heute in der römischen Kirche besteht. Dennoch: Inzwischen liegen Bibelausgaben in über 2800 Sprachen der Erde vor.

Im Schlepptau der Politik

Rückblickend erwies sich das auf dem Wiener Kongreß wiederhergestellte *Patrimonium Petri* (der Kirchenstaat) als »schwerste Belastung der universalen Aufgabe des Papsttums«.

Zudem hatte die »Franzosenzeit« – sie dauerte von 1798 bis 1815 – im Kirchenstaat ihre untilgbaren Spuren hinterlassen. Durchaus positive, verglichen mit der Ordnung des alten Regimes: Die französische Besatzung hatte u. a. den *Code civil*, das Gesetzbuch Napoleons, eingeführt und als erstes die Verwaltung neu geordnet.

Doch bis auf den *Code civil* – soweit dieser dem Kirchenrecht nicht widersprach – ließ Consalvi auf Druck der reaktionären Kreise an der Kurie die Ordnungen von vor 1789 im Kirchenstaat wieder herstellen; mit der Folge, daß das päpstliche Fürstentum nun zu den rückständigsten Staaten in Europa gehörte. Das galt selbst für die Bereiche Landwirtschaft und Handwerk. Beim Analphabetentum seiner Untertanen lag der Kirchenstaat an der Spitze aller europäischen Staaten. Die Juden, von der Revolution befreit, sperrte man wieder in Ghettos, was eine Auswanderungswelle vor allem der begüterten Juden auslöste und somit erhebliche Finanzkraft abzog. Den Juden fiel die Auswanderung nicht allzu schwer: Denn sie konnten nicht einmal mehr Grundbesitz erwerben.

Die ohnehin kaum bedeutsame Beteiligung der Laien in Verwaltung und Staatsführung wurde ebenfalls abgeschafft: Die Kleriker übernahmen wieder ihre Posten und besetzten alle Schlüsselpositionen mit Prälaten, die hohen Funktionen mit Kardinälen, wie etwa den des Polizeichefs.

Hart ging der Papst gegen die bereits im Untergrund wirkenden »Geheimbünde« vor; wie etwa die für die Idee des Risorgimento, der Einigung Italiens, nicht unwichtige Gesellschaft der »Carbonari«. Kardinal Rivarola errichtete in der Romagna im Auftrag des Papstes ein Schreckensregiment: Man verhaftete, schickte auf die Galeeren oder ins Exil, verkündete langjährige oder lebenslange Zwangsarbeit oder Festungshaft, stellte unter Hausarrest mit Polizeiaufsicht.

Vor allem bei der Polizeiaufsicht tobte sich die klerikale Phantasie aus: Die Verurteilten durften nur zu bestimmten Stunden das Haus verlassen, sie hatten sich alle vierzehn Tage bei der Polizei zu melden, mußten alle vier Wochen zur Beichte gehen, deren Vollzug per Zertifikat zu belegen war und mußten drei Tage pro Jahr zu Exerzitien ins Kloster. Die Wirtshäuser und Schankwirtschaften mußten schließen, Glücksspiele wurden verboten. Frauen wurde es untersagt, enganliegende Kleider zu tragen. Vor seinem Palast ließ der Kardinal einen schweren Eisenkasten aufstellen, eine Art Briefkasten, in den die Bürger anonym Zettel einwerfen konnten, um ihre Nachbarn, Freunde und Verwandten anzuschwärzen.

Die Vorgänge im Kirchenstaat beunruhigten die Mächtigen. Sie mahnten für das Fürstentum des Papstes Reformen an, die Rücksicht nehmen auf die seit der Revolution von 1789 nicht mehr rückgängig zu machende innere Lage in Europa. Selbst Chateaubriand sah bereits das Ende der weltlichen Macht des Papsttums gekommen.

Rom bequemte sich zu einer Schulreform. Sie war überfällig, denn nur jeder fünfzigste Einwohner im Kirchenstaat konnte damals lesen und schreiben. Krankenhäuser und Hospize wurden gegründet sowie die heute noch bestehende Kongregation für das Bildungswesen als die alles und jedes regelnde Schulaufsichtsbehörde.

Aufflackernde Aufstände gegen die »Priester-Tyrannen« wurden brutal von österreichischen Truppen, die Metternich dem Papst zu Hilfe schickte, niedergeschlagen. Erneut füllten sich im Kirchenstaat die Gefängnisse. Die Päpste, von Leo XII. bis Pius IX., weigerten sich, auch nur einen Handbreit ihrer Rechte im Kirchenstaat aufzugeben. Selbst Metternich, der zur Rettung des Kirchenstaats auf Reformen drängte, stieß in Rom auf taube Ohren.

Gregor XVI. gegen den Rest der Welt

Damit der Eber nicht in den Weinberg einbricht

»Und da ist (auch) jene verkehrte Meinung ..., wonach das ewige Seelenheil durch jedwedes Glaubensbekenntnis erlangt werden kann, wenn die Sitten nach Maßgabe des Rechten und Ehrbaren eingerichtet werden ... Mögen (doch jene) in Furcht geraten, die ersinnen, daß der Zugang zum Hafen der Seligkeit von irgendeiner beliebigen Religion her offenstehe ... Aus dieser ganz moderigen Quelle der Gleichgültigkeit in Glaubenssachen fließt des weiteren jene törichte und falsche Meinung, oder richtiger die Albernheit, daß für jedermann die Gewissensfreiheit zu fordern und zu verteidigen sei ...«[1]

Wer spricht hier? Ist es Ignatius von Loyola? Oder der von ihm so gefürchtete Papst Paul IV., oder einer seiner späteren Nachfolger, etwa Pius V., Sixtus V.?

Keineswegs: Was so klingt, als komme es noch schwarznaß geradewegs aus der Druckerpresse der Römischen Inquisition zur Mitte des 16. Jahrhunderts, erreicht das Ohr der Welt erst dreihundert Jahre später: 1832.

Man schreibt den 15. August. Mit einem polternden Rundumschlag eröffnete der Kamaldulensermönch Bartolomeo Cappellari seine Regierungszeit als Papst.

Der vormalige Präfekt des päpstlichen Missionsministeriums, bekannter unter dem Namen »Propaganda Fide«, der nur mit nachdrücklicher Rückendeckung und Unterstützung des österreichischen Staatskanzlers, des Fürsten Metternich, den Papstthron besteigen konnte, hatte nicht die Absicht, Kirche und Welt darüber im unklaren zu lassen, wie er, Gregor XVI., die politische und gesellschaftliche Lage in Europa einschätzte.

Mit erstaunlicher Deutlichkeit und in einer für kirchliche Dokumente jener Tage fast schnörkelfreien Sprache bezog der neue Pontifex Stellung. Dazu benutzte Gregor ein seit Jahrhunderten bewährtes Mittel des Papsttums: Indem er die Irrtümer seiner Zeit (die der Papst dafür hält) auflistete und sie öffentlich verdammte. Ein Mittel, das noch bis zu Pius XII. und darüber hinaus alle päpstlichen Verlautbarungen wie ein roter Faden durchziehen soll. Gregors Nachfolger (Pius IX.) übernimmt diese Praxis und erweitert die Liste der Irrtümer aufgrund neuer Erkenntnisse. So taucht in der Antritts-Enzyklika Pio Nonos (*Qui pluribus*, vom 9. November 1846), erstmals ein Begriff auf, der künftig zu den Hauptzielscheiben päpstlicher Bannflüche gehören wird: das Schreckenswort *Kommunismus*; ein Wort, das bis zum Fall der Berliner Mauer (1989) kontinuierlich die päpstlichen Listen der Irrtümer dieser Welt anführen wird. Und nichts belegt besser die Angst der Päpste vor dem Kommunismus als der Ausspruch von Kardinal Alfredo Ottaviani, dem ehemaligen Leiter des Heiligen Offiziums, der Römischen Inquisitionsbehörde.

Es war in der Zeit des Kalten Kriegs, Mitte der 50er Jahre; Ottaviani war damals stellvertretender Sekretär des Heiligen Offiziums, als er seine italienischen Landsleute am Vorabend einer Parlamentswahl unmißverständlich warnte:

> »Ihr könnt über die göttliche Natur Christi sagen, was ihr wollt, aber wenn ihr kommunistisch wählt, und sei es im abgelegensten Dorf auf Sizilien, so habt ihr am nächsten Tag die Exkommunikation auf dem Tisch!«[2]

Klein an Umfang, aber groß an Bosheit

All das ist im Pontifikat Gregors XVI. bereits grundgelegt. Seine Antrittsenzyklika (*Mirari vos*) war nicht die erste ihrer Art. Schon Leo XII., Gregors Vor-Vorgänger, hatte in seinem Rundschreiben *Ubi primum* gleichlautende Klagen gegen die verruchten Verirrungen der Zeit angestimmt. Bei Gregor schwollen diese Klagen aber zu einem bislang so nicht gekannten Sturm an, der klingt, als habe Gregor sämtliche Verdammungen der Päpste aus der Zeit Luthers, des Konzils von Trient und der nachfolgenden Epoche der Gegenreformation in seinem Rundschreiben zusammengetragen.

Wie kein Papst vor ihm beklagt Gregor die Bosheit und Zügellosigkeit der Zeit, welche schamlos Triumphe feiere; er denunziert eine »anmaßende Wissenschaft«, welche die kirchlichen Überlieferungen (die Interpretationen und Ansichten über Gott und Schöpfung) verachte; er entrüstet sich, daß man die göttliche Autorität der Kirche nicht nur in Frage stellt, sondern diese auch noch offen angreift und bekämpft, und daß »jedweder Irrtum verbreitet« wird, mit der, so Gregor, schädlichen Folge, daß eine bislang so nicht gekannte »Sittenverderbnis« um sich greift und Geheimgesellschaften ihr gottloses und blasphemisches Unwesen treiben können. Für diesen beklagenswerten geistigen und moralischen Zusammenbruch stehen bei Gregor die Verantwortlichen fest. Es ist für ihn jene:

> »maßlose Meinungsfreiheit, die zum Verderben von Kirche und Staat weithin verbreitet ist, während einige noch ganz unverschämt behaupten, daß sich daraus auch Vorteile für die Religion ergäben ...«[3]

Wären derartige Überlegungen nur rein theoretische Vorstellungen und Abhandlungen, die man in internen Zirkeln diskutiert hätte und ohne größere Wirkung nach außen, hätte sich die Kurie in Rom kaum aus ihrer diplomatischen Reserve locken lassen – in Sorge um den Bestand der tradierten Ordnung.

Doch leider, so der Papst, zögere man nicht, diese verwerflichen Gedankenspiele auch noch öffentlich zu propagieren, sie nachlesbar, diskutierbar und unter Umständen sogar realisierbar zu machen:

> »Hierher gehört jene grundschlechte und niemals hinreichend verurteilte abscheuliche Freiheit der Buchdruckerkunst, Schriften unter das Volk zu bringen, wie sie einige Leute mit so großem Geschrei zu fordern und zu fördern wagen. Wir entsetzen uns, wenn wir sehen, mit welchen ... Schreckgestalten von Irrtümern

> wir überschüttet werden, die … allerorts verbreitet werden mit der ungeheuren Menge von Büchern, durch Schriften und Abhandlungen, die zwar klein an Umfang sind, an Bosheit aber übergroß, und aus denen der Fluch über das Angesicht der Erde hingeht.«[4]

Gutenbergs Erfindung hätte man erst gar nicht sich entfalten lassen dürfen; denn durch sie verbreite sich, so Gregor, das Böse in der Welt. Daher ist für ihn auch der »Index« der verbotenen Bücher »heilsam« und die »Zensur« sehr nützlich. Noch Mitte des 19. Jahrhunderts wiederholt die Kirche den alten Vorwurf des Ignatius von Loyola, daß Verleger und Autoren, daß die Presse mitschuldig sind an den gesellschaftlichen Fehlentwicklungen; denn die Presse, so das päpstliche Rundschreiben, schleudere mit Hilfe des Druckgewerbes die Ideen für Umsturz und Revolution gleich einer todbringenden Pest in die Welt hinaus; sie verführe die Menschen, vor allem aber – man erinnere sich an den Brief des Ignatius (vom August 1554) an Petrus Canisius – die Jugend:

> »Von da nämlich kommen die Wandlungen der Gemüter, von da (kommt) die Verführung der Jugend zum Schlimmeren, von da (stammt) die im Volke umgehende Mißachtung der Religion wie auch der heiligsten Dinge und Gesetze, von da (kommt) mit einem Worte die Pest, die für das Gemeinwesen vor allen anderen tödlich ist …«[5]

Den Gipfel der »Unverschämtheiten« erblickt der Papst jedoch in dem Bestreben, die etablierte Ordnung in Staat und Kirche in Frage zu stellen, indem man den geschuldeten Gehorsam und die verpflichtende Treue der Untertanen zu ihren Fürsten und Herrschern untergräbt:

> »Wir verurteilen die abscheuliche Frechheit und Bosheit jener, die schäumend in verworfener, zügelloser Gier nach ungehemmter Freiheit ganz darin aufgehen, alle Rechte der Obrigkeiten ins Wanken zu bringen und zu zerreißen, aber unter dem Schein der Freiheit den Völkern doch nur Knechtschaft bringen …«[6]

Hier treffen die Vorstellungen eines Joseph de Maistre auf die extrem restaurativen Vorstellungen des Papsttums: Freiheit führt in die Knechtschaft, weil Revolutionen, so sagt es de Maistre, »stets durch die Narren beendigt werden«, und daß »die Urheber (von Revolutionen) stets die Opfer gewesen« sind.

Auch Gregor erinnert daran, daß es für ihn unbegreiflich sei, daß immer wieder Menschen auftreten, welche mit Hinweis auf die Freiheit für die Völker die Rechte der Herrscher angreifen, die den Menschen aber doch nur das Joch der Knechtschaft bringen wollen. Überall sieht und wittert Gregor Gefahren für das Papsttum. Dagegen muß es sich wappnen und gegen all die aufflammenden unglaublich zerstörerischen Entwicklungen klar und unmißverständlich – sei es gelegen oder ungelegen – die Stimme erheben:

> »Da wir aber auf eine Stelle berufen sind, wo es nicht allein ziemt, diese unzähligen Übel zu beklagen, sondern ihnen auch nach Kräften zu widerstehen, so flehen wir zur Hilfe eures Glaubens und rufen eure Sorgfalt für das Heil der katholischen Herde an. Denn Unser Amt ist es, die Stimme zu erheben, damit der Eber nicht in den Weinberg breche, der Wolf nicht die Herde erwürge …«[7]

Unter Donner und Blitz

Unmittelbar abgefärbt hat dieser kirchenpolitische Kurs auf das Pontifikat von Giovanni Mastai-Feretti, der als Pius IX. (Pio Nono) 1846 Nachfolger des Cappellari-Papstes wird.

Das Konklave nach Gregors Tod begann, ohne die Ankunft der auswärtigen Kardinäle abzuwarten, und dauerte nur zwei Tage. Die beiden ehemaligen Staatssekretäre unter Gegor XVI., Tommaso Bernetti (bis 1836) und Luigi Lambruschino (bis 1846), der den Kirchenstaat in einen Polizeistaat verwandelt hatte, standen sich im Konklave gegenüber. Die Gruppe der »Zelanti« wünschte Lambruschini als Papst, die »Politicanti«, geführt von Bernetti, hatten die beiden als liberal geltenden

Kardinäle Pasquale Gizzi und Giovanni Maria Mastai-Feretti auf ihrer Wunschliste. Als Lambruschini nicht durchzubringen ist und sich am zweiten Wahltag die notwendige Stimmenmehrheit für Mastai-Feretti findet, sagte Kardinal Bernetti höchst amüsiert zu seinem Nachbarn im Wahlkollegium: »Oh, nach den Polizisten nun die schönen Damen.«[8]

Der neue Papst, ein äußerst liebenswürdiger und charmanter Mann mit großen dunklen Augen, wird gegen Ende seiner langen und von Krisen geschüttelten Regierungszeit (32 Jahre) das Papsttum (1870) von einem durch die Ultramontanisten domestizierten 1. Vatikanischen Konzil für »unfehlbar« erklären lassen; unfehlbar immer dann, wenn es kraft seiner Lehrautorität in Glaubens- und Sittenfragen *ex cathedra* (wörtlich: »vom Stuhl aus«) spricht. Die Dogmatisierung der Unfehlbarkeit des Papsttums entsprach dem theologischen Versuch, nach dem Verlust der von den Päpsten jahrhundertelang mit zäher Hartnäckigkeit festgehaltenen weltlichen Herrschaft wenigstens auf diese Weise den Machtanspruch des Papsttums über die Umwälzungen der Zeiten hinweg zu retten: Ein Papsttum, das durch den Akt der Dogmatisierung und in Überspitzung der mittelalterlichen Suprematsvorstellungen sich selbst (Gott stimmt mit *placet*) ewige Dauer zuspricht.

In seiner vierten öffentlichen Sitzung, am 18. Juli 1870, hat das Konzil im Vatikan über die Vorlage zur Unfehlbarkeit abgestimmt. Von den 535 anwesenden Vätern in der Peterskirche stimmten nur zwei Bischöfe mit *non placet* (nicht genehm) gegen die Vorlage. Die eine Nein-Stimme kam übrigens von dem US-Bischof Fitzgerald aus Little Rock (Arkansas), wo Jahrzehnte später ein Mann namens Bill Clinton Gouverneur werden sollte, um 1993 als 42. Präsident der USA vereidigt zu werden.

»Der römische Papst, wenn er *ex cathedra* spricht, das heißt, wenn er in Ausübung seines Amtes als Hirte und Lehrer aller obersten apostolischen Autorität eine Lehre, den Glauben oder die Sitten betreffend, als von der gesamten Kirche festzuhalten definiert, besitzt durch den göttlichen Beistand, der ihm im heiligen Petrus verheißen ist, die Unfehlbarkeit, mit der der göttliche Erlöser seine

Kirche bei Definierung einer Lehre in Sachen des Glaubens und der Sitten ausgestattet haben wollte: und deshalb sind solche Definitionen des römischen Papstes unabänderlich aus sich selbst, und nicht aus der Zustimmung der Kirche.«[9]

Das Papsttum als Wellenbrecher

Der Kalender schreibt das Jahr 1833. Über Rom lag brütende Sommerhitze. Der Reisende, der durch die Porta del Popolo die Tibermetropole betrat, ist – nachdem er den akribischen und peinlichen Befragungen durch die päpstlichen Gendarmen entkommen ist – erstaunt und erschüttert angesichts der überall sichtbaren und himmelschreienden Armut. Rom ist ekelerregend heruntergekommen.

> »Dieser Ekel steigert sich dadurch, daß auch hier die schmutzigsten Handwerke im Freien betrieben werden. Besonders widerlich sind die Fleischläden, vor denen man die geschlachteten Tiere mit abgezogener Haut aufgeblasen, oft noch in der Gestalt des Lebens, aufstellt, oder bläuliches, blutiges, und anscheinend schon in Fäulnis übergangenes Fleisch am Haken aushängt …
>
> Wohin man blickt, hängen aus den Fenstern, selbst der vornehmen Häuser dieser angeblich prächtigen Stadt, Hosen, Strümpfe und Hemden zum Trocknen aus, so daß man sich überall in einem Kasernenviertel zu befinden glaubt … Mönche und Weltgeistliche schleichen in den Straßen umher … Zuweilen rollt eine Karosse vorbei; ist sie vergoldet und stehen mehrere Bedienstete in reicher Livree hinten auf, so weiß man, sie gehört einem Kardinal … Roma, la superba!: Ihr Helden der Vorzeit, vermöchtet ihr einen Blick zu werfen auf die Stadt eurer Nachkommen!«[10]

Dies schreibt voller Abscheu der Schriftsteller Gustav Nicolai, der während seiner Italienreise 1833 in Rom Station machte.

Rom, die Hauptstadt des Kirchenstaates, ist eine ausgesprochene Klerikerstadt. Und Kleriker regieren Rom: Ein Kardinal ist erster Minister, ein anderer ist Polizeichef, wieder ein anderer zuständig für das Almosenwesen, für die Stadtreinigung usw.

Der morbide Geruch, der dem Schriftsteller so unangenehm in die Nase stieg, stammte nicht nur von einer vor Schmutz starrenden Stadt. Der morbide Geruch kündigte auch den schon kommenden Niedergang an:

Die wirtschaftliche Lage in den päpstlichen Domänen zwischen Ferrara und Gaeta im Staat der Prälaten bewegte sich seit dem Abzug der französischen Truppen ständig am Rande des Kollaps: Revolutionen, Krieg und Vertreibung, fremde Besatzungsarmeen und eine allgemeine Verwahrlosung hatten die Kassen des Kirchenstaats ausbluten lassen.

Schon Gregors Vorgänger (Leo XII.) hatte den Kirchenstaat mit eiserner Hand regiert. In jenen gärenden Zeiten wollte er kein Risiko eingehen.

Leo ließ im Kirchenstaat seine Polizei mit umfassenden Vollmachten agieren, sekundiert von einem systematisch auf- und ausgebauten Spitzel- und Denunziationssystem. Die Inquisition war wieder aktiv: Festungshaft, Zwangsarbeit, Hausarrest und Deportationen – alle Mittel wurden ausgeschöpft; auch religiöse Repressionen wurden angewandt: Vierwöchentliche Zwangsbeichten waren Strafen, die gerne verhängt wurden.

Schon der Carafa-Papst (Paul IV.) war von der fixen Idee besessen, daß die Inquisition eine Art »Seelen-Hospital« sein müsse und daß man über das Instrument der sakramentalen Lossprechung von Schuld und Sünde den direkten Zugriff auf die Gläubigen und ihre Seelen haben könne. So verfügte er, daß kein Arzt einen Kranken behandeln dürfe, wenn dieser nicht zuvor die Beichte abgelegt habe. Und im Januar 1555 ordnete er an, daß die Beichtväter bei Strafe der Exkommunikation jedes »Beichtkind« danach befragen sollten, ob es verbotene Bücher besitze und diese vielleicht sogar noch lese. Dann mußte der Beichtvater die Lossprechung verweigern, und der Beichtende hatte sich diese schriftlich bei der Inquisitionsbehörde zu erbitten, was unter Umständen, je nach Schwere des Falls, dazu führen konnte, daß er statt der Lossprechung einen Prozeß an den Hals bekam.

Ein pikanter Aspekt am Rande: Das sogenannte Beichtgeheimnis, das zu den wenigen wirklichen und vernünftigen Bollwerken der katholischen Morallehre zählt, war in diesem Fall wie selbstverständlich aufgehoben, weil ja der oder die Zensoren zu entscheiden hatten, ob man die Lossprechung erteilen könne oder nicht, und das bedeutete, daß man seine Sünden nun

Zwei Straßenräuber

offenlegen mußte, oder man verzichtete auf die Lossprechung, was einem Sünder des 16. Jahrhunderts undenkbar schien.

Die Juden sperrte man wieder in die Ghettos und zwang sie, »Bekehrungspredigten« zu hören. Bettler steckte man kurzerhand in Arbeitslager.

Die Rache der »alten Christen«

Als Kardinal Bartolomeo Alberto Cappellari am 2. Februar 1831 das Konklave in Rom als Papst Gregor XVI. verließ, konnte er bereits auf eine langjährige Kirchenkarriere zurückblicken. Sie begann 1783 mit seinem Eintritt in den Kamaldulenserorden. Pius VII. berief den agilen Mönch 1814 nach Rom an die Kurie. Leo XII. machte ihn 1826 zum Kardinal und übertrug ihm die Leitung der Missionskongregation »Propaganda Fide«.

Der neue Papst ist ein Zelant; er ist Mitglied jener Bewegung im Kardinalskollegium, die für eine einseitige strikte Trennung von Kirche und Staat eintritt: Sie verweigern den Herrschern die Einmischung in die inneren Angelegenheiten der Kirche, sind also gegen ein Staatskirchentum; andererseits erwarten sie aber von den Staaten – und fordern es, wenn nötig, auch selbstherrlich ein –, daß sie die Arbeit der Kirche in ihren Herrschaftsbereichen nicht nur dulden, sondern auch in jeder Hinsicht unterstützen. Die »Zelanti«, die Eiferer, widersetzen sich jeglicher Art von Neuerung und Nachgeben in Kirche und Gesellschaft; sie lehnen jeden Kompromiß ab, um die Macht- und Einflußpositionen von Kirche und Kurie sowie ihre Unabhängigkeit zu bewahren.

Ihnen steht die Gruppe der »Politicanti« gegenüber; sie wollen über maßvolle Reformen den Druck revolutionärer Kräfte auf die Kirche und ihre Verwaltung mildern und suchen, wenn es den Belangen des Papsttums nützlich erscheint, den Schulterschluß mit der Politik.

Die Papstgeschichte des 19. Jahrhundert, aber auch noch die des 20. Jahrhunderts ist in weiten Teilen vom Gegensatz zwischen den »Zelanti« und den »Politicanti« bestimmt und geprägt:

Galt Pius VII. als Kandidat der »Politicanti«, war sein Nachfolger Leo XII. eindeutig dem Kreis der »Zelanti« zuzurechnen. Pius VIII., dessen Pontifikat nur 20 Monate dauerte, ist wieder eher als »liberal« einzustufen, doch Gregor XVI., sein Nachfolger, entstammt wiederum dem Ideenkreis der »Zelanti«, deren politische und gesellschaftliche Kurzsichtigkeit er voll teilte.

Pius IX. begann als Liberaler seine Amtszeit, um sie dann als Zelant zu beenden. Auf den Politiker Leo XIII. folgte in Pius X. ein Zelant (Antimodernisteneid), den der »politische« Benedikt XV. ablöste, um in Pius XI. einen Zelanten und in Pius XII. dann wieder einen Politiker (er war unter Pius XI. Staatssekretär gewesen) an der Spitze zu haben.

Für den österreichischen Staatskanzler, den Fürsten Metternich, war die Wahl von Fra Mauro (so hieß Bartolomeo Cappellari im Kamaldulenserorden, einem um 1000 n. Chr. gegründeten Ableger des Benediktinerordens) ein Glücksfall. Im neuen Papst, bei dessen Wahl Metternich so tatkräftig nachgeholfen hatte, sah der Staatskanzler seinen wichtigsten Bundesgenossen im Kampf gegen das politische und gesellschaftliche Aufbegehren seiner Zeit.

Fra Mauro nahm nach seiner Wahl den Namen Gregor an. Ein Programm. Denn sein großes Vorbild war der Cluniazensermönch Hildebrand, der von 1073 bis 1085 als Gregor VII. auf dem Papstthron gesessen hatte. Auch Gregor I. (genannt »der Große«) war ihm Vorbild, auch er ein Mönch, übrigens der erste auf dem Stuhl Petri.

Und in der Tat: Gerade mit Blick auf die Papst-Ideologie des Mittelalters bemühte der neue Mann im Petrusamt sich, seinem großen Vorbild aus dem 11. Jahrhundert nachzueifern, ohne aber dessen außergewöhnliche Fähigkeiten zu besitzen, die Mitte des 19. Jahrhunderts notwendig gewesen wären, um im Streit der Meinungen und des nationalen Aufbruchs gehört und verstanden zu werden.

Gregor fand nur in Wien uneingeschränkten Beifall, und Metternich gab, wo und wann immer es möglich war, seinem geistigen Verwandten Gregor die volle politische, aber auch militärische Unterstützung; Gregor ist für Metternich genau der

Mann, der, so Metternich, der »politischen Tollheit des Zeitalters« die Stirn bieten, der für die kommenden Jahre der geistig-geistliche »Wellenbrecher« gegen revolutionäre und demokratische Strömungen in Europa sein wird. Und auch der Cappellari-Papst suchte die politische und militärische Nähe zu Österreich.

Der Papst setzte aber auch seine eigenen Hausmittel ein. Seit der Wiederaufnahme der Römischen Inquisition im Jahre 1542 hatte diese oberste kirchliche Behörde nicht mehr aufgehört zu arbeiten. Prozesse über Prozesse waren geführt worden, um den Ansturm des Bösen auf die Festung »römische Kirche« abzuwehren. Keine noch so raffiniert versteckten philosophischen oder theologischen Gedanken, keine noch so subtil vorgebrachten Äußerungen über Papst, Gott und die Welt, die nicht in den Mühlen dieses kirchlichen TÜV einer strengen Kontrolle unterzogen wurden. Und nur wenige fanden Gnade vor den Augen der alles andere als kompetenten Großinquisitoren, was Voltaire das zutreffende Urteil fällen ließ:

> »Das Schlimmste für den Literaten ist nicht, wenn seine Kollegen eifersüchtig auf ihn sind, wenn Intrigen gegen ihn gesponnen werden oder wenn die herrschenden Mächte ihn verachten, sondern wenn Dummköpfe über ihn Gericht halten: Dummköpfe gehen oft sehr weit, besonders wenn Fanatismus sich mit Unfähigkeit paart und Unfähigkeit mit Rachsucht.«[11]

Das läßt sich auch auf Paul III. beziehen, der in der Inquisition nur ein Abschreckungsmittel und weniger eine theologisch-philosophische Zensurbehörde gegen den Abfall von der Kirche gesehen hat; in einem Schreiben soll er gesagt haben:

> »Die Inquisition hat mit dem christlichen Glauben gar nichts zu tun, sondern nur mit der Rache der alten Christen gegen die neuen, zu der doch gar kein Grund vorhanden ist … Die Menschen müssen am Christentum ja geradezu verzweifeln.«[12]

Die Achse Wien – Rom

Gregor, der Papst aus der Mönchszelle, menschenscheu und ängstlich, ist von seinem Herkommen, seiner Bildung und Ausbildung ein Mann des 18. Jahrhunderts. Seine Kontakte mit der diplomatischen Welt wickelte er ganz im Stil der kurialen Diplomatie des Ancien Régime ab: über die Nuntien. Da er keine Fremdsprachen beherrschte, ist er im Umgang mit den anderen Herrschern Europas auf seine Berater und die Kurie angewiesen, die beide somit entsprechenden Einfluß gewinnen.

Das wiederum brachte Metternich auf die Idee, zur Eindämmung der unterschwellig weiterlebenden Ideen der Französischen Revolution eine Art »Achse Wien-Rom« aufzubauen. Anders als noch im Mittelalter, als der Papst durchweg die weltlichen Herrscher, in erster Linie den Kaiser, aber auch die regierenden Fürsten, für die Durchsetzung geistlicher Vorgaben der Kirche einspannte (etwa zur Durchführung von Inquisitionsurteilen), benutzte nun der allmächtige Staatskanzler, ganz im Stil und Vorgehen des Staatskirchentums, das Papsttum zur Durchsetzung seiner politischen und gesellschaftlichen Ziele.

Das ging sogar so weit, daß der Papst mit Metternich direkt die beiden bedeutenden kirchenpolitischen Rundschreiben seiner Regierungszeit (*Mirari vos* aus dem Jahre 1832 und *Singulari nos* von 1834) abstimmte bzw. der Papst sich von Metternich ganze Textpassagen in die Feder diktieren ließ.

Es ist, so wissen wir seit wenigen Jahren durch die Forschung, auch Metternich zu verdanken, daß der Schriftsteller, Dichter und Journalist Heinrich Heine, von Haus aus Jude und konvertierter Protestant, von der römischen Kirche 1836 auf den »Index« gesetzt wurde und daß der Franzose Félicité de La Mennais (1782–1854) die Ehre eines eigens ihm geltenden päpstlichen Rundschreibens widerfuhr (*Singulari nos*).

Der Abbé de La Mennais (andere Schreibweise: Lamennais) hatte 1832 in einem Zeitungsartikel zum Thema »Gott und die Freiheit« den Papst und seine Kurie aufgefordert, ihre reaktionäre und antirevolutionäre Politik aufzugeben: Statt eines Bündnisses von Thron und Altar sollte das Papsttum eine Koalition mit Liberalismus und Demokratie eingehen. Papst und Kurie, und mit ihnen Metternich im fernen Wien, waren wie vor den Kopf geschlagen. Als der Abbé nach anfänglichem Einlenken weiter in die geschlagene Kerbe haut – in seinem Bestseller *Paroles d'un Croyant* (Überlegungen eines Glaubenden von 1834) bezeichnete er die römische Kirche als Institution einer menschenverachtenden Tyrannei, die sich dazu hergebe, Hand in Hand mit der staatlichen Macht die Rechte der Völker zu unterdrücken – da kannte man in Rom keine Nachsicht mehr.

Daß man über Fragen der Doktrin (in abgeschirmten Zirkeln wohlgemerkt!) diskutieren darf und kann, will man ja noch angehen lassen, immerhin haben Aufklärung und Revolution stattgefunden und durchaus neue Maßstäbe gesetzt; daß man jedoch wagt, Kirche und Papsttum – wie in Aufklärung und Revolution – öffentlich in Frage zu stellen und zu attackieren, das trifft den Nerv und den Kern des kurialen Selbstverständnisses.

Postwendend und frontal griff der Papst in seinem Rundschreiben (*Singulari nos*) den Abbé aus der Bretagne an: Mit seinen »demokratischen« Ideen entziehe der Abbé, so Gregor XVI., den kirchlichen wie staatlichen Autoritäten jegliche Grundlage; La Mennais befürworte außerdem Umsturz und Revolution und führe als Begründung dazu auch noch die Bibel an: »Quelle honte!«

Die *Paroles d'un croyant*, in denen der Abbé außerdem noch gegen das erbliche Königtum und für die Demokratie eintritt und sich gegen jegliche Form von Tyrannei ausspricht, werden ein Bestseller. Nicht zuletzt deshalb, weil der Papst diesem »Werk des Satans« ein eigenes Rundschreiben widmete und die Schrift – »klein an Umfang, aber groß an Verderbtheit« – mit dem Bann belegte.

Auch die Lehren des bereits 1831 verstorbenen Bonner Theologieprofessors Georg Hermes verurteilte der Papst.

Hermes versuchte das gesamte Glaubensleben auf die Ratio zu gründen, das heißt, er wollte die Möglichkeit und Erkennbarkeit einer Offenbarung in Schrift und Tradition ausschließlich auf die Vernunft gründen.

Gregor XVI.

Und der Abbé Louis Bautin, Philosophieprofessor in Straßburg, der – umgekehrt – der Vernunft jegliche Fähigkeit absprach, Gott zu erkennen, und alle religiösen Erkenntnisse nur auf Offenbarung zurückführte – bekannt unter dem Schlagwort »Fideismus« – wurde im gleichen Jahr wie Hermes ebenfalls verurteilt: 1835.

Überhaupt machen die Vorgänge in Deutschland der Kurie große Sorgen. Im September 1833 wies Gregor in einem Apostolischen Brief an die Bischöfe empört »alle Überlegungen in Deutschland« zurück, die einer »Kollegialität« der Bischöfe das Wort reden, die »die unfehlbare Autorität der Kirche von allen Seiten her« angreifen und die »die gottgegebenen Rechte des Apostolischen Stuhles … mit allen Mitteln und Kräften zu zerbrechen« suchen:

»Von diesen befinden sich sehr viele vor allem in den ausgedehnten Gebieten von Deutschland. Sie scheuen sich nicht, Zusammenkünfte abzuhalten ... und über die Erneuerung der Kirche nach Maßgabe der Zeiterfordernisse, wie sie sagen, zu verhandeln ... Mit Wort und Schrift, und auch von der Rednerbühne aus, verbreiten sie allenthalben (folgende Ansichten):

Alle Bischöfe, weil Nachfolger der Apostel, hätten die gleiche und oberste Gewalt für die Leitung der Kirche von Christus empfangen; diese ruhe nicht im römischen Papst allein, sondern in der Gesamtheit der Bischöfe. Christus habe sogar gewollt, daß seine Kirche nach der Art eines demokratischen Gemeinwesens verwaltet würde, so daß alle, nicht nur die Geistlichen der niederen Ränge, sondern auch die Laien das Stimmrecht hätten; es sei also alle Gewalt unmittelbar der gesamten Gemeinschaft der Gläubigen übergeben worden, von wo sie auf die Bischöfe und sogar auf den Papst in Rom abzuleiten sei.«[13]

Pius IX. wird dann 1870 mit der Dogmatisierung der päpstlichen Unfehlbarkeit derartigen Tendenzen endgültig einen Riegel vorschieben.

Man darf sich nicht erheben!

Wie für de Maistre gehören auch für Gregor Katholizismus und Royalismus zusammen, weil beide Herrschaftsformen unmittelbar von Gott gegeben und durch Gott legitimiert sind. Als im Herbst 1830 die katholischen Provinzen der Niederlande (das heutige Flandern und Wallonien), die auf dem Wiener Kongreß mit den Niederlanden zu einem Königreich unter dem Hause Oranien zusammengeschlossen worden waren, darangingen, diese erzwungene Union aufzukündigen und die Oberherrschaft der (reformierten) Niederlande erfolgreich abzuschütteln (Belgien wird 1831 im Vertrag von London völkerrechtlich selbständig), ließ Gregor den Botschafter Belgiens kommen, um diesem vorwurfsvoll klarzumachen: »Man darf sich niemals erheben!« – Keine Revolutionen, keine Veränderungen!

Zudem ärgerte es die Kurie maßlos, daß sich die katholischen Belgier im Zuge ihrer Staatswerdung 1831 eine Verfassung gaben, die als erste das hochgehaltene absolutistisch-monarchische Prinzip durchbrach und das Wirken des Königs der Kontrolle durch eine Kammer (konstitutionelle Monarchie) unterwirft. Und vollends unverständlich war für das Papsttum, daß sich die Katholiken mit Zustimmung der Bischöfe mit den belgischen Liberalen, den Agnostikern und Atheisten verbünden, um dieser Verfassung – sie war für die damalige Zeit geradezu verwegen liberal – zum Durchbruch zu verhelfen.

Und als die katholischen Polen sich gegen das blutig-brutale Regime des Unterdrücker-Zaren Alexander I. in ihrem Land erheben, kanzelte Gregor die polnischen Bischöfe ab: Gegen eine rechtmäßige Regierung dürfe es keinen Widerstand geben. Die Polen sollten sich in ihr Schicksal fügen. Gregor forderte Gehorsam und Unterwerfung unter die »legitime Obrigkeit«, den Zaren, aber auch unter den Papst.

Diese derart starre Fixierung auf einmal bezogene Positionen und Überzeugungen bekam auch die relativ kleine Gruppe von »liberalen« Katholiken in Frankreich zu spüren. König Louis-Philippe d'Orléans, der in der Mitte der vierziger Jahre Staat und Kirche enger aneinander binden wollte, hatte durch seinen ersten Minister, François Guizot, angeboten, das gesamte Unterrichtswesen des Landes unter die Fittiche der katholischen Kirche zu stellen, nur eine letzte Kontrolle wollte der Staat sich vorbehalten. Durch eine Klerikalisierung der Schulen sollte die nachrevolutionäre Jugend im Geiste des Ultramontanismus erzogen werden. Der Papst jedoch ließ die Gruppe liberaler Katholiken buchstäblich im Regen stehen, weil ihm jeder freigeistige Ansatz verdächtig und gefährlich erschien. Und als die französische Regierung ein Jahr vor Gregors Tod die Jesuiten des Landes verwies, was katastrophale Auswirkungen generell auf das Unterrichtswesen Frankreichs haben sollte, hatte Gregor keine Einwände.

Muß sofort verboten werden!

Trotz des repressiven Systems, das Metternich mit Hilfe des Papsttums und der Zustimmung der anderen Mächte wie ein Leichentuch über Europa legte, ist die Glut unter der Asche nicht ausgetreten.

Das Pressewesen beginnt verstärkt aufzublühen. Die Literatur gedeiht. Die Romantik als Ausdruck politischer und gesellschaftlicher Hoffnungen auf Veränderungen breitet sich über ganz Westeuropa aus. Ein Bedürfnis nach tiefgreifender Umgestaltung des öffentlichen Lebens erfaßt vor allem die akademische Jugend und die intellektuellen Kreise. Literaturzirkel gründen sich, man trifft sich, um Ideen und Werke auszutauschen: Das »Junge Deutschland« oder auch das »Junge Italien« nennen sich diese Gruppen, und die etablierte Macht wittert Quellen für möglichen Umsturz und politischen Terror. Vom 27. bis 30. Mai 1832 treffen sich beispielsweise auf dem Schloß in Hambach in der Pfalz rund 30 000 Menschen zur ersten demokratisch-republikanischen Massenveranstaltung in Deutschland, bei der erstmals öffentlich die Farben *schwarz-rot-gold* gezeigt werden.

Die Repression schlägt zu. Metternich hatte bereits in den sogenannten Beschlüssen von Karlsbad, denen er die Zustimmung des Deutschen Bundes (1819 von der Bundesversammlung in Frankfurt einstimmig verabschiedet) und der hier vertretenen Fürsten sichern konnte, das repressive System seiner Politik auch auf den Bereich der Kultur ausdehnen können. Die Zensur wurde – ähnlich wie in der römischen Kirche – zu einem der effizientesten Werkzeuge in der Hand der reaktionären Kräfte. Der Papst, dem Metternich ins Petrusamt verholfen hatte, sicherte dem Staatskanzler die unbedingte Hilfe des Papsttums bei der Niederwerfung der »revolutionären Kräfte« zu.

So ließ auch Gregor Inquisition und Zensur auf Hochtouren arbeiten. Ihre Methoden hatten sich seit 1542 bewährt; jetzt allerdings, Mitte des 19. Jahrhunderts, zeigte sich aber eine alte, bekannte strukturelle Schwäche dieser Behörde, welche die Effizienz und die Totalität der Arbeit der Zensoren minderte. Solange die Werke der Schriftsteller und Wissenschaftler, der

Philosophen und Theologen noch in Latein abgefaßt waren, hatten die sprachkundigen Zensoren ein leichtes Spiel, den Autoren die entsprechenden Daumenschrauben anzulegen. Denn auch die Sprache des Klerus war Latein. Nun aber sehen sich die Zensoren mit einer geradezu babylonischen Sprachenvielfalt konfrontiert. Mit dem Ergebnis, daß viele Autoren – man macht in Rom inzwischen auch keinen Unterschied mehr zwischen katholisch und ungläubig – durch das engmaschige Netz der Zensur schlüpfen konnten, weil die Zensoren nicht polyglott, nicht mehrsprachig, gebildet waren.

So finden sich etwa von den vielen deutschsprachigen Autoren, auf die die Wiener Staatskanzlei die Inquisition hetzt, nur wenige auf der päpstlichen Indexliste wieder. Niemand versteht sich im Rom Gregors oder Pio Nonos auf die »Sprache der Barbaren«. Und wenn Heinrich Heine zu »Indexehren« kam, dann nur deswegen, weil seine Werke zum Großteil auch in einer »katholischen Sprache« ediert vorlagen: in Französisch. Als Metternich, der Rom immer wieder bedrängte, sich endlich doch den unbequemen Deutschen vorzuknöpfen, einmal Gedichte in die Hände bekam und darin blätterte, soll er beim Lesen ausgerufen haben: »Vorzüglich, vorzüglich! Muß sofort verboten werden!«[14]

Theologisch sehr viel gefährlichere Schriften, wie etwa der Roman *Wally, die Zweiflerin* von Karl Gutzkow, wurden von den römischen Zensoren nicht berücksichtigt. Der Grund? Das Werk gab es nur in der »Barbarensprache« zu kaufen.

Der Schatten des savoyardischen Vikars

Nach der Dogmatisierung der päpstlichen Unfehlbarkeit auf dem 1. Vatikanischen Konzil im Jahre 1870 verstärkte die Zensur ihre Anstrengungen gegenüber den Schriften bedeutender katholischer Intellektueller, welche die »Unfehlbarkeit« in Zweifel zogen oder die sich der damit verbundenen päpstlichen Politik widersetzten und diese kritisierten. Sie wurden nun wie die häretischen Schriften des 16. Jahrhunderts behandelt: Wer den

Papst und sein Handeln kritisiert, kritisiert die Kirche und kritisiert damit Gott! Das klingt wie die Umkehrung der Position Gregor' VII., die kurzgefaßt so lautet: Wer Gott gehorchen will, muß der Kirche gehorchen, muß also dem Papst gehorchen!

Auch die Werke von Schriftstellern mit großer Breitenwirkung, ob sie nun katholisch, agnostisch oder militant atheistisch auftraten, wurden Seite für Seite einer akribischen Prüfung unterzogen. Wobei der oberste Grundsatz lautete, daß die Kirche und der Einfluß des Papsttums unter allen Umständen zu schützen und zu erhalten seien.

So kam *Madame Bovary*, ein Werk der Weltliteratur aus der Feder des Franzosen Gustave Flaubert, nicht etwa auf den Index, weil dieser Roman die verbotene außereheliche Liebe und den Ehebruch verherrlicht. Der Zensor – Monsignore Jacques Baillès, der im Ruhestand lebende ehemalige Bischof von Luçon in der Vendée – ließ zwar generell kein gutes Haar an der *Bovary*: Sie ist für ihn »der schlimmste von allen Romanen, der Religion, Moral und jeglichen Sinn für Gerechtigkeit oder Tugend untergräbt«; die entscheidende Passage im Roman, welche ihn für den Index empfahl, war für den ultramontanen Bischof jene, in welcher der Apotheker Homais – auf den Vorwurf der Witwe Lefrançois, der Wirtin vom Gasthaus *Lion d'Or* hin, er habe keine Religion – bekennt:

> »Ich habe eine Religion: meine Religion ... Ich glaube an ein höchstes Wesen, an einen Schöpfer ..., aber ich muß nicht in die Kirche gehen, muß nicht irgendwelche Silberplatten küssen ... Mein Gott, das ist der Gott eines Sokrates, eines Franklin, eines Voltaire, eines Béranger. Ich halte es mit dem Bekenntnis des savoyardischen Vikars (Voltaire) und mit den unsterblichen Grundsätzen von 1789! Auch halte ich nichts von einem alten lieben Gott, der, den Spazierstock in der Hand, hier bei uns herumläuft ..., der mit einem Schrei auf den Lippen stirbt und nach drei Tagen wieder aufersteht: das sind doch in sich völlig absurde Geschichten, die jeder physikalischen Gesetzmäßigkeit zuwiderlaufen ...«[15]

Für Baillès, der es sich zur Aufgabe gemacht hatte, die gesamte französischsprachige Literatur des Jahrhunderts zu untersuchen (Hugo, Michelet, Balzac oder auch Stendhal) sind Romane wie *Madame Bovary* oder auch *Le Rouge et le Noir* (Rot und Schwarz) von Stendhal »Gift für das Gemeinwesen«.

Seit acht Jahren arbeitete er bereits als Gutachter für die Indexbehörde, als er ab 1864 Jahr für Jahr Buch um Buch durchforstet und seine in Latein verfaßten Gutachten nach Rom zur Indizierung schickt: Die Werke selbst sollten über ihre Autoren zu Gericht sitzen. So pickte Baillès jeden ihm lästerlich erscheinenden Ausdruck heraus und legte ihn als Beleg zu den »Beweisen« für die in den Büchern enthaltenen Häresien.

Wie in *Madame Bovary* sieht der Bischof auch im Roman *Le Rouge et le Noir* die Häresie am Werk. Stendhals Roman kommt auf den Index, weil die Hauptfigur seines Romans, der junge Seminarist Julien Sorel, seinen Haß gegen die Kirche und ihre Priester, so Zensor Baillès, nur entwickeln konnte, weil er die Bekenntnisse (*Confessions*) des Jean-Jacques Rousseau gelesen hatte wie auch andere Autoren, deren Bücher bereits auf dem Index standen. Ein unentschuldbares Vergehen gegen die Interessen der Kirche: Nicht die verbotene Liebe, nicht eine maßlose, fast blinde Leidenschaft, nicht der daraus erwachsene Mord als Höhepunkt (Baillès: »ein stinkender Mischmasch«) wird dem Schriftsteller Stendhal zum Verhängnis, sondern das – wie bei Flaubert – Bekenntnis der Romanfiguren zu den (u. a. pantheistischen) Ideen der Aufklärung und der Großen Revolution von 1789.

Als Gregor XVI. am 1. Juni 1946 stirbt, provozierte die Nachricht über seinen Tod Freudenausbrüche – zu mächtig hatte sich der Haß auf das Regime im Vatikan inzwischen angestaut. Beim Tod Gregors saßen mehr als 2000 »politische« Gefangene in den Kerkern des Kirchenstaats ein, oftmals unter unwürdigsten Bedingungen. Die Kassen waren leer: Die Schulden des Kirchenstaats gingen in die Millionen. Auch die Eisenbahn, das neue, vielbewunderte Verkehrsmittel in Europa, fuhr weiter am Kirchenstaat vorbei. Gregor hatte sich stets geweigert, eine Eisenbahnlinie (*chemin de fer*) im Kirchenstaat bauen zu lassen; für ihn war sie eine »Straße der Hölle« (*chemin d'enfer*). Gregor befürchtete, die Eisenbahn könnte der Religion Schaden zufügen und dazu dienen, revolutionäres Gesindel und Massen von Unzufriedenen nach Rom zu schaffen. Denn gerade gegen Ende der Amtszeit Gregors hatten die Aufstände und Revolten gegen das verhaßte Prälatenregime im Kirchenstaat zugenommen.

Und Rom selbst, die Ewige Stadt, mußte immer noch auf die Straßenbeleuchtung warten, die bereits in anderen Städten Einzug gehalten hatte. Gregor war der Ansicht, es sei müßig, in Rom Gaslaternen aufzustellen: Man habe doch den Mond, die Sterne und die Sonne. Die müßten als Beleuchtung ausreichen. In früheren Zeiten haben man ja auch damit gelebt.

Rom blieb – auch noch unter Pio Nono – bis 1870, bis zur Einnahme der Stadt durch die Truppen Viktor-Emmanuels aus dem Fürstenhaus Sardinien-Piemont, eine Stadt des Altertums und des Mittelalters, wenngleich Pius IX. gleich zu Beginn seines Pontifikats eine Eisenbahnkommission einsetzte, die den Bau der »Höllenstraße« im Kirchenstaat vorbereiten sollte. Und erhaltene frühe Photographien zeigen, daß Pio Nono ein begeisterter Eisenbahnfahrer gewesen sein muß.

Pius IX.

Nur die »Ultramontanen«, die absolut Papsttreuen, trauerten über den Verlust des Mönches an der Spitze der Kirche, der 15 Jahre lang bemüht war, allen Fortschritt von dieser Einrichtung fernzuhalten, mit dem Ergebnis, daß die Katholische Kirche, die weltweit für mehr als ein Jahrhundert als Bollwerk gegen jede demokratische Durchdringung der Gesellschaft aufgetreten war, selbst von jeder demokratischen Entwicklung abgeschnitten blieb. Bis heute.

Unfehlbarkeit fordert Weltgeltung

Vorbemerkungen

Im Mai des Jahres 2002 reiste Papst Johannes Paul II. für 24 Stunden nach Aserbaidschan. Der junge Staat am Kaspischen Meer, der 1994 aus der ehemaligen Sozialistischen Sowjetrepublik Aserbaidschan hervorgegangen war, ist mit 97 Prozent ein durch und durch islamisch (sunnitisch und schiitisch) geprägter Staat. Die anderen religiösen Minderheiten, zu denen mit knapp 150 Gläubigen auch die römische Kirche zählt, leben, um einen alten Terminus aus dem Kalten Krieg zu verwenden, in friedlicher Koexistenz.

Der Papst kam in ein Land, in dem drei ausländische Priester aus dem Salesianerorden die rund 150 Christen römisch-katholischen Glaubens seelsorglich betreuen. Warum unternahm der Papst – damals immerhin 82 Jahre alt, hochgradig arthrosekrank und sichtbar von seiner Parkinson-Krankheit gezeichnet – diese für ihn alles andere als einfache und würdevolle Reise? Wäre es nicht richtiger gewesen, so fragte die veröffentlichte Meinung, man hätte das Häuflein der aserbaidschanischen Katholiken in ein Charterflugzeug gesteckt und nach Rom geflogen, um endlich dem Papst zu begegnen? Oder diente diese Reise dazu, den neu aufgeflammten Spekulationen nach einem möglichen Rücktritt des Papstes – immerhin hatte die damals drittwichtigste Persönlichkeit der vatikanischen Nomenklatur, der amtierende Chef des päpstlichen Glaubensministeriums, Kardinal Joseph Ratzinger, einen Rücktritt des Papstes wegen Krankheit nicht gänzlich ausgeschlossen – öffentlich einen Riegel vorzuschieben? Dazu mußte der Papst nicht erst ans Kaspische Meer reisen. Ein Kommentar in der Vatikan-Zeitung *Osservatore Romano* (Der Römische Beobachter) hätte in wenigen Zeilen alles klarstellen und zugleich »der Weltfernsehgemeinde ... die peinlichen Spektakel mit päpstlichem Krankenlift und fahrbarem Teppich« ersparen können.

Zwar lobte der Papst in Baku den religiösen Pluralismus des Islam und dankte der Orthodoxie für die langjährige schützende Gastfreundschaft, welche man den katholischen Christen während der stalinistischen Verfolgungen bei den orthodoxen Glaubensbrüdern gewährt hatte, dennoch hatte dieser Besuch, vorbereitet vom päpstlichen Staatssekretariat, ein anderes Ziel im Blick: den Heiligen Synod der Russisch-Orthodoxen Kirche in Moskau und dessen Vorsitzenden, den Patriarchen Alexij II.

Diese widersetzten sich seit dem Fall der Berliner Mauer und der eigenen Auferstehung als nationale Kirche Rußlands jeglichen Versuchen anderer Religionsgemeinschaften und Kirchen, in Rußland Fuß zu fassen. Der größte und bedeutendste Konkurrent ist für sie die römische Kirche.

Die kirchenpolitisch begründete Reise von Johannes Paul II. nach Baku unterstrich den Anspruch und den Willen der römischen Kirche, in jedem Winkel der Erde präsent zu sein und hier frei arbeiten – andere sagen »missionieren« – zu können. Und so sprach der Papst in Baku davon, daß die Römische Kirche »universal« sei, daß alle Gläubigen dieser Kirche »ein (universales) Volk« seien und daß auch die Gemeinde in Aserbaidschan »Teil der (römischen) Weltkirche« sei.

Direkter, wenn auch verklausuliert, aber optisch unübersehbar, kann man gegenüber der Kirche in Moskau, die sich stets als Erbe Konstantinopels, als »das Dritte Rom« verstanden hat und weiter noch versteht, seinen Anspruch, auch im Geburtsland des zusammengebrochenen kommunistischen Paradieses präsent zu sein, nicht anmelden.

Patriarch Alexeij II. reagierte umgehend. Daß er wiederholt die kanonische Errichtung von katholischen Bistümern kritisierte, war da nur noch ein Nebenaspekt, gleichsam der Auslöser des verschärften Konflikts. Der Patriarch schlägt ein paar andere Dissonanzen an: Der Vatikan, so seine Antwort auf den Auftritt des Papstes in Baku, sei nicht nur eine Kirche, sondern auch ein souveräner Staat, mit einem Staatschef an der Spitze: dem Papst. Die Errichtung von Bistümern in Rußland durch den Vatikan bedeute daher auch die Schaffung staatlicher Strukturen auf einem fremden Territorium und stelle somit eine unzulässige und zurückzuweisende Einmischung in die inneren Angelegenheiten Rußlands dar: Sie verletze die Souveränität Rußlands.

Der Patriarch nahm damit auch die russische Regierung und den Präsidenten des Landes – der hieß damals bereits Wladimir Putin – in die Pflicht: Der anmaßende Anspruch der Römischen Kirche auf die geistliche Weltherrschaft werde sich an der Russisch-orthodoxen Kirche die Zähne ausbeißen …

Und nichts soll die orthodoxen Griechen und Russen derart in Rage gebracht haben, als jene in russischen Augen imperiale Geste, mit der der Papst regelmäßig einen Staatsbesuch in einem fremden Land beginnt: indem er sich zu Boden warf und die Erde des Gastlandes küßte. Moskau und Athen verstanden diese Geste als eine Art Inbesitznahme, durch welche der Papst das besuchte Land, auch wenn es nicht christlich-katholisch, sondern mehrheitlich muslimisch, jüdisch oder christlich-orthodox oder auch atheistisch war, gleichsam geistig der »einen heiligen, katholischen und apostolischen Kirche« einverleibte.

Ego sum Petrus – Ich bin Petrus

Es war gegen Ende des Zweiten Vatikanischen Konzils, im November 1965, als Papst Paul VI. die 38 Bischöfe Polens in Audienz empfing. Nach den Begrüßungsritualen und dem Austausch der üblichen Artigkeiten ergriff nach dem Papst der Primas von Polen, Kardinal Stefan Wyszynski, das Wort und gab – in Form eines Resumées der Konzilsarbeit aus der Sicht des polnischen Episkopats – eine höflich formulierte, aber dennoch klar positionierte Erklärung ab, bei der die anwesenden Prälaten den Atem anhielten:

> »Uns ist bewußt, daß es sehr schwierig, aber nicht unmöglich sein wird, die Beschlüsse des Konzils in unseren Verhältnissen zu verwirklichen. Deshalb bitten wir den Heiligen Vater um eines: um völliges Vertrauen zum Episkopat und zur Kirche unseres Landes. Unsere Bitte mag sehr dreist erscheinen, aber die Beurteilung unserer Lage aus der Ferne ist schwierig. Alles, was sich

im Leben unserer Kirche ereignet, muß vom Standpunkt unserer Erfahrungen bewertet werden … Wenn uns etwas schmerzt, dann … nur der Mangel an Vertrauen, den wir manchmal fühlen trotz der Treuebeweise zur Kirche und zum Heiligen Stuhl, die wir erbracht haben, indem wir die Angebote eines leichten, bequemen Lebens ablehnten …«[1]

Eine unverhohlene Kritik an der Politik des Papstes und der Kurie gegenüber dem kommunistischen Osten. Aber der Papst blieb ganz ruhig und meinte nur, er sei überzeugt, daß in Polen die Beschlüsse des Konzils auch »zum Nutzen der staatlichen Gemeinschaft« umgesetzt werden. Die Rede des Papstes erschien wenig später im *Osservatore Romano*, die von Wyszynski nicht, was diesen veranlaßte, seine Ansprache über die Pressestelle des Konzils an die Öffentlichkeit zu geben.

Polens Kirche war in dem sich über mehrere Jahrhunderte hinziehenden Kampf mit fremden Eroberern die wohl wichtigste Institution des Landes, die sowohl die Kontinuität des nationalen Gedankens als auch die Treue der Polen zur römischen Kirche bewahrt und an die jeweiligen Generationen weitergegeben hat.

Polens Kirche war sich dieser nationalen Aufgabe stets bewußt gewesen und hatte diesem Ziel alles untergeordnet.

Diese Entwicklung, und die damit verbundenen eigenen Erfahrungen der polnischen Kirche im Umgang mit der politischen Macht, wollte man sich auch von der obersten Kirchenleitung nicht wegreden lassen, auch nicht durch Konzilsbeschlüsse, die – als Ereignis der Weltkirche – nicht unbedingt brauchbare Rezepte für Polens Kirche und ihren Umgang mit dem herrschenden ideologisch-politischen System im Lande liefern würden.

Aus diesem Umfeld kam im Oktober 1978 der neue Papst: Kardinal Karol Wojtyla, der Erzbischof von Krakau. Mit 103 von 109 Stimmen wurde er am Nachmittag des 16. Oktober im achten Wahlgang ins Petrusamt gewählt. Kurz nach 19 Uhr erschien er auf dem Balkon der Peterskirche. Er nannte sich Johannes Paul II. Der neue, mit 58 Jahren relativ junge Papst war das erste slawische Oberhaupt in der Kirchengeschichte. Ihm ging nicht der Ruf voraus, liberal oder fortschrittlich zu sein. Im Gegenteil. Die Kardinäle, die ihn durchsetzen konnten – an ihrer Spitze die Deutschen um Kölns Erzbischof Kardinal Joseph Höffner –, hatten den Wunsch, nach den teilweise turbulenten Jahren, welche die römische Kirche im Gefolge des 2. Vatikanischen Konzils unter dem Pontifikat Pauls VI. erlebt hatte, endlich wieder zur Stabilität zurückzukehren. Dafür stand in den Augen der »Königsmacher« der Krakauer Erzbischof:

> »Der Papst wird kein bequemer Papst sein. Er tritt für Glauben und Disziplin ein ... Er weiß sich bis zum äußersten und bis zum innersten in Anspruch genommen. Er ist sich seines Auftrags zur Führung der Kirche bewußt und auch gewillt, ihn zu erfüllen.«[2]

So charakterisierte wenige Monate nach der Wahl Kölns Erzbischof Joseph Höffner in einem Pressegespräch den neuen Papst und versicherte vorbeugend, Johannes Paul II. werde »nicht den leichten Weg der Nachgiebigkeit« gehen.

Eine der Hauptaufgaben des neuen Papstes sollte es werden, die Kirche im Osten im Widerstand gegen die atheistischen Regimes zu unterstützen. Den Auftakt machte die erste Polenreise des Papstes im Juni 1979; sie wurde für Karol Wojtyla zu einem Triumphzug und für den polnischen Primas (damals noch Wyszynski) zu einer Bestätigung des gegenüber Paul VI. so unverblümt verteidigten polnischen Weges der Kirche. Wojtyla kam aus demselben kulturellen, geistigen und politischen Umfeld wie Wyszynski, wenngleich er Momente in seiner Jugend erlebte, die sich von denen in der Erziehung des polnischen Primas um mehr als nur einige Nuancen unterscheiden.

Um sich den Rücken freizuhalten für seinen Kampf gegen die marxistisch-kommunistischen Systeme, verordnete der Papst der Kirche ein strenges autoritäres Regime. Der neue Papst erwartete totale Obedienz: theologisch, philosophisch, ethisch und disziplinär.

War schon für Paul VI., dem nach Benedikt XIV. wohl intelligentesten Papst im Petrusamt, die päpstliche Unfehlbarkeit kein öffentliches Diskussionsthema, schon gar kein kontroverses gewesen, so schien es auch für den neuen Papst gänzlich unvorstellbar, die eigene dogmatisch verbriefte Unfehlbarkeit in Frage zu stellen oder stellen zu lassen: Der Theologe Hans Küng, ein gebürtiger Schweizer, verlor im Jahre 1979 seinen Lehrstuhl, als er in einer theologischen »Anfrage« die dogmatisierte Unfehlbarkeit des Papstes an Zweifel zog und mit dieser Anfrage auch noch an die Öffentlichkeit ging. Darin erklärte der an der Universität Tübingen lehrende Theologe: a) Die Unfehlbarkeitsdefinition des 1. Vatikanischen Konzils ist weder von der Schrift, d. h. der Bibel noch von der Tradition der römischen Kirche gedeckt – ein amtlicher Text, so Küng, sei dazu nirgendwo aufzutreiben; b) obwohl »die Kirche immer wieder auch verbindlich und gültig sprechen sollte, gibt es keine ungeschichtliche Wahrheit«; c) letztlich vermag wohl nur Gott unfehlbar zu sprechen, nicht jedoch kirchliche Instanzen, also auch nicht der Papst.

Das Papsttum reagierte gemäß dem seit der Gregorianischen Kirchenreform (11. Jh.) bekannten Selbstverständnis: kategorische Zurückweisung jeglichen, auch eines vermeintlichen Angriffs auf die oberste Lehr- und Disziplinar-Autorität des Papstes. Wer die Institution des Papsttums und ihre ideologischen Begründungen in Frage stellt, der steht, so der Vorwurf, nicht mehr in der gemeinsamen Glaubensüberzeugung der Römischen Kirche.

Die Entlassung Küngs (1979) wurde zum Startsignal für eine ganze Reihe weitere Disziplinarmaßnahmen gegen Theologen, etwa Leonardo Boff, aber auch gegen Bischöfe. Dafür steht auch der spektakuläre »Rausschmiß« des Bischofs von Evreux (Frankreich), Jacques Gaillot, im Januar 1995. Denn mit der Dogmatisierung der päpstlichen Unfehlbarkeit auf dem 1. Vatikanischen Konzil, sind derartige »Anfragen«, wie Hans Küng sie 100 Jahre später gestellt hat, nach Ansicht des Papsttums nicht nur überflüssig, sondern auch häretisch.

Das Schreib- und Redeverbot für Leonardo Boff, den Franziskaner und charismatischen »Befreiungstheologen« aus Brasilien, enthüllte den schwierigen Kampf des Papsttums gegen eine weitere innere Bedrohung: die marxistische Uminterpretation der christlichen Botschaft. Das Papsttum versteht sich mehr als jemals zuvor als »Petrus«, als Fels in der Brandung der Zeit. Nicht denken – glauben!, wird zum Kriterium des wahren Christen. Mit dem Ergebnis, daß nach einer Untersuchung des renommierten us-amerikanischen Soziologen Andrew Greeley, heute 73 Prozent der nicht-katholischen Amerikaner der Ansicht sind, daß die Katholiken so handeln, wie »der Papst und die Bischöfe es ihnen sagen«. Und 52 Prozent meinen, Katholiken dürfen »nicht selbständig denken«.

Schon Immanuel Kant hatte mit scharfem Weitblick festgestellt:

> »Eine Religion, die der Vernunft unbedenklich den Krieg ankündigt, wird auf die Dauer gegen sie nicht aushalten.«[3]

Alle Päpste der Moderne, speziell die des 19. und des 20. Jahrhunderts, sahen sich jeweils als die eigentliche und authentische Verkörperung des Papsttums, als eine Art Archetyp, als Muster für die Ausübung des Petrusamtes – obwohl gerade dieser »moderne Dienstbegriff« ihnen allen in ihrer Amtsauffassung völlig fremd gewesen ist.

Papst Leo XIII., der Nachfolger von Pius IX., war noch mehr als dieser *Il Papa Re*, der Papst-König. Leo (Gioacchino Pecci) war ein absoluter Verfechter der weltlichen Macht des Papsttums. »Ich will große Politik machen«, erklärte er nach seiner Wahl zum Papst seinem künftigen Staatssekretär Alessandro Franchi. Leo war autoritär und sah streng auf höfisches Zeremoniell; bei Audienzen bestand er auf Kniefall und Fußkuß der Besucher. In seiner Gegenwart durfte sich niemand setzen, und in den 25 Jahren seiner Regierungszeit hat Leo nicht einmal das Wort an seinen Kutscher gerichtet. Der Jesuitenschüler träumte davon, als bedeutender Staatsmann eine Rolle auf der Bühne der Weltpolitik zu spielen, vorzugsweise in der Rolle des Richters der Völker und Nationen. Aber dazu brauchte er einen Staat als konkretes Zeichen der weltlichen Macht. Und so versuchte Leo mit allen Mitteln, den verlorenen Kirchenstaat zurückzubekommen.

Selbst bei Bismarck in Berlin wurde er vorstellig und bat um

Unterstützung und Intervention bei der italienischen Regierung. Ohne Erfolg.

Denn in Preußen tobte der »Kulturkampf«. Die repressive Gesetzgebung gegen die Kirche und ihre Arbeit im Reich, erreichte ihren Höhepunkt. Kern dieser Maßnahmen war die sogenannte Anzeigepflicht; das war die Verpflichtung der Kirche, bei der Bezirksregierung das *Nihil Obstat* (keine Bedenken) einzuholen, wenn jemand das Pfarramt in einer Kirchengemeinde übernehmen sollte. Kein Priester, so die Vorschrift, konnte in Deutschland ohne die Genehmigung des Staates Pfarrer werden.

Es begann ein diplomatisches Pingpong-Spiel, in dem Leo (mit Einschränkungen) Sieger blieb. Er erreichte, daß Preußen seine antiklerikale Gesetzgebung Zug um Zug zurücknahm.

Dabei berücksichtigte Bismarck mehr den Druck aus der Bevölkerung, vor allem aber den aus der Politik: Denn die 1870 gegründete Zentrumspartei hatte bei den jüngsten Reichstagswahlen ihre Mandate fast verdoppeln können und durch geschickte politische Manöver drohte sie Bismarck politisch gefährlich zu werden. Zudem sank das Ansehen Preußens, besonders im katholischen Polen, das die Vorgänge in Deutschland sehr genau beobachtete. Somit schien alles auf einen Rückzug hinauszulaufen, was Bismarck durchaus nicht leichtgefallen ist. Denn zwischen dem Papsttum und der preußischen Staatsauffassung klafften Welten: hier eine Kirche, die auf ihrer vollen Autonomie beharrte, dort ein absoluter souveräner Staat mit unbegrenzter Gesetzgebungsvollmacht. Diese erstreckte sich auch über die protestantische Landeskirche, warum also nicht auch über die Römische Kirche?

Binnenkirchlich versuchte Leo, wie die Päpste vor und nach ihm, die Macht des Papsttums in allen Bereichen der Kirche zu stärken und auszuweiten. Dazu gehörte auch, daß er den Syllabus seines Vorgängers, die Total-Verurteilung der Ideen eines aufstrebenden industriellen Zeitalters, erneut bekräftigte.

In seinem ersten Rundschreiben (*Inscrutabili Die*) beklagte Leo, ganz auf der ideologischen Linie von Gregor XVI. und Pius IX., die Grundübel der Zeit: den Abfall von der kirchlichen Lehre, den Ungehorsam gegenüber jeglicher Autorität, die Verachtung der Gesetze und die ständige Zwietracht unter den Völkern und Nationen. Die Katholiken rief er auf, sich »in immer stärkerer Liebe« dem Hl. Stuhl, diesem »Stuhl der Wahrheit und Gerechtigkeit« zuzuwenden und »alle Lehren mit fester Zustimmung in Geist und Willen« anzunehmen.

Vom italienischen Staat forderte Leo seinen rechtmäßigen Besitz, den Kirchenstaat, zurück. Er ist überzeugt: Wenn der italienische Staat sich dazu entschließen könnte, ihm den 1870 annektierten Kirchenstaat zurückzugeben und seine Autorität erneut anzuerkennen, dann würden Staat und Gesellschaft wieder erstarken und aufblühen.

Leos Bemühen, mit der laizistischen und antiklerikalen Dritten Französischen Republik zu einem gütlichen Einvernehmen (*Politique des ralliement*) zu kommen, um stärkeren politischen Druck auf Italien in der Frage der Rückerstattung des Kirchenstaats ausüben zu können, scheiterte an der Demokratiefeindlichkeit eines royalistisch eingestellten, ultramontanen und ausgesprochen reaktionären Katholizismus. Die Dreyfus-Affäre vertiefte zusätzlich noch die Kluft zwischen Staat und Kirche. Der Rechtskonservativismus und ein latent-offener katholischer Antisemitismus in der Bevölkerung Frankreichs kamen nun mit aller Macht ans Tageslicht. Zwei unterschiedliche Kulturen und zwei unterschiedliche Gesellschaftsentwürfe stießen hart gegeneinander: die Legitimisten und die Kräfte des Fortschritts. Das Gedankengut des Ancien Régime traf auf die Ideen der Aufklärung – 100 Jahre nach der Revolution, deren Auswirkungen sich ebenfalls tief ins Bewußtsein der Bevölkerung eingegraben hatten, so wie die Ideen der sogenannten Befreiungstheologie heute in die Köpfe der Südamerikaner, vor allem der Brasilianer.

Die Entwicklung eskalierte an der Schulfrage, die der radikale Ministerpräsident Jules Ferry zugunsten des Staates löste, der das gesamte Schulwesen in seine Regie übernahm: Die Schule wurde laizistisch, verpflichtend für alle und kostenlos. Die im Erziehungswesen arbeitenden Ordensgemeinschaften wurden aufgelöst, notfalls mit Polizeigewalt. Die Gegensätze eskalierten

Leo XIII.

weiter; denn Leo, der den Ausgleich predigte, fand bei der Mehrheit der französischen Katholiken kaum Gehör: Der französische Katholizismus war auf Kampf eingestellt, auch als Leo den Katholiken dringend empfahl, ihren Frieden mit der Republik zu machen. Im Jahre 1905 kam es zum noch heute bestehenden »Trennungsgesetz«. Der Staat kappte sämtliche Bindungen und Verbindungen zur römischen Kirche; er zog das Kirchengut ein; die kirchlichen Orden, sofern sie nicht karitative Aufgaben für die Gesellschaft wahrnahmen, wurden verboten. So ist Frankreich, neben Portugal (1911), das erste Land in Europa, das schon vor 1914 den Einfluß der römischen Kirche im öffentlichen Leben radikal beseitigte.

Ganz andere Töne schlug die Enzyklika *Rerum Novarum* (1891) an, welche die Schattenseiten der modernen Industriegesellschaft anprangerte, in der »verschwindend wenige Reiche« der Masse der Proletarier »ein fast sklavisches Joch auferlegen«. Mit Leo nahm – ganz in der Tradition des katholischen Naturrechts – das Papsttum erstmals Partei für die Unterdrückten, wenn es den Unternehmern einschärfte, die Arbeiter dürften »nicht wie Sklaven« behandelt werden, weil »ihre persönliche Würde geadelt« sei »durch ihre Würde als Christen«:

> »... unwürdig ist es, Menschen bloß zu eigenem Gewinn auszubeuten und sie nur so hoch anzuschlagen, als ihre Arbeitskräfte reichen.«[4]

Die Sonntagsruhe diene ausschließlich dazu, daß der Arbeiter seinen christlichen Pflichten nachkommen könne. Daher bat Leo die Unternehmer:

> »Habet ... die gebührende Rücksicht auf das geistige Wohl und die religiösen Bedürfnisse der Besitzlosen; ihr Herren seid verpflichtet, ihnen Zeit zu lassen für ihre gottesdienstlichen Übungen.«[5]

Unter ausdrücklicher Berufung auf das »Naturrecht« befürwortete der Papst das Privateigentum (unter Pio Nono von der Kirche noch als Anmaßung abgelehnt). Und die Aufgabe des Staates bestehe darin, entsprechende Rahmenbedingungen in Form einer begleitenden Verwaltung und Gesetzgebung zu schaffen, damit

> »daraus von selbst das Wohlergehen der Gemeinschaft wie der einzelnen emporblüht«[6]

Man merkt dem Rundschreiben seine Zeitbedingtheit an und vor allem, daß ihre Verfasser sich sehr schwer taten mit einer ihnen völlig fremden, fernstehenden Welt, die nach Ansicht der Kirche doch eigentlich nur etwas guten Willen zeigen müßte, um, unter der Führung der Kirche, Frieden und Harmonie in die Gesellschaft zu bringen, deren Hauptmerkmale »Ordnung, Zucht und Sitte, ein wohlgeordnetes Familienleben, Heilighaltung von Religion und Recht, mäßige Auflage und gleiche Verteilung der Lasten (Steuern), Betriebsamkeit in Gewerbe und Handel, günstiger Stand des Ackerbaus …« seien, schrieb der Papst.

Für Klassenkämpfer mit einer sozialistischen Weltsicht ein unvorstellbarer und inakzeptabler Gedanke, zumal der Papst sich gegen das Recht auf Streik aussprach. Aber auch Liberale und Konservative wiesen dieses Rundschreiben entschieden zurück: Es war ihnen zu umstürzlerisch. So veröffentlichten die österreichischen Bischöfe ein die Enzyklika kommentierendes gemeinsames Hirtenwort, indem sie die Aussagen des Rundschreibens derart verwässerten, daß zum Schluß nur noch die Forderung stehenblieb, der Arbeiter dürfe sich nicht gegen die bestehenden Verhältnisse auflehnen: Er habe zu gehorchen!

Leo verpflichtete zudem die Kirche auch auf ein einheitliches theologisches Denken: auf das des Thomas von Aquin. Denn Thomas habe, so Leo, auf die Fragen und Zweifel der Menschen die letztgültige Antwort gefunden. Daher sei es notwendig, dieses Denken auch anzuwenden. Konsequent verurteilte er im selben Atemzug die Lehren Hegels und Kants und alle katholischen Denkansätze, die mit der neuen Doktrin nicht übereinstimmten.

Wenn sich Papst Leo in Tonfall und Wortwahl auch gelegentlich von seinen Vorgängern unterschied: Einig war er sich mit ihnen darin, daß Papst und Kirche die alleingültige Wahrheit besäßen. Da verwundert es nicht, daß er den reformatorischen Kirchen ihre Daseinsberechtigung absprach, wie sie dann einer seiner Nachfolger, Johannes Paul II., in der Erklärung *Dominus Jesus* vom August 2000 zur Überzeugung seines zu Ende gehenden Pontifikats machen sollte.

Leos Amtsauffassung trieb bisweilen amüsante Blüten. Als sein Staatssekretär Alessandro Franchi einmal eine zweitrangige Verwaltungsanordnung seines Papstes offen in Frage stellte, konterte Leo barsch: *Ego sum Petrus* – Ich bin Petrus! Der Papst erwartete Gehorsam, keinen Widerspruch. In diesem Geist zog Leo auch die Zügel des Zentralismus in der Römischen Kirche weiter an. Um gallikanischen Tendenzen im Episkopat vorzubeugen, stützte Leo sich vor allem auf die Nuntien. Sie übernahmen unter dem Pecci-Papst eine weitaus wichtigere Rolle als die Ortsbischöfe und ihre nationalen Zusammenschlüsse, die Bischofskonferenzen, sofern diese, wie z. B. in Deutschland seit 1848 und in Belgien seit 1830, bereits bestanden.

Ungeklärt und nebulös blieb Leos Verhältnis zu den vielfältigen Aspekten der aufstrebenden Demokratie. Zwei Jahre vor seinem Tod verfügte er im Rundschreiben *Graves de Communi*, daß die christliche Demokratie – welche Vorstellung der Papst auch immer davon haben mochte – sich ausschließlich auf soziale Aktivitäten in der Gesellschaft zu beschränken und sich nicht in die Politik einzumischen habe.

Als Giuseppe Sarto 1903 ins Papstamt gelangte, griff er Leos Idee einer christlichen Demokratie auf und verkündet im Dezember desselben Jahres:

> »Bei der Durchführung ihres Programms hat die christliche Demokratie die strengste Verpflichtung, dies in Abhängigkeit von der kirchlichen Autorität zu tun, in völliger Unterwerfung und im Gehorsam gegen die Bischöfe und ihre Vertreter. Die katholischen Journalisten und Autoren sollen in allem, was die religiösen Interessen und die Aktion der Kirche in der Gesellschaft betrifft, ihren Verstand und Willen den Bischöfen und dem Papst unterstellen.«[7]

Oberhaupt der »Sommerreligion«

> »Als ich den grünseidenen Vorhang, der den Eingang des Doms bedeckte, zurückschob und eintrat in das Gotteshaus, wurde mir Leib und Seele angenehm erfrischt von der lieblichen Luft, die dort wehte, und von dem besänftigend magischen Lichte, das durch die buntbemalten Fenster auf die betende Versammlung herabfloß …

Wahrlich, ein solcher Dom mit seinem gedämpften Lichte und seiner wehenden Kühle ist ein angenehmer Aufenthalt, wenn draußen greller Sonnenschein und drückende Hitze ... Man mag sagen, was man will, der Katholizismus ist eine gute Sommerreligion. Es läßt sich gut liegen auf den Bänken dieser alten Dome, man genießt dort die kühle Andacht, ein heiliges Dolce far niente.«[8]

Eine gute Sommerreligion sei der Katholizismus, notierte der Dichter Heinrich Heine 1828 in seinen Reisebildern nach dem Besuch der Kathedrale von Trient, in der knapp 300 Jahre zuvor jenes epochale Konzil abgehalten worden war, welches die römische Kirche von Grund auf umgekrempelt hat, mit Nachwirkungen, die noch heute tagtäglich zu spüren sind.

Heine, dem kritischen Geist, der sich zeitlebens gegen fremden Druck, politischen, familiären und geistig-geistlichen, wehrte, sah in der Kirche des Papstes nur noch eine Institution, die kühlungshungrigen Touristen in ihren Kirchen und Domen Schutz bot – eben eine Sommerreligion, mehr nicht.

Vielen Katholiken ist heute das christliche Bekenntnis ebenfalls nur noch eine Religion zum Ausspannen: Man reist nach Rom, man besucht die Antike und ihre Zeugen und man besucht, weil es mit zum Programm gehört, den Papst: seinen Staat und seine Schätze, seine Museen, Kirchen und Bibliotheken.

Der Katholizismus eine Sommerreligion: Das klingt nach leeren Domen und Kathedralen, nach leeren Kirchen und Kapellen, denen die Gläubigen den Rücken gekehrt haben. Und das haben sie – statistisch nachweislich – zu Beginn des neuen Jahrhunderts, des 21. unserer Zeitrechnung.

Dabei war der neue Papst, Karol Wojtyla, noch auf dem Konzil als ein beredter Verfechter des *aggiornamento* eingetreten und hatte sich stark gemacht für eine Erklärung zur Religionsfreiheit, die das Konzil dann tatsächlich wider alle Erwartungen mit großer Mehrheit beschloß.

Fast könnte man die Anfangsphase des Pontifikat von Johannes Paul II. mit jener Stimmung vergleichen, die das Pontifikat Pius IX. begrüßt hatte, dessen Todesdatum sich genau im Wahljahr des

Wojtyla-Papstes zum hundertsten Male jährte. Pio Nono, den man nach dem Tod Gregors XVI. als neue liberale Hoffnung für die Kirche begrüßte, nahm – nach dem tödlichen Attentat auf seinen Premierminister, den Grafen Pellegrino Rossi, im November 1848 – nach seiner Rückkehr aus Gaeta eine radikale Positionsänderung seiner Politik vor.

Bei Johannes Paul II. halten nicht wenige heute das fehlgeschlagene Attentat des Türken Ali Agça auf den Papst am 13. Mai 1981 für eine Art »Wende von Gaeta«. Denn auch seine Kirchenpolitik verläuft seitdem eigentümlich doppelspurig:

Diese Zweigleisigkeit äußert sich binnenkirchlich in einem strengen, fast autoritären Kurs: Ansichten, die von denen des Papstes abweichen, zu Glauben, Kirche, Papsttum, Politik und Gesellschaft, geraten mehr und mehr ins Fadenkreuz der Kurie, hier vor allem in das der Glaubenskongregation, der Nachfolgeorganisation der Römischen Inquisitionsbehörde.

Andererseits holte sich der neue Papst als neuen Staatssekretär mit Kardinal Agostino Casaroli den Architekten der Ostpolitik Pauls VI., einen Mann, dessen Politik gegenüber dem Ostblock der polnische Episkopat wie auch der deutsche stets mit einem gewissen Mißtrauen beobachtet hatten.

Auch bekennt sich der Papst weiterhin zur fundamentalen Akte der Religionsfreiheit, so wie sie das Konzilsdokument *Dignitatis humanae* dargelegt und begründet hat, und entwickelt in seinen annähernd 100 Reisen rund um den Globus »außenpolitisch« spektakuläre und medienwirksame, aber auch erfolgreiche und anerkannte Aktivitäten, welche allerdings in Europa die Katholiken nicht bei der Stange zu halten vermochten.

Die Erklärung zur Religionsfreiheit, an der Karol Wojtyla wesentlichen Anteil hatte, sagt man, war von Anfang an in der Kirche nicht unumstritten. Es hatten bekanntlich unter Paul VI. die Aktivitäten der »Zelanti«, moderner gesagt, der Fundamentalisten um den Franzosen Marcel Lefebvre (Erzbischof von Dakar, Senegal und Bischof von Tulle, Frankreich und ehemaliger Generaloberer der »Weißen Väter«) ins Schisma geführt, wobei das Pochen auf die Wiederherstellung der alten, von Pius V.

1589 verbindlich vorgeschriebenen Meßliturgie des Konzils von Trient nur der publikums- und medienwirksamere Vorwand für das Ausscheren der Lefebvristen aus der Römischen Kirche gewesen ist. Die Gruppe um Lefebvre hatte den durch die Erklärung zur Religionsfreiheit vollzogenen fundamentalen Einschnitt in die Tradition der Kirche richtig gedeutet: Die Annahme dieser Erklärung durch das Konzil war der Sieg der Aufklärung über die Römische Kirche.

Die 1965 in Glaubenskongregation umbenannte römische Inquisitionsbehörde hat auch unter dem Pontifikat Johannes Pauls II. weiter alle Hände voll zu tun. Bücher werden wie seit Jahrhunderten regelmäßig zensiert und ihre Autoren (Jacques Pohier) mit einem Schreibverbot belegt; anderen werden Schweigejahre abgefordert (Leonardo Boff), oder sie verlieren ihre Lehrstühle (Hans Küng). Bislang hat das Papsttum der Versuchung widerstanden, das »Imprimatur«, die kirchliche Druckerlaubnis, wieder einzuführen.

Selbst der Jesuitenorden, einst Säule und Rückhalt des Papsttums, geriet in die Schußlinie. Der Papst, der bedingungslosen Loyalität der Jesuiten unsicher, versuchte, die schwere Krankheit von General Pedro Arrupe ausnutzend, staatsstreichartig über den Orden größere Verfügungsgewalt zu bekommen. Der Orden wehrte sich, der Streit eskalierte; das kuriale Spiel mit dem Jesuitenorden rief weltweit Proteste hervor und drohte dem Papsttum, besonders aber Johannes Paul II. persönlich schwer zu schaden. Der Papst lenkte ein. Im Gegenzug bekam das Opus Dei, das Werk Gottes, seine historische Chance. Die 1943 kirchlich als »Fromme Vereinigung« anerkannte Priester- und Laienbewegung, die sich die persönliche »Heiligung in der beruflichen Arbeit und in der Erfüllung der gewöhnlichen Aufgaben des Christen« zum Ziel gesetzt hat, wurde zur neuen Speerspitze des Papsttums. Pius XII. hatte ihr bereits 1950 die endgültige Approbation gegeben. Und ihr Gründer, Josemaria Escrivá, 1975 gestorben, wurde 1992 von Johannes Paul II. selig- und im Jahre 2002 heiliggesprochen: Das »Opus«, das seit 1948 in Rom ein eigenes Studienkolleg betreibt und seit 1982 vom Papst zur »Personalprälatur« (CIC 294–297) erhoben worden ist, ist nun für das Papsttum der Jesuitenorden des 21. Jahrhunderts. Nur die Methoden haben sich nicht geändert.

Hatte Paul VI. von seiner Position als unfehlbarer Papst schon keine Abstriche gemacht: Auch unter Johannes Paul II. geht man nicht hinter die Definition von 1870 zurück. Zeitweise schien es – so Gerüchte –, als wollte der Papst erstmals von seiner unfehlbaren Machtfülle im Sinne der Definition des Ersten Vaticanums Gebrauch machen und die Enzyklika *Humanae Vitae* seines Vorgängers zum verbindlichen Glaubenssatz erheben. Doch man hat diesen Plan, wenn er denn bestanden haben sollte, fallengelassen. Ebenso wurden Befürchtungen von Theologen und Kanonisten nicht wahr, nach denen der Papst beabsichtigte, die Jungfrau Maria – entgegen jeglicher Glaubenstradition – ihrem Sohn Jesus Christus als »Mit-Erlöserin« zur Seite zu stellen.

Diese Befürchtungen waren nicht aus der Luft gegriffen. Bereits im Jahre 1998 hatte der Papst das Kirchenrecht um einige Bestimmungen erweitert, wonach in der römischen Kirche auch solche Glaubenswahrheiten zu glauben und zu lehren sind, die nicht ausdrücklich dogmatisiert, also zum unabänderlichen Glaubensgut der Kirche gehören. Diese Bestimmungen fließen ein in die Formel über das »Ablegen des Glaubensbekenntnisses«, das bei bestimmten Anlässen in der römischen Kirche (zumeist bei Ernennungen auf lehramtlich relevante Posten wie etwa Pfarrer, Bischöfe usw.) vorgeschrieben ist. Darin heißt es jetzt etwa:

> »Außerdem hange ich mit religiösem Gehorsam des Willens und des Verstandes den Lehren an, die der Papst oder das Bischofskollegium vorlegen, wenn sie ihr authentisches Lehramt ausüben, auch wenn sie nicht beabsichtigen, diese in einem endgültigen Akt zu verkünden«.[9]

Übersetzt heißt das: Die lehramtlichen Äußerungen von Papst und Bischöfen sind ohne Wenn und Aber zu akzeptieren und zu glauben, auch wenn diese nicht ausdrücklich zum dogmatisierten Glaubensgut der römischen Kirche erhoben werden.

Das Papsttum läßt sich einen Blanko-Scheck ausstellen: Es setzt die Glaubenssumme selbst ein und bestimmt den Zeitpunkt, wann es diesen Scheck einzulösen gedenkt – mit der im Gewissen verpflichtenden Vorgabe, daß die katholischen Christen das unhinterfragt zu akzeptieren haben.

Aber wie fast alles in der Geschichte des Papsttums, ist auch diese Anordnung nicht singulär oder gar neu. Johannes Paul II. hat ein berühmt-berüchtigtes Vorbild: den sogenannten »Antimodernisteneid« von Papst Pius X. (1903–1914) aus dem Jahre 1910. Der Sammelbegriff Modernismus bezeichnet – im diskriminierenden Sinn – die vielfältigen Versuche, katholische Tradition und Lehre mit dem neuzeitlichen Denken in Einklang zu bringen. Darauf reagierte das Papsttum unter Pius X. mit einer umfassenden lehramtlichen Verurteilung, deren Einhaltung und Unterstützung die angehenden Seelsorger und Lehrstuhlinhaber zu beschwören hatten: im »Antimodernisteneid«.

Es war der Versuch von Papst und Kurie – welche die großen geistigen und sozialen Probleme der Zeit, besonders die durch Europa laufende Säkularisierungswelle, überhaupt nicht durchschauten und ihnen in keiner Weise gewachsen waren – durch eine restriktive Politik nach innen und nach außen, die Kirche nicht nur im Glauben und in der Tradition zu bewahren, sondern das Papsttum – ganz auf der Linie Leo XIII. – in die erste Reihe der führenden Mächte des beginnenden Jahrhunderts zu katapultieren.

In seiner Antrittsenzyklika hatte der Sarto-Papst 1903 die Marschrichtung vorgegeben: Wer zu Christus wolle, der habe, so der Papst, den Weg über und durch die Kirche zu nehmen. Sie sei nämlich jene Heilsanstalt, in welche die Gesellschaft, die von der Lehre Christi abgewichen sei, zurückgerufen werden müsse. Zudem hätten etwa die Lehren der Kirche »über die Heiligkeit der Ehe«, die »Erziehung und Unterweisung der Kinder«, über »Besitz und Gebrauch der irdischen Güter« wie auch über die »Pflichten gegenüber der Obrigkeit« wieder oberste Priorität zu bekommen.

Und im ersten Konsistorium seines Pontifikats, am 9. November 1903, erklärte der Papst den versammelten Kardinälen, jeder einigermaßen vernünftig denkende Mensch müsse doch einsehen, daß auf Grund des unfehlbaren Lehramts das absolute Weisungsrecht des Papstes nicht nur die Kirche betreffe, sondern sich auch auf die säkulare Welt erstrecke.

Das zeigte sich beispielhaft im Umgang mit der Dritten Republik in Frankreich. Als Staatschef Emile Loubet zum Staatsbesuch in Rom weilte, weigerte sich der Papst, ihn zu empfangen. Der Besuch des Franzosen sei für das Papsttum ein feindseliger Akt. Der Affront schlug wie eine Bombe ein. Das Kabinett Emile Combes in Paris erklärte, der Papst habe das Konkordat gebrochen und kündigte die diplomatischen Beziehungen zum Hl. Stuhl auf. Der Streit eskalierte dann am 11. Dezember 1905 im sogenannten »Trennungsgesetz«, das ein Jahr später in Kraft trat. Darin wurden Kirche und Staat vollkommen getrennt – bei gleichzeitiger Zusicherung der allgemeinen Gewissensfreiheit und der Freiheit der Religionsausübung (Artikel 1). Die Kirche verlor ihre privilegierte Stellung einer Körperschaft des Öffentlichen Rechts. Das Kirchengut wurde eingezogen: der gesamte Immobilienbesitz, auch die Klöster. Der Religionsunterricht an den Schulen wurde verboten:

> »Die Republik anerkennt, finanziert oder subventioniert keine Kultgemeinschaft. Dementsprechend werden alle Ausgaben zugunsten der Kultausübung aus den Budgets des Staates, der Departements und der Gemeinden gestrichen. Ausnahmen für spezielle Dienste in staatlichen Einrichtungen (wie Schulen, Gefängnisse, Spitäler) bleiben möglich.«[10] (Art. 2)

Um die kirchliche Arbeit fortführen zu können, sprach sich zwar die Mehrzahl der katholischen Bischöfe für die Annahme des Trennungsgesetzes aus, aber Pius X. untersagte postwendend jegliches Nachgeben. Das Trennungsgesetz brachte binnenkirchlich dem Papsttum nämlich ungeahnte Vorteile, welche den römischen Zentralismus weiter stärkten und ausbauten. Befreit von den Fesseln des napoleonischen Konkordats kann der Papst seither die Bischöfe in Frankreich ohne Beschränkungen ernennen. Und auch die Bischöfe können jetzt die Pfarrstellen und die Benefizien frei von staatlicher Einmischung vergeben. Bei den Bischofsernennungen war der Kurie wichtig, daß die in Frage kommenden Kandidaten Verwaltungserfahrungen mitbrachten, eine ultramontane Einstellung hatten und bereit waren, den Kampf gegen den laizistischen Staat und die gottlose Gesellschaft aufzunehmen bzw. weiterzuführen. Theologische Gelehrsamkeit wurde nicht unbedingt erwartet, dafür aber eine intransigente Haltung. Die auf Ausgleich mit dem Staat bedachten Priester wurden ins Abseits gedrängt.

Im Griff der Politik

Wie bereits in der Gegenreformation bediente sich auch das Papsttum des 20. Jahrhunderts der bewährten Methode der Abschottung. Hatten die Bemühungen im 16. und 17. Jahrhundert der Abgrenzung gegenüber der protestantischen Reformation gegolten, mußte das Papsttum jetzt die geistigen und politischen Folgen von Aufklärung und Revolution fürchten – und es baute daher entsprechend vor. Zu den mächtigsten Triebfedern der wirtschaftlichen, politischen und gesellschaftlichen Umwälzungen im 19. Jahrhundert war der Liberalismus geworden. Im religiösen Bereich kämpfte er für die Gewissensfreiheit, die freie Religionsausübung und Religionswahl, stritt für Toleranz und staatsbürgerliche Gleichheit, die sich etwa in der Juden-Emanzipation und ihrer Gleichstellung in den bürgerlichen Rechten und Pflichten äußerte. Für die Katholiken war nun die Zeit vorbei, als man noch meinte, unter dem Krummstab ist gut leben. Die beschützenden, aber auch gängelnden und unmündig haltenden Mächte hatte die Revolution hinweggefegt: das Staatskirchentum und die geistlichen Fürstentümer.

Papsttum und Kurie waren auf reine Selbsterhaltung fixiert und auf die Wiederherstellung der weltlichen Macht und der politischen Einflußnahme. Die Katholiken nahmen im sogenannten politischen Katholizismus, der 1848 erstmals in der Öffentlichkeit Beachtung und seinen höchsten Ausdruck 1870 in der Gründung einer eigenen, konfessionellen Partei, nämlich des Zentrums fand, ihr Überleben in den Ländern Europas weitgehend selbst in die Hand. Ihre Interessen galten dem Verhältnis von Kirche und Staat und den sich daraus ergebenden Vor- oder Nachteilen: Geltung des kirchlichen Eherechts, die Sicherung der konfessionellen Erziehung und die Arbeit der Orden und Kongregationen. Eine Entwicklung, welche das Papsttum nicht gerne sah; anders würde es sich verhalten, wenn der politische Katholizismus sich für die eigene kuriale Politik einsetzen ließe. Da dieser aber nicht »auf Linie zu bringen« war, versuchte das Papsttum es mit Verboten: Pio Nono untersagte 1861 (*non expedit*, »es empfiehlt sich nicht«) den Katholiken in Italien, sich an den Wahlen zu beteiligen, ein Verbot, daß noch unter Leo XIII. im Jahr 1888 erneut in Erinnerung gerufen wurde. Erst 1913 genehmigte der Papst den Katholiken in Italien das volle aktive und passive Wahlrecht.

Ein ähnliches Ziel wie die Verbote verfolgte die sogenannte »Katholischen Aktion« (Action Catholique/Azione Cattolica), eine vor allem in den romanischen Ländern agierende und den Bischöfen unterstellte halbpolitische Laienbewegung; schließlich fuhr die Kurie schwere Geschütze auf: Mit Hilfe von Konkordaten (z. B. mit Hilfe des Italienkonkordats von 1929 und des Reichskonkordats von 1933) suchte sie, diese ungeliebte Art des Katholizismus weitgehend zurückzudrängen. Nach 1945 setzte sich in Deutschland aber der alte, von den Nationalsozialisten aufgelöste Verbandskatholizismus wieder durch.

Der vermeintliche Verrat am Papsttum wurde seit den gregorianischen Reformern, spätestens aber seit Bonifaz VIII., gern als argumentative Zuchtkeule hervorgeholt, um die Abweichler zur Räson zu bringen; und wenn diese Vorgehensweise nicht den gewünschten Erfolg brachte, gab es als Mittel nur noch die pure Gewalt: die Inquisition. Papst und Kurie glaubten, die katholische Glaubens- und Sittenlehre gäben ihnen das Recht, auch konkrete Fragen des öffentlichen und geistigen Lebens in der Gesellschaft, auch der säkularen, bestimmen und entscheiden zu können. Sie sprachen der Kultur, der Politik, besonders der Sozialpolitik ein eigenständiges, selbständiges Denken und Handeln ab. Vor allem versuchten sie, die in diesen Bereichen tätigen

Katholiken den direkten Weisungen der kirchlichen Autorität zu unterstellen. Das führte dazu, daß Denunziationen nun verstärkt zum christlichen Alltag gehörten, Denunziationen, die nicht selten sogar durch Kardinal Merry de Val, den Staatssekretär des Papstes, persönlich gedeckt wurden. Lehrstuhlinhaber und Professoren an den Universitäten und Seminaren, ja, selbst Bischöfe ließ die Kurie bespitzeln. Sanktionen wurden verhängt, Karrieren brutal gestoppt: Bot- und Mittelmäßigkeit feierten Triumphe. Pius X. legte die von seinem Vorgänger gegründete

Pius X.

päpstliche Kommission, welche die Bischofsernennungen vorbereitete, mit der Inquisitionskongregation zusammen und leitete selbst die entsprechenden Sitzungen, um die Kandidatenauswahl persönlich unter Kontrolle zu haben. In Canon 329, dem wohl wichtigsten des 1917 veröffentlichten neuen Kirchengesetzbuchs, ließ der Papst die ausschließliche Ernennung der Bischöfe durch den Pontifex Maximus juristisch festschreiben. Und nach Ende des Ersten Weltkriegs, im Jahr 1918, strich das Papsttum alle Privilegien der gestürzten Fürsten im Zusammenhang mit den Bischofsernennungen und zog die Besetzung der Bischofsstühle ganz nach Rom:

> »Die Gefahr, daß Bischöfe vorwiegend nach dem Prinzip erwiesener oder erwarteter Fügsamkeit ausgewählt würden, war in diesem System offenkundig.«[11]

Selbst an der Kurie grassierte die Angst, welche nicht selten Formen von Verfolgungswahn annahm, in die Fänge der modernen Inquisition zu geraten: Der Zentralismus eines absolutistisch-autoritären Systems hatte einen ersten unüberbietbaren Höhepunkt erreicht.

War Ende des 18. Jahrhunderts das katholische Europa zu der Überzeugung gekommen, der Papst könne in Politik und Kirche nur noch eine symbolische Rolle spielen, hatte Dank der Revolution und des politischen Willens der legitimistischen Kräfte das Papsttum erneut Fuß fassen und sich zu neuer unverhoffter Macht aufschwingen können. War Bonifaz VIII. an seinen überzogenen geistlichen, juristischen und politischen Ansprüchen kläglich gescheitert, forderten Leo XII. und Pius X. diese Ansprüche erneut und selbstbewußt ein.

Bereits 1907 hatte Pius X. einen neuen Syllabus verkündet. Er enthielt 65 zu verwerfende Thesen aus Exegese, Dogmengeschichte und Ekklesiologie. So etwa die bereits durch Richard Simon nachgewiesene These, daß Moses weder der Autor noch der Redaktor des Pentateuch (der sogenannten Fünf Bücher Moses) sein könne. Am Papsttum waren Entwicklungen und Erkenntnisse der neueren Philosophie sowie der Naturwissenschaften völlig vorbeigegangen. Der Papst forderte von der Kirche das Festhalten an der scholastischen Theologie; die Lehrbücher sollten – wie einst schon von Ignatius von Loyola (1554) erhoben – zensiert und modernistisch denkende Professoren aus ihren Ämtern entfernt werden. Die Seelsorger legte Pius gleichsam an die Glaubenskette, indem er sie auf das päpstliche Lehramt verpflichtete – mit Hilfe eines neu eingeführten Eides, in dem es unter anderem hieß:

> »Ich verurteile und verwerfe ... die Auffassung derer, die sagen, ein gebildeter Christ führe ein Doppeldasein: das Dasein des Gläubigen und das Dasein des Geschichtsforschers; als ob es dem Geschichtsforscher erlaubt wäre, festzustellen, was der Glaubenswahrheit des Gläubigen widerspricht, oder Voraussetzungen aufzustellen, aus denen sich ergibt, daß die Glaubenssätze falsch oder zweifelhaft sind, wenn man sie nur nicht direkt leugnet ...«[12]

Das Wort »ultramontan«, das 80 Jahre früher die Menschen nach Rom blicken ließ, weil man sich vom Papsttum geistliche Führung in den schwierigen Zeiten des generellen Umbruchs erhoffte, verkehrte sich ins Gegenteil: Es wurde zum Schimpfwort: Ultramontanismus wurde gleichgesetzt mit Intransigenz. Der ultramontane Geist war nun jener, der bedingungslos die Unterordnung der römischen Kirche unter die Weisungen von Papst und Kurie befürwortete und den absoluten Machtanspruch des Papsttums unterstützte und verteidigte.

Zur neuen geistlichen Machtfülle über die römische Kirche fehlte dem Papsttum jetzt nur noch die weltliche. Diese bot der neue Machthaber Italiens, Benito Mussolini, dem Papst an. Nach langen und zähen Verhandlungen schlossen das faschistische Italien und das Papsttum in Gestalt von Pius XI. in den sogenannten Lateranverträgen vom 11. Februar 1929 ein völkerrechtlich gültiges Abkommen, das u. a. die Wiederherstellung des alten Kirchenstaats vorsah. Aber es war nicht die Wiederherstellung des alten, ganz Mittelitalien umfassenden Kirchenstaats noch die Restitution des Patrimoniums Petri in seiner Urform. Das Papsttum bekam im wesentlichen jenen Teil des päpstlichen Besitzes als Staat zugesprochen, den man die »Leo-Stadt« (nach Papst Leo IV.) nennt. Sie wird noch heute von einer eindrucksvollen Mauer, welche den vatikanischen Hügel umzieht, als Grenze eingeschlossen: den (0,44 qkm großen) »Staat der Vatikanstadt«, eine Enklave (maximal 1045 m lang und 850 m breit) innerhalb der Stadt Rom.

Das Papsttum sah endlich die Erfüllung seines Traums auf weltliche Macht erfüllt. Pius XI. begrüßte seinen neuen Staat als »jenes kleine Territorium, das als Stütze der Souveränität genügt, jenes kleine Territorium, ohne das diese nicht bestehen könnte, weil sie nichts hätte, worauf sie sich stützen könnte«.[13]

Teil der Lateranverträge ist auch ein Konkordat mit dem laizistischen italienischen Staat, ein Konkordat, das die katholische Konfession zur Staatsreligion macht und das Unterrichts- und Erziehungswesen in Italien in die Hände der Kirche legt. In einem Finanzabkommen zahlte Italien als Entschädigung dem Vatikan für die 1870 erlittenen Verluste eine Entschädigung von 1,75 Milliarden Lire.

Als bedeutendste Gegenleistung forderte Mussolini, daß sich die Priester aus dem politischen Geschäft heraushalten und ihre Kanzeln nicht gegen das faschistische Regime mißbrauchen. In der Konsequenz hieß das, daß der Vatikan die einzige konfessionelle politische Partei des Landes, die Volkspartei (*Partito popolare*, geführt von Don Luigi Sturzo) bedenkenlos opferte: Sturzo mußte zurücktreten und ging nach London ins Exil. Pius XI. war dennoch in Hochstimmung: Mussolini sei »von der Vorsehung gesandt«, verkündete er in aller Öffentlichkeit, und der italienische Klerus empfahl den Katholiken, bei den anstehenden Wahlen im März 1929 für die Faschisten zu stimmen. Papsttum und Kirche trugen mit ihrem moralischen Kredit wesentlich zur Stabilisierung des diktatorischen Regimes der Schwarzhemden in Italien bei.

Auch Deutschland suchte aus innen- und außenpolitischen Gründen die Annäherung an den Papst: Berlin schlug der Kurie ein Reichskonkordat vor. Die Initiative dazu ging vom Reichskanzler persönlich aus: Hitler erhoffte sich durch einen Vertrag mit der römischen Kirche die Anerkennung durch den Vatikan und den Katholizismus im eigenen Land bei gleichzeitiger Ausschaltung des politischen Katholizismus. Die Devise lautete auch hier: Rückzug des Klerus aus der Politik. Indem der Vatikan auf diese Offerte und Hitlers Forderung einging – das Reichskonkordat kam im Juli 1933 zustande –, war auch das Schicksal der Zentrumspartei besiegelt. Wie Don Luigi Sturzo mußte auch Prälat Ludwig Kaas den Vorsitz der Partei an Heinrich Brüning abgeben. Die Partei selbst überlebte nicht: Nachdem sie noch dem Ermächtigungsgesetz im Reichstag zugestimmt hatte, löste sie sich unter dem Druck des NS-Regimes wenig später, am 5. Juli 1933, selbst auf. Kaas ging ins Exil nach Rom.

Zugzwang der Öffnung

In den Jahren des Zweiten Weltkriegs verkörperte Pius XII. das Papsttum. Der promovierte Jurist Eugenio Pacelli, lange Jahre Nuntius in München und in Berlin, dann Staatssekretär seines Vorgängers, wurde am 2. März 1939 ins Petrusamt gewählt. Auch er leitete die Kirche autoritär und streng zentralistisch. Erstmals aber versteht es ein Papst, dieses Amt – Dank moderner Kommunikationsmittel – ganz auf seine Person zuzuschneiden: Der Pacelli-Papst verkörperte die Kirche – die Kirche Pius' XII.

So sah er keine Notwendigkeit, nach dem Tod seines Staatssekretärs Luigi Maglione (1944) diese Funktion wieder neu zu besetzen. Begrenzt wurde auch der Einfluß der an der Kurie arbeitenden Kardinäle. Pius ist Petrus – wie Leo XIII.

Wie seine Vorgänger im Amt wurde Papa Pacelli im 19. Jahrhundert geboren. Die ersten im 20. Jahrhundert geborenen Päpste sind Albino Luciani (Johannes Paul I.) und Karol Wojityla (Johannes Paul II.). Pius XII. war von einem fast angeborenen Mißtrauen gegen alle neuen philosophischen und theologischen Denkrichtungen erfüllt. Dieses Mißtrauen findet seinen ersten öffentlichen Ausdruck in der Enzyklika *Humani generis* vom 12. August 1950. Darin zieht der Papst – ganz in der Tradition eines Pio Nono und des Sarto-Papstes Pius X. – einen scharfen Trennungsstrich gegen die falschen »Ansichten, welche die Grundlage der katholischen Lehre zu untergraben drohen«. Der Existentialismus und die Lehre vom Leben als Evolution werden darin ebenso angeprangert wie die schleichende Mißachtung des kirchlichen Lehramts und der päpstlichen Autorität als entscheidende Instanz in der Darlegung der Glaubensquellen. Pius ruft, ganz im Geiste Gregors XVI., die Bischöfe auf, die Verbreitung dieser neuen und für die Kirche gefährlichen Ideen zu verhindern. Die Inquisition des Heiligen Offiziums machte Jagd auf abweichlerische Theologen. Die beiden Franzosen Yves Congar und Marie-Dominique Chenu aus dem Dominikanerorden erhielten Lehr- und Schreibverbot. Congar wurde 40 Jahre später zum Kardinal erhoben: ein Vorgang, der an die denunziatorischen Auseinandersetzungen um John Henry Newman erinnert, den Leo XIII. dennoch zum Kardinal machte.

Selbst seinen engsten Mitarbeiter und potentiellen Nachfolger Gianbattista Montini verdächtigte Pius – Paul IV. läßt grüßen – ein Liberaler zu sein. Montini wurde 1954 Hals über Kopf auf den Bischofsstuhl nach Mailand abgeschoben, ohne daß er den Kardinalshut erhielt.

Um den Wahlsieg der Kommunisten in Italien zu verhindern, unterstützte Pius mit ungeheuren Geldsummen die »DC«, die Christdemokratische Partei, um sie an die Macht zu bringen, was dann auch gelang, und er exkommunizierte jeden, der der Kommunistischen Partei beitrat.

Als der Kreml 1956 mit Panzern den Aufstand der Ungarn niederwalzen ließ, veröffentlichte Pius innerhalb von zehn Tagen drei päpstliche Rundschreiben, in denen er gegen die Vorgehensweise der Sowjetunion scharfen Protest einlegte. Im Zweiten Weltkrieg hatte Pius derartige Proteste nicht veröffentlicht.

Pius XII. hatte seinen ehemaligen Substituten, Monsignore Montini, im ersten Anlauf zwar noch vom Papstamt fernhalten können, aber im zweiten, nach dem Tod von Johannes XXIII., ist der Weg für den Erzbischof von Mailand frei.

Als Paul VI. besteigt der Erzbischof am 21. Juni 1963 den Papstthron. Seine Hauptaufgabe sah der Montini-Papst darin, das von Johannes einberufene Konzil fortzuführen und zu beenden. Unnachgiebig zeigte sich Montini, wenn der päpstliche

Primat disputiert oder sogar angezweifelt wird. Dann schaltete auch der so intelligente, umfassend gebildete und kulturell offene Weltbürger Montini auf stur. Das zeigte sich etwa bei der Einrichtung der Bischofssynode. Anstatt vom Prinzip der Kollegialität auszugehen, was viele auf dem Konzil erwartet hatten, sah er die Synode ganz vom Primat des Papstes her. Damit wurde, wie sich bis heute zeigt, die Bischofssynode eine Totgeburt. Wenn dieses Gremium zusammentritt, sind offene Diskussionen im Plenum nicht möglich; nur langweilige, zeitlich begrenzte Monologe der Teilnehmer sind akzeptiert. Wer unter diesen Bedingungen seine Rede nicht halten will, kann diese auch beim Synodensekretariat einreichen.

Um so erstaunter war die Öffentlichkeit, als der neue Papst auf der vierten und letzten Sitzungsperiode des Konzils (1965) in den Debatten die Frage nach der Religionsfreiheit und der Stellung der Kirche »in der Welt von heute« (*Gaudium et Spes*) nicht restriktiv behandeln ließ, wie eine kleine konservative Minderheit nicht müde wurde zu fordern. Beide Vorlagen waren inzwischen zum eigentlichen Aushängeschild, aber auch zur Kraft- und Belastungsprobe des Konzils geworden.

Vor allem die Erklärung zur Religionsfreiheit darf als geradezu revolutionär gelten. Denn seit den Tagen Kaiser Konstantins wurde der Abfall (Häresie) vom Glauben der römischen Kirche brutal verfolgt, und seit der Aufklärung hatte Rom den Nichtkatholiken das Recht auf Religionsfreiheit immer verweigert: Irrlehren haben nach traditionellem katholischen Verständnis keine Rechte: Ausschließlich die römische Kirche kann die Wahrheit verkünden. Für die Durchsetzung dieses Anspruchs konnte sie – wenigstens bis zur Französischen Revolution – immer auf die Unterstützung durch die weltliche Macht zählen. Vor dem Konzil war es beispielsweise den Katholiken sogar streng verboten, das *Vaterunser* mit anderen christlichen Konfessionen gemeinsam zu beten.

Für Paul VI. hing der Erfolg des Konzils von der Annahme dieser beiden Dokumente ab. Und so diktierte er, verklausuliert in der Eröffnungsansprache zur letzten Sitzungsperiode, dem Konzil seinen Willen: Annahme der Vorlagen!

Die Minorität beugte sich zähneknirschend, obwohl sie den Absolutheitsanspruch der Römischen Kirche durch beide Dokumente in Frage gestellt sah. Und man befürchtete auch diplomatische Verwicklungen. Für die spanische Kirche war die Annahme dieses Dekrets politisch problematisch, weil das Konkordat mit Generalissimo Franco offen andere Religionsgemeinschaften diskriminierte.

Bereits Johannes XXIII. hatte erklärt, jeder Mensch habe das Recht auf das private wie öffentliche Bekenntnis seines Glaubens. Eine Konsequenz aus seiner ganzen politischen Haltung. Und in seinem ersten Rundschreiben *Mater et Magistra* hatte sich Roncalli gegen eine Pauschalverurteilung des Sozialismus gewandt, was ihm die Verdächtigung der US-amerikanischen CIA einbrachte, die in Johannes einen verkappten Kommunisten sah. Von Kardinal Giuseppe Siri, dem Erzbischof von Genua, wird der Ausspruch überliefert, der Papst sei »die größte Katastrophe der jüngeren Kirchengeschichte«. Der letzte, der diese Bewertung bekommen hatte, war Clemens VII. (Giulio de' Medici, 1523–1434).

Mit dem Konzil von 1962 entdeckte die römische Kirche verstärkt die sogenannte Dritte Welt, also jene Bereiche, die einst zu den Kolonialbesitzungen europäischer Staaten gehörten und seit Anfang der 70er Jahre nach und nach in die politische Unabhängigkeit entlassen wurden. Die Dominanz der euro-amerikanischen Kultur verschwand zunehmend zugunsten der wiederentdeckten traditionellen Kulturen und Zivilisationen in Mittel- und Südamerika, in Afrika und im Fernen Osten. Die Römische Kirche, in allen ihren Vollzügen immer noch auf Europa »zentriert«, sah sich, wegen des Überlebens der Kirche in der Dritten Welt aufgefordert, den Weg der sogenannten Inkulturation zu gehen: das Eintauchen und Wurzelschlagen in einer nicht europäischen oder nicht mehr von Europa beherrschten Kultur.

Dieser Schritt zog philosophische, theologische, pastorale wie auch soziologische Konsequenzen nach sich, gegen die sich ein Teil der Kurie wehrte: Weil sie befürchtete, ihre Oberhoheit über die Weltkirche zu verlieren. Die Römische Kirche geriet zwischen Hammer und Amboß. Ein Teil der Kirche befürwortete eine offensive Umsetzung der Konzilsbeschlüsse in Kirche und Gesellschaft, der andere Teil versuchte die Umsetzung und Interpretation des Konzils möglichst im Sinne der Tradition und mit den bewährten Mitteln zu steuern. Mit Begriffen wie Neo-Modernismus oder auch Protestantisierung wurden Ängste geschürt. In einem Schreiben an die Bischöfe (vom 24. Juli 1966) stellte die Römische Inquisitionsbehörde – sie nannte sich nun Kongregation für die Glaubenslehre – rund zehn Themenfelder zusammen, die ihrer Ansicht nach von der Konzilslehre »abweichende und gewagte Neuerungen« vertraten. Die Reaktionen waren unterschiedlich. Die Deutsche Bischofskonferenz reagierte sehr behutsam. In einem gemeinsamen Hirtenwort im Jahr 1966 verwies sie darauf, daß die Umsetzung der Konzilsbeschlüsse »ein jahrelanger organischer Wachstumsprozeß« sein werde, und daß »Vergröberungen und Entstellungen« der Konzilslehre nur Unruhe provozieren würden, daß aber die Übergangsschwierigkeiten die Gläubigen und Seelsorger nicht entmutigen sollten. Denn jede echte Reform habe zwei Gegner: die Ungeduldigen und die Verständnislosen.

Andererseits ist man sich in Rom durchaus darüber im klaren, daß die meisten Katholiken heute in der sogenannten Dritten Welt zu Hause sind, man also nicht mehr mit exklusiv eurozentrischen Sichtweisen auf die Globalisierung der Weltkirche reagieren kann.

Und mitten in diesen Auseinandersetzungen, die auch Johannes Paul II. nicht auszugleichen versteht, trotz seiner intensiven lehramtlichen und pastoralen Aktivitäten, erlebte die Welt einen Papst, den die große Sorge umtrieb, er könnte zum willenlosen Spielball dieser Kräfte werden. Der »Hamlet von Mailand« (Roncalli über Montini) tat also das, was viele Päpste vor ihm getan haben: Er erdete sich über sein Amt in die Kirche hinein und ließ die Blitze der Unwetter an sich abgleiten:

»Dieses Amt ist einmalig. Es bringt große Einsamkeit mit sich. Ich war auch vorher schon einsam, aber nun wird meine Einsamkeit vollkommen und erschreckend … Meine Einsamkeit wird zunehmen. Ich brauche keine Angst zu haben und sollte nicht irgendwo anders Hilfe suchen, um mich von meiner Pflicht loszusprechen; meine Pflicht ist es zu planen, Entscheidungen zu treffen, die Verantwortung zu übernehmen und andere zu leiten, selbst wenn es unlogisch und vielleicht absurd erscheint …«[14]

Als Paul VI. im August 1978 starb, verabschiedete ihn die Welt in einer betont schlichten, aber eindrucksvollen Totenfeier auf dem Platz vor der Peterskirche. Den einfachen schmucklosen Sarg aus Olivenholz bedeckte nur eine aufgeschlagene Bibel, in deren Seiten leise der Wind blätterte …

Anmerkungen

Von der Antike bis zur Renaissance von Rüdiger Achenbach

Die Erbschaft der Caesaren und der Papyrus von Fayum (64–257 n. Chr.)

1 Tacitus, Annalen XV 44,2–5, übersetzt von Peter Guyot, in: Peter Guyot/Richard Klein (Hrsg.), Das Frühe Christentum bis zum Ende der Verfolgungen. Eine Dokumentation, Band 1, Darmstadt 1993, S. 17
2 Tacitus, Annalen, a. a. O.
3 1. Clemensbrief 5-6, übersetzt von Peter Guyot, in: Das Frühe Christentum, S. 19
4 Eusebius von Caesarea, in: H. Kraft (Hrsg.), Kirchengeschichte II 25, München 1998
5 Eusebius von Caesarea, Kirchengeschichte II 25
6 Irenäus von Lyon, Wider die Häresien, 3,3,1, übersetzt von Adolf Martin Ritter, in: Kirchen- und Theologiegeschichte in Quellen, Band 1, Neukirchen-Vluyn 1982, S. 53
7 Manfred Clauss, Kaiser und Gott, München/Leipzig 2001, S. 420
8 Lactanz, Über die Todesarten der Verfolger 4,1–3, übersetzt von Peter Guyot, in: Das Frühe Christentum, S. 147
9 Manfred Clauss, Kaiser und Gott, S. 443

Die Petrus-Doktrin und der Abschied von den Göttern (383–461 n. Chr.)

1 Quintus Aurelius Symmachus, 3. Relatio, zitiert nach: M. Fuhrmann, Rom in der Spätantike, Düsseldorf/Zürich 1994
2 Ambrosius von Mailand, Epistel 21, zitiert nach: Ernst Dassmann, Kirchengeschichte II 1, S. 81, Stuttgart 1996
3 Hieronymus, Epistel 126, zitiert nach: G. J. M. Bartelink, Hieronymus, in: Gestalten der Kirchengeschichte, Alte Kirche, Band 2, Stuttgart 1994, S. 156
4 Augustinus, Enarrationes in Psalmos 44,23, übersetzt von Karl Suso Frank, in: Geschichte der Alten Kirche, S. 324, Paderborn 1996
5 Papst Leo I., Epistel 10,2, zitiert nach: Ernst Dassmann, Kirchengeschichte II 1, S. 173

Königssalbungen und eine anonyme Fälscherwerkstatt (748–816 n. Chr.)

1 Papst Zacharias, Epistel 80, zitiert nach: Loris Sturlese, Die deutsche Philosophie im Mittelalter 748–1280, München 1993, S. 19
2 Bonifatius, Epistel 50, zitiert nach: Gert Haendler, Bonifatius, in: Martin Greschat (Hrsg), Gestalten der Kirchengeschichte, Mittelalter, Band I, Stuttgart1994, S. 81
3 Papst Zacharias, Epistel 51, zitiert nach: Gert Haendler, Bonifatius
4 Einhard, Vita Karolini, in: Quellen zur karolingischen Reichsgeschichte, Teil 1, Band 5, Darmstadt 1955, S. 167 f.
5 Horst Fuhrmann, Zeit der Fälschungen, in: Einladung ins Mittelalter, München 1987, S. 200
6 Annales regni Francorum, zitiert nach: Arnold Angenendt, Das Frühmittelalter, Stuttgart 1995, S. 353
7 Bernhard Schimmelpfennig, Das Papsttum. Von der Antike bis zur Renaissance, Darmstadt 1988, S. 101

Die Papstrevolution (1040–1085 n. Chr.)

1 Ferdinand Gregorovius, Geschichte der Stadt Rom im Mittelalter, Band II 1, München 1988, S. 25
2 Dictatus papae, zitiert nach: R. Mokrosch/H. Walz (Hrsg.), Kirchen- und Theologiegeschichte in Quellen, Band 2: Mittelalter, Neukirchen-Vluyn 1980, S. 61
3 Dictatus papae, a. a. O.
4 Horst Fuhrmann, Die Päpste, München 1998, S. 123
5 Ferdinand Gregorovius, Band II 1, S. 85
6 Ferdinand Gregorovius, Band II 1, S. 86
7 Werner Goez, Lebensbilder aus dem Mittelalter, Darmstadt 1998, S. 189
8 Egon Boshof, Die Salier, Stuttgart 2000, S. 222
9 Papst Gelasius I., Epistel 12, in: Kirchen- und Theologiegeschichte in Quellen, Band 2: Mittelalter, S. 1
10 Gregorius VII, Papa, Registrum, Monumenta Germaniae Historica, ES II 2, S. 546 ff.

Geheimnisvolle Graffiti und unvereinbare Weltbilder (1341–1520 n. Chr.)

1 Francesco Petraca, L'Africa, Firenze 1926
2 Francesco Petraca, Familiares VI 2,15, zitiert nach: Karl Mittermaier, Die Politik der Renaissance in Italien, Darmstadt 1995, S. 140
3 Martin Luther, Weimarer Ausgabe, Band 1, S. 529
4 Kurt Flasch, Das philosophische Denken im Mittelalter, Von Augustinus zu Machiavelli, Stuttgart 2000, S. 651
5 Volker Reinhardt, Rom, München 1999, S. 168
6 Egon Friedell, Kulturgeschichte der Neuzeit, Band 1, München 2001, S. 316

Vom 16. Jahrhundert bis zur Gegenwart von Hartmut Kriege

Als der Papst Europa verlor

1 LTHK, Lexikon für Theologie und Kirche (Studienausgabe), Band 13, S. 711
2 Klaus Schatz, Allgemeine Konzilien - Brennpunkte der Kirchengeschichte, S. 323
3 Verlautbarungen des Apostolischen Stuhls (148), Deutsche Bischofskonferenz (DBK) Internet-Homepage
4 Verlautbarungen des Apostolischen Stuhls (148), a. a. O.
5 Kirchen- und Theologiegeschichte in Quellen, Bd. 3, S. 230 ff.
6 Kirchen- und Theologiegeschichte in Quellen, Bd. 3, a. a. O.
7 Kirchen- und Theologiegeschichte in Quellen, Bd. 3, a. a. O.
8 Kirchen- und Theologiegeschichte in Quellen, Bd. 3, a. a. O.
9 Kirchen- und Theologiegeschichte in Quellen, Bd. 3, a. a. O.
10 Pastor, Geschichte der Päpste, S. 237
11 F. X. Seppelt/G. Schwaiger, Geschichte der Päpste, S. 297
12 Gestalten der Kirchengeschichte, Bd. 12, S. 72
13 Peter Godman, Die Geheime Inquisition, S. 39
14 Cesare d'Onofrio, Gli avvisi di Roma dal 1554 al 1605, S. 520 ff.
15 Klaus Schatz, Allgemeine Konzilien, S. 165
16 Klaus Schatz, Allgemeine Konzilien, S. 195
17 Klaus Schatz, Allgemeine Konzilien, S. 155

18 Handbuch der Kirchengeschichte (Jedin) Bd. 4, S. 308
19 Kirchen- und Theologiegeschichte in Quellen, Bd. 3, S. 60 f.
20 Kirchen- und Theologiegeschichte in Quellen, Bd. 3, S. 233 f.
21 Kirchen- und Theologiegeschichte in Quellen, Bd. 3, S. 233 f.
22 Reinhold Zippelius, Staat und Kirche, S. 85
23 W. Pabst, Konfessionelles Nebeneinander im geistlichen Fürstentum Osnabrück, S. 92 f.
24 Interview mit Prof. Rudolf Lill im Deutschlandfunk (DLF) vom September 2001
25 Interview mit DLF, a. a. O.
26 Interview mit DLF, a. a. O.
27 d'Onofrio, Gli avvisi di Roma …, S. 504

Fort mit der Niedertracht

1 Kirchen- und Theologiegeschichte in Quellen, Bd. 4, S. 102
2 Kirchen- und Theologiegeschichte in Quellen, Bd. 4, S. 102

Der Ultramontanismus hat einen Namen

1 K. Schatz, Der Päpstliche Primat, S. 179
2 Zur Debatte, Publikationsorgan der Kath. Akademie in Bayern, Nr. 2 (2002) S. 19
3 Kath. Nachrichtenagentur (KNA) vom 04. Februar 2001
4 G. Andreotti in einem Gespräch mit dem »Deutschlandfunk«, September 2001

Gregor XVI. gegen den Rest der Welt

1 Ep. Encycl. »Mirari vos arbitramur«, Denzinger-Schönmetzer (DS) 2730–2732
2 P. Godman, Die geheime Inquisition, S. 320
3 DS, a. a. O.
4 DS, a. a. O.
5 DS, a. a. O.
6 DS, a. a. O.
7 DS, a. a. O.
8 Chr. Hibbert, Rom, S. 274
9 F. X. Seppelt/G. Schwaiger, Geschichte der Päpste, S. 427
10 Waiblinger, Reise-Textbuch Rom, S. 42 ff.
11 P. Godman, Die geheime Inquisition, S. 353
12 Hiller, Die Geschäftsführer Gottes, S. 199
13 Denzinger-Schönmetzer, a. a. O.
14 H. Heine, Ein Land im Winter, S. 7
15 G. Flaubert, Madame Bovary, S. 79 f.

Unfehlbarkeit fordert Weltgeltung

1 H. Stehle, Geheimdiplomatie im Vatikan, S. 321
2 Kardinal Höffner im »Interview der Woche« vom 15.04.1979 im »Deutschlandfunk«
3 H. J. Fischer, Die Nachfolge, S. 137
4 Kirchen- und Theologiegeschichte in Quellen, Bd. 4, S. 261 f.
5 Kirchen- und Theologiegeschichte in Quellen, Bd. 4, S. 261 f.
6 Kirchen- und Theologiegeschichte in Quellen, Bd. 4, S. 261 f.
7 G. Schwaiger, Päpste und Papsttum im 20. Jahrhundert, S. 141 f.
8 H. Heine, Werke, Bd. 5 (Kap. 15) S. 186
9 Veröffentlichungen der Deutschen Bischofskonferenz/Internet-Homepage (Update 10.06.2002)

10 Kirchen- und Theologiegeschichte in Quellen, Bd. 4, S. 282
11 G. Schwaiger, Päpste und Papsttum im 20. Jahrhundert, S. 124
12 Kirchen- und Theologiegeschichte in Quellen, Bd. 4, S. 287 f.
13 Del Re, Mondo Vaticano, S. 748
14 E. Duffy, Die Päpste, S. 278

Auswahlbibliographie

C. Andresen, Geschichte des Christentums, Band 1, Stuttgart 1975

A. Angenendt, Das Frühmittelalter, Stuttgart 1995

Apostolischer Stuhl, Erklärung »Dominus Jesus«, Verlautbarungen 148, Bonn 2001

Apostolischer Stuhl, »Professio fidei« und »Iusiurandum fidelitatis«, Deutschen Bischofskonferenz 2002

P. Blet, Papst Pius XII. und der Zweite Weltkrieg, Paderborn 2000

U. R. Blumenthal, Gregor VII., Darmstadt 2000

E. Boshoff, Die Salier, Stuttgart 2000

P. Brown, Macht und Rhetorik in der Spätantike, München 1995

P. Brown, Die Keuschheit der Engel, München 1994

M. Clauss, Kaiser und Gott, Leipzig 2001

M. Clauss (Hrsg.), Die Römischen Kaiser, München 1997

M. Clauss, Konstantin der Große und seine Zeit, München 1996

E. Dassmann, Kirchengeschichte II 1, Konstantinische Wende und Spätantike, Stuttgart 1996

A. Demandt, Geschichte der Spätantike, München 1989

Denzinger-Schönmetzer, Enchiridion Symbolorum, editio XXXIV, Freiburg i. Br. 1965

G. Duby, Histoire de la France, Des origines à nos jours, Paris 1999

E. Duffy, Die Päpste, München 1999

R. Dufraisse, Napoleon, Revolutionär und Monarch, München 2000

D. L. Edwards, Das Christentum, Die Geschichte seiner ersten zwei Jahrtausende, Würzburg 2001

H. Fenske / D. Mertens / W. Reinhard / K. Rosen, Die Geschichte der politischen Ideen. Von der Antike bis zur Gegenwart, Frankfurt am Main 2000

H. J. Fischer, Die Nachfolge Von der Zeit zwischen den Päpsten, Freiburg i. Br. 1997

K. Flasch, Augustin, München 1994

K. Flasch, Philosophisches Denken im Mittelalter. Von Augustin bis Machiavelli, Stuttgart 2000

G. Flaubert, Madame Bovary, Paris 1971

E. Friedell, Kulturgeschichte der Neuzeit, Band 1, Ausgabe München 2001

R. Fubini, L'umanesimo italiano e i suoi storici, Milano 2001

M. Fuhrmann, Rom und die Spätantike, Düsseldorf/Zürich 1994

H. Fuhrmann, Die Päpste, München 1998

H. Fuhrmann, Einladung ins Mittelalter, München 1989

E. Garin, L'umanesimo italiano, Roma 1993

P. J. Geary, Die Merowinger, München 1996

P. Godman, Die Geheime Inquisition, Aus den verbotenen Archiven des Vatikans, München 2001

P. Godman, Weltliteratur auf dem Index, Die geheimen Gutachten des Vatikans, München 2001

W. Goez, Lebensbilder aus dem Mittelalter, Darmstadt 1998

F. Gregorovius, Geschichte der Stadt Rom im Mittelalter. Von V. bis zum XVI. Jahrhundert, (7 Bde.), Ausgabe München 1988

M. Greschat (Hrsg.), Gestalten der Kirchengeschichte, Bd. 11 u. 12: Das Papsttum (I/II), Stuttgart 1985

M. Greschat (Hrsg.), Gestalten der Kirchengeschichte, Bd. 8: Die Aufklärung, Kohlhammer, Stuttgart 1994

M. Greschat (Hrsg.), Alte Kirche, 2 Bde., in: Gestalten der Kirchengeschichte, Stuttgart 1994

M. Greschat (Hrsg.), Papsttum, 2 Bde., in: Gestalten der Kirchengeschichte, Stuttgart 1994

M. Greschat (Hrsg.), Mittelalter, 2 Bde., in: Gestalten der Kirchengeschichte, Stuttgart 1994

M. Greschat (Hrsg.), Kirchen- und Theologiegeschichte in Quellen, (5 Bde.) Neukirchen-Vluyn, 1997–1999

P. Guyot/Richard Klein, Das frühe Christentum bis zum Ende der Verfolgungen. Eine Dokumentation, (2 Bde.), Darmstadt 1997

A. B. Hasler, Wie der Papst unfehlbar wurde, München 1979

P. Hebblethwaite, Wie regiert der Papst, Zürich 1987
H. Heine, Ein Land im Winter, Gedichte und Prosa, Berlin 1978
Chr. Hibbert, Rom, München 1987
K. J. Hummel (Hrsg.), Vatikanische Ostpolitik (1958–1978), Paderborn 1999
H. Hürten, Geschichte des Deutschen Katholizismus (1800–1960), Mainz 1986
S. Infessura, Römisches Tagebuch, Köln 1979
V. Keil (Hrsg.), Quellensammlung zur Religionspolitik Konstantins d. G., Darmstadt 1989
J. N. D. Kelly, The Oxford Dictionary of Popes, Oxford 1986
R. Kottje / B. Moeller (Hrsg.), Ökumenische Kirchengeschichte (3 Bde.), Mainz 1989
H. Kraft (Hrsg.), Eusebius von Caesarea, Kirchengeschichte, Darmstadt 1997
R. Krautheimer, Rom, Schicksal einer Stadt 312–1308, München 1987
H. Küng, Fehlbar? – Eine Bilanz, Zürich 1973
Lexikon für Theologie und Kirche (Bd. 13), Freiburg 1986
R. Lill (Hrsg.), Der Kulturkampf, Paderborn 1997
J. Malitz, Nero, München 1999
R. Minnerath, Histoire des Conciles, Presse Universitaires de France (PUF), Paris 1996
K. Mittermaier, Die deutschen Päpste, Graz 1991
K. Mittermaier, Die Politik der Renaissance in Italien, Darmstadt 1995
R. Mokrosch / H. Walz (Hrsg.), Mittelalter, in: Kirchen- und Theologiegeschichte in Quellen, Band 2, Neukirchen-Vluyn 1982
F. Neumann, Francesco Petraca, Hamburg 1998
C. d' Onofrio, Gli avvisi di Roma dal 1554 al 1605, in: Studi Romani 5, Roma 1962 W. Pabst, Konfessionelles Nebeneinander im geistlichen Fürstentum Osnabrück, Osnabrück 1977
A. Paravicini Bagliani, La vita Quotidiana alla corte dei papi nel duecento, Roma 1996
O. H. Pesch, Das Zweite Vatikanische Konzil, Würzburg 1996
F. Prinz, Von Konstantin zu Karl dem Großen, Düsseldorf / Zürich 2000
N. Del Re (Hrsg.), Mondo Vaticano, Città de Vaticano 1995
V. Reinhardt, Rom, München 1999
C. Rendina, I papi, Roma 1983
K. Repgen, Dreißigjähriger Krieg und Westfälischer Friede, Paderborn 1998
A. M. Ritter (Hrsg.), Alte Kirche, in: Kirchen- und Theologiegeschichte in Quellen, Neukirchen-Vluyn 1982
K. Schatz, Der Päpstliche Primat, Würzburg, 1990
K. Schatz, Allgemeine Konzilien, Paderborn 1997
R. Schieffer, Die Karolinger, Stuttgart 2000
B. Schimmelpfennig, Das Papsttum, Darmstadt 1987
F. Schnabel, Deutsche Geschichte im 19. Jahrhundert (4 Bde.), Freiburg 1964
G. Schwaiger, Papsttum und Päpste im 20. Jahrhundert, München 1999
F. X. Seppelt / G. Schwaiger, Geschichte der Päpste, München 1964
H. Stehle, Geheimdiplomatie im Vatikan, Die Päpste und die Kommunisten, Zürich 1993
Stendhal (Henri Beyle), Le Rouge et le Noir, Paris 1964
L. Sturlese, Die deutsche Philosophie im Mittelalter 748-1280, München 1993
G. Tabacco, Le ideologie politiche del medioevo, Torino 2000
W. Ullmann, Il papato nel Medioevo, Roma / Bari 1999
R. von Haehling (Hrsg.), Rom und das himmlische Jerusalem. Die frühen Christen zwischen Anpassung und Ablehnung, Darmstadt 2000
L. von Ranke, Die Päpste, Ausgabe Essen 1996
Chr. Weber, Senatus Divinus (1500-1800), Frankfurt am Main 1996
H. Wolf (Hrsg.), Inquisition, Index, Zensur, Paderborn 2001
H. Wolf / W. Schopf, Die Macht der Zensur, Heinrich Heine auf dem Index, Düsseldorf 1998
R. Zapperi, Der Neid und die Macht, Die Farnese und Aldobrandini im barocken Rom, München 1994
R. Zippelius, Staat und Kirche, Eine Geschichte von der Antike bis zur Gegenwart, München 1997